Figures marquantes de notre histoire, vol. I : Bâtir
est le mille cent soixante-seizième ouvrage
publié chez VLB ÉDITEUR.

Direction littéraire : Alain-Nicolas Renaud
Couverture : Axel Pérez de León
Mise en page : Johanne Lemay
Correction d'épreuves : Caroline Décoste
Image en couverture : *Véritable plan de Québec comme il est en l'an 1664 et les fortifications que l'on puise faire, Bourdon,* 1664 (détail)
Photographie d'Éric Bédard : Rachel Côté

Catalogage avant publication de Bibliothèque et Archives nationales du Québec et Bibliothèque et Archives Canada

Titre : Figures marquantes de notre histoire / [sous la direction d']Éric Bédard ; collaborateurs aux textes : Denis Vaugeois, Dominique Deslandres, Denys Chouinard, Serge Bouchard, Danielle Pinsonneault, Dominique Laperle, Lucia Ferretti, Yves Gingras, Alexandre Klein, François Ricard, Martine Tremblay, Pierre Nepveu.

Autres titres : Bâtir

Noms : Bédard, Éric, 1969- éditeur intellectuel.

Description : L'ouvrage complet comprendra 3 volumes. | Comprend des références bibliographiques | Sommaire incomplet : tome 1. Bâtir.

Identifiants : Canadiana (livre imprimé) 20230069746 | Canadiana (livre numérique) 20230069754 | ISBN 9782898490200 (couverture souple : vol. 1) | ISBN 9782898490217 (livre numérique : vol. 1)

Vedettes-matière : RVM : Québec (Province)—Histoire—Biographies. | RVMGF : Biographies.

Classification : LCC FC2905.F54 2023 | CDD 971.40099—dc23

VLB ÉDITEUR
Groupe Ville-Marie Littérature inc.*
Une société de Québecor Média
4545, rue Frontenac, 3e étage
Montréal (Québec) H2H 2R7
Tél. : 514 523-7993
Téléc. : 514 282-7530
Courriel : vml@groupevml.com

Distributeur :
Les Messageries ADP inc.*
2315, rue de la Province
Longueuil (Québec) J4G 1G4
Tél. : 450 640-1234
Téléc. : 450 674-6237
*filiale du Groupe Sogides inc., filiale de Québecor Média inc.

VLB éditeur bénéficie du soutien de la Société de développement des entreprises culturelles du Québec (SODEC) pour son programme d'édition.
Gouvernement du Québec – Programme de crédit d'impôt pour l'édition de livres – Gestion SODEC.

Financé par le gouvernement du Canada | Canada

Nous remercions le Conseil des arts du Canada de l'aide accordée à notre programme de publication.

Dépôt légal : 4e trimestre 2023

edvlb.com

FIGURES MARQUANTES DE NOTRE HISTOIRE

SOUS LA DIRECTION D'ÉRIC BÉDARD
AVEC LA COLLABORATION DE MANON LEROUX

FIGURES MARQUANTES DE NOTRE HISTOIRE

VOL. 1 : BÂTIR

vlb éditeur

À Serge Bouchard et François Ricard

Introduction

Des vertus d'une histoire incarnée

par Éric Bédard, historien

Difficile d'oublier ma soirée du 3 février 2015, la toute première entrevue de *Figures marquantes de notre histoire*. Je reçois ce soir-là Louise Harel, une communicatrice d'expérience, et il sera question de Jeanne Mance et des pionnières de la Nouvelle-France. Quelques minutes avant d'entrer en scène, je comprends mieux le trac des acteurs, les soirs de première. Depuis les coulisses, je vois l'auditorium de la Grande Bibliothèque se remplir et je note la présence de plusieurs personnalités qui ont répondu à l'invitation de la Fondation Lionel-Groulx. On me souffle à l'oreille que des chaises ont été ajoutées à l'arrière pour ceux qui n'avaient pas réservé leur place en ligne. Il y a beaucoup de fébrilité dans l'air : le personnel de BAnQ guide le public et s'occupe de la sécurité ; le réalisateur de MAtv est aux aguets, l'équipe technique, fin prête, les quatre caméras, bien réglées pour capter l'événement. Quelques secondes avant qu'on n'annonce mon entrée en scène, je répète machinalement mes notes de présentation, apprises par cœur. Les historiens sont formés pour faire de la recherche, écrire des articles savants, donner des cours, prononcer des conférences, répondre à des questions, mais certainement pas pour animer des *shows* de télé. Suis-je vraiment à ma place ? Ai-je ce qu'il faut ? Il est un peu tard pour me poser ce genre de questions…

Au signal du régisseur, j'écarte le rideau. Les applaudissements sont nourris ; commence pour moi une magnifique aventure.

Après cette soirée, et jusqu'à la dernière émission du 9 mai 2023, je recommencerai le même manège à cinquante-huit reprises, très souvent à guichets fermés. Ces événements publics des *Figures marquantes de notre histoire* seront suivis par 15 000 personnes en salle, tandis que 150 000 spectateurs les visionneront sur notre site web. Ce n'était pas du tout le plan initial. Depuis sa création jusqu'au début des années 2010, la Fondation Lionel-Groulx avait été un centre d'archives qui commanditait à l'occasion des publications savantes sur le chanoine. Confrontés à des enjeux financiers qui assombrissaient l'avenir de la Fondation, ses dirigeants avaient décidé d'opérer un virage et de s'ouvrir au grand public. C'est dans cet esprit qu'avait été organisée la série des *Dix journées qui ont fait le Québec*, laquelle avait connu un très beau succès. Pendant trois ans, des chercheurs étaient venus présenter des moments marquants de notre histoire et le public avait été au rendez-vous. Le livre qui regroupe ces conférences d'une heure, paru en 2013 et réédité en format de poche en 2020, est devenu un best-seller[1] ! C'est cette même formule que la Fondation comptait répéter avec les *Figures marquantes de notre histoire*, censées tenir l'affiche pendant une seule saison. Mais devant le succès de cette première série de conférences, tous les partenaires se sont mis d'accord pour poursuivre l'aventure.

Le retour de la biographie

Indépendantiste de la première heure, militant syndical, auteur et éditeur respecté, Pierre Graveline a été l'idéateur de *Figures marquantes*. Directeur général de la Fondation Lionel-Groulx chargé d'opérer le virage « grand public », il avait eu l'idée des *Dix journées* et conçu le projet de la nouvelle série. L'ancien chroniqueur du *Devoir* avait le sens de la formule, car plus je me suis investi dans l'animation, plus j'ai trouvé l'expression « figures marquantes » pertinente et lumineuse.

1. Pierre Graveline (dir.), *Dix journées qui ont fait le Québec*, Montréal, VLB, 2013 ; Typo, 2020.

Pertinente parce qu'elle permettait d'accéder au passé en découvrant des personnages de chair et d'os. Des siècles durant, le genre biographique a été à ce point dominant que François Dosse parle d'un « âge héroïque[2] » : du Plutarque des *Vies parallèles* jusqu'aux panégyriques de saints du XVIIe siècle, le passé se présentait souvent comme une vaste galerie de modèles à imiter. « Nous n'écrivons pas des *Histoires* mais des *Vies* », disait Plutarque au tout début de l'ère chrétienne, « et d'ailleurs ce ne sont pas toujours les actions les plus éclatantes qui montrent le mieux la vertu ou le vice : un petit fait, un mot, une plaisanterie révèlent souvent mieux un caractère que les combats sanglants, les batailles rangées ou les sièges les plus importants[3] ». De la fin du XIXe siècle jusqu'aux années 1980, sociologues, anthropologues et autres sémioticiens patentés vont réduire ces « petits faits » à des anecdotes sans intérêt. D'Émile Durkheim à Pierre Bourdieu, et de Claude Lévi-Strauss à Roland Barthes, une batterie de chercheurs et d'intellectuels, convaincus de la scientificité de leur approche disciplinaire, vont s'échiner à dégager les lois de l'histoire et de l'agir humain, les « structures » matérielles ou langagières qui conditionnaient nos actions, souvent à notre insu. Très influencés par ces penseurs, les historiens vont rapidement leur emboîter le pas, notamment au sein de l'école française des Annales, très influente au Québec[4]. De sorte que pendant un siècle, le « social » allait complètement écraser le « particulier »[5] : les structures de classes déterminaient la pensée et l'action des acteurs. La biographie ? Un genre bourgeois, répétaient les marxistes, pour qui ces récits de vie légitimaient un ordre social injuste en perpétuant l'illusion que la volonté individuelle ou le hasard

2. François Dosse, *Le pari biographique. Écrire une vie*, Paris, La Découverte/Poche, 2011, p. 133-211.
3. Plutarque, « Vie d'Alexandre », *Vies parallèles, I*, Paris, GF-Flammarion, 1995, p. 39.
4. François-Olivier Dorais, *L'École historique de Québec. Une histoire intellectuelle*, Montréal, Boréal, 2022, 476 p.; lire à ce sujet les textes de Louise Dechêne, Paul-André Linteau et Gérard Bouchard, dans Éric Bédard et Julien Goyette (dir.), *Parole d'historiens. Anthologie des réflexions de l'histoire au Québec*, Montréal, Les Presses de l'Université de Montréal, 2006; et Alfred Dubuc, « L'influence de l'école des Annales au Québec », *Revue d'histoire de l'Amérique française*, vol. 33, nº 3, décembre 1979, p. 357-386.
5. Nathalie Heinich, « Préface », Edgar Zilsel, *Le Génie. Histoire d'une notion, de l'Antiquité à la Renaissance*, Paris, Minuit, 1993, p. 7.

expliquaient le succès des uns et l'échec des autres. Ce matérialisme historique et ce structuralisme connaîtront une importante vogue au Québec, et pas seulement chez les adeptes de l'histoire sociale, longtemps hégémonique à l'université. Au sein de l'école de Montréal, des historiens comme Maurice Séguin et Guy Frégault, tous deux attachés à l'histoire nationale, ne seront pas pour autant sur la même longue d'onde. « Après avoir lu votre *François Bigot*, dira le premier à propos de la biographie du second, le lecteur en sait plus sur l'argenterie de l'intendant et sur les jeux de société de l'époque qu'il n'en apprend sur l'évolution économique de la colonie pendant la guerre de Sept ans[6] ». Au tournant des années 1990, alors que je complétais mon premier cycle en histoire à l'Université de Montréal, je me souviens qu'un vieux professeur avait déploré que Pierre Goubert, chantre de l'histoire sociale en France, ait condescendu à écrire une biographie de Mazarin. Quel gaspillage !

Ce procès fait à la biographie a lentement mais sûrement perdu de son intensité à la fin du siècle dernier, y compris chez les historiens de profession. Effets combinés du retour du sujet et de l'événement dans l'histoire[7], d'une redécouverte de la dimension littéraire du récit historique et peut-être aussi d'une saine volonté de se rapprocher d'un public plus large, les historiens ont recommencé à écrire des biographies[8]. Même les sociologues et les littéraires se sont mis de la partie et ont proposé d'excellents ouvrages sur des personnages qui méritaient de faire l'objet de ce type d'enquête[9]. Il s'agit bel et bien de la réappropriation d'un genre et non de sa « redécouverte », puisque des

6. Cité par Michel Brunet, « Guy Frégault : l'itinéraire d'un historien de *La Civilisation de la Nouvelle-France* (1944) à *La Guerre de la Conquête* (1955) », *Guy Frégault (1918-1977). Actes du colloque tenu au Centre en civilisation canadienne-française de l'Université d'Ottawa*, Montréal, Bellarmin, 1981, p. 36.
7. Martin Pâquet et Érick Duchesne, « De la complexité de l'événement en histoire. Note de recherche », *Histoire sociale/Social History*, vol. 34, nº 67, mai 2001, p. 187-196.
8. Voir les réflexions d'Hélène Pelletier-Baillargeon, Julien Goyette, Yvan Lamonde, Andrée Lévesque, Suzanne Morton, Claire Dolan et Yves Gingras dans le dossier « Biographie et histoire », *Revue d'histoire de l'Amérique française*, vol. 54, nº 1, été 2000, p. 67-133.
9. Je pense notamment aux sociologues Marcel Fournier (Marcel Mauss et Émile Durkheim), Jean-Philippe Warren (Edmond de Nevers et Honoré Beaugrand) et aux littéraires François Ricard (Gabrielle Roy), Pierre Nepveu (Gaston Miron) et Michel Biron (De Saint-Denys Garneau).

journalistes n'avaient jamais cessé d'investir le champ biographique, comme le montre le succès des gros ouvrages d'un Pierre Godin sur Daniel Johnson et René Lévesque, d'une Hélène Pelletier-Baillargeon sur Olivar Asselin, d'une Micheline Lachance sur le cardinal Léger, ou d'un Pierre Duchesne sur Jacques Parizeau et Guy Rocher.

On peut se réjouir que l'approche biographique soit sortie de son purgatoire car je reste convaincu que cette voie d'accès vers le passé est très riche, même si elle doit être complétée par d'autres types de recherches historiques. C'est que la biographie fournit beaucoup de connaissances, surtout si l'auteur s'est informé du contexte politique et culturel de l'époque à laquelle évolue son personnage. Suivre une Marie de l'Incarnation ou un Télesphore-Damien Bouchard, c'est découvrir un milieu social, des institutions éducatives forgées par des valeurs et un imaginaire, des conditions matérielles concrètes qui ont pu, par exemple, faciliter la vocation de la première ou rendre difficile l'insertion professionnelle du second. Étudier ces personnages, c'est aussi s'intéresser à un univers intellectuel qui a influencé une pensée et des actions, des dynamiques de pouvoir qui ont contribué à brimer les femmes, les ouvriers sans protection ou tout un peuple d'origine française. Expliquer la Réforme catholique du XVIIe siècle, les Lumières du XVIIIe siècle, les idées républicaines du XIXe siècle, l'émancipation des femmes et l'émergence du mouvement indépendantiste du XXe siècle, c'est un exercice souvent abstrait. En revanche, raconter la vie de Jeanne Mance, Pierre du Calvet, Louis-Joseph Papineau, Éva Circé-Côté ou Jacques Parizeau illustre plus concrètement les convictions d'une époque, mais aussi ses dilemmes.

L'étude d'un personnage permet souvent de constater que le milieu, les origines sociales, le contexte générationnel ou le genre ne déterminent pas complètement la vie et la conduite d'un être humain ; un destin, c'est aussi une série de décisions, parfois prises sans trop réfléchir, parfois longuement mûries. Voilà pourquoi, en plus de fournir quantité de connaissances, la biographie captive tant par sa portée existentielle. Étudier des vies, c'est presque toujours découvrir des femmes et des hommes qui, comme nous, ont été confrontés à des passages à vide, à des échecs, à des doutes, à des drames, mais qui se sont relevés. À trente ans, Émilie Gamelin avait enterré ses enfants et un mari aimé, tous emportés par la maladie. En dépit de ces malheurs, elle a trouvé en elle une force intérieure qui lui a permis de se relever, d'aider les autres et de donner un sens fort à son existence. En apprendre plus sur le parcours de personnages hors norme, c'est prendre conscience que nous avons tous une certaine emprise sur nos vies, que notre histoire personnelle n'est pas entièrement conditionnée par des forces qui nous dépassent et nous échappent.

Du « héros » à la « figure marquante »

Celles et ceux que nous appelons des « figures marquantes » ne sont pas nécessairement des « modèles », des « héros » ou des « grands hommes ». Le but de l'entreprise est moins d'édifier que de comprendre ; moins de construire un panthéon que de se pencher sur des êtres emblématiques de certains moments de notre histoire. La mystique Marie de l'Incarnation, l'ultramontain Ignace Bourget, la féministe maternaliste Marie Gérin-Lajoie (mère), l'autoritaire Maurice Duplessis sont en bonne partie étrangers aux valeurs de ce début de XXIe siècle – une période qui a elle aussi ses angles morts, comme le souligneront sûrement les historiens de demain. Mais ces personnages n'en ont pas moins marqué leur temps. Les caricaturer appauvrit notre compréhension du passé.

Notre époque se méfie instinctivement des « héros », non sans raison. Longtemps, l'héroïsme a été associé aux faits d'armes, aux exploits militaires. Avec l'industrialisation des conflits et les millions de morts des deux guerres mondiales, ce type de gloire a presque complètement disparu. Les héros militaires, s'il y en a encore, sont devenus les résistants, les objecteurs de conscience ou les soldats inconnus, fauchés sans avoir pu déployer un semblant de bravoure[10]. Par ailleurs, à partir du XVIIIe siècle, on commence à préférer le

10. Jean-Michel Chaumont, « Du culte des héros à la concurrence des victimes », *Criminologie*, vol. 33, nº 1, printemps 2000, p. 167-183.

« grand homme » au « héros », comme l'illustre Voltaire avec ce mot d'esprit, en 1735 :

> Vous savez que chez moi les grands hommes vont les premiers, et les héros les derniers. J'appelle grands hommes tous ceux qui ont excellé dans l'utile ou dans l'agréable. Les saccageurs de provinces ne sont que des héros[11].

Le « grand homme » des Lumières était ce personnage issu du peuple qui avait montré des talents supérieurs et servi son pays. À partir de cette époque, la gloire et la célébrité ne seraient plus seulement l'apanage des rois, des généraux et des aristocrates qui s'étaient distingués sur les champs de bataille, mais de tous ceux qui auraient servi ou fait rayonner la patrie, par leur génie artistique, scientifique ou politique[12].

Cependant, à l'instar du « héros », le « grand homme » n'a plus la cote, et pas seulement parce qu'il est associé au genre masculin. C'est que cette notion a connu sa fortune grâce aux États-nations, qui se cherchaient des modèles pour légitimer un cadre plus moderne que celui de royaumes gouvernés par des dynasties. Or, depuis la Seconde Guerre mondiale, le concept d'État-nation lui-même fait désormais l'objet d'un procès tenace et sans merci. Des « progressistes » le réduisent le plus souvent au repli ethnique ou à l'expansionnisme colonial. Les pourfendeurs du « roman national » montrent, livre après livre, que la construction sociale du « grand homme » est subordonnée à une cause, un parti, des institutions, un régime, sinon une forme sournoise de domination. Le mouvement de déboulonnement des statues et les changements de toponymes participent de cet état d'esprit, j'allais dire de ce soupçon qui pèse sur les « grands hommes ».

---

11. Cité dans Jean-Claude Bonnet, *Naissance du Panthéon. Essai sur le culte des grands hommes*, Paris, Fayard, 1998, p. 33.
12. Daniel Fabre, « La fabrique des héros », dans Pierre Centlivres, Daniel Fabre, François Zonabend (dir.), *La fabrique des héros*, Paris, Éditions de la Maison des sciences de l'homme, 1998, p. 233-318 ; Alain Corbin, *Les héros de l'histoire de France*, Paris, Points histoire, 2011, 210 p.

Admirer n'est pas idolâtrer

Ce soupçon, à quoi l'attribuer ? Au régime démocratique, d'abord : « Le démocrate aime l'homme, écrit Régis Debray. Il n'aime pas les grands hommes. Ceci parce que cela. La grandeur est à tous et la souveraineté populaire ne peut s'incarner en un seul[13] ». En régime d'égalité, les têtes qui dépassent, les êtres qui dominent leur époque inspirent souvent la frayeur d'une dérive autoritaire, surtout ces derniers temps. On le sait, de telles dérives n'ont pas manqué au XXe siècle et d'aucuns prédisent leur retour en force. Les tyrannies totalitaires ont profondément marqué les esprits, et pour cause. Désorientées par des crises sociales et politiques, les sociétés de masse ont parfois opté pour des chefs charismatiques et providentiels qui promettaient de rétablir l'ordre en débarrassant la société de ses « parasites » et en faisant sauter toutes les médiations qui altéraient la relation directe du chef à son peuple. La méfiance de l'époque pour les héros ou les grands hommes tient également à une « métamorphose de la grandeur ». À l'ère de l'industrie du divertissement et des réseaux sociaux, la célébrité semble avoir éclipsé la gloire des personnages historiques. L'admirateur a été remplacé par le fan, et la visibilité médiatique a toutes les allures d'une « version pervertie ou dégradée de la renommée[14] ». Il n'est plus nécessaire d'avoir accompli quelque chose pour être admiré : il suffit de passer à la télé, d'être présent sur les réseaux sociaux, d'être vu le plus souvent possible.

Si on se méfie des héros ou des grands hommes du passé, c'est enfin parce qu'on craint de perdre son sens critique au profit d'êtres qui sont rarement parfaits, et dont les valeurs sont généralement très éloignées de celles de notre époque. Un goût trop prononcé pour l'alcool ou les femmes, une correspondance qui révélerait des préjugés : rares sont ceux qui échappent aux foudres du magistère moral de notre présent. Le soupçon qui pèse sur les « héros » et les « grands hommes » est emblématique d'un rapport trouble et conflictuel au

13. Régis Debray, *À demain de Gaulle*, Paris, Folio, 1996, p. 75.
14. Alex Gagnon, *Les métamorphoses de la grandeur. Imaginaire social et célébrité au Québec (de Louis Cyr à Dédé Fortin)*, Montréal, Presses de l'Université de Montréal, 2020, p. 17.

passé, souvent réduit à quelque désespérante « grande noirceur » raciste, coloniale et patriarcale.

Les raisons de se méfier sont nombreuses et parfois convaincantes. Pour autant, notre tendance « naturelle » à admirer plusieurs figures du passé est loin d'avoir disparu. Nous sommes nombreux à estimer que le scepticisme radical à l'endroit de tous ces devanciers assèche l'esprit lorsqu'il prend tout en surplomb, ignore les pulsions contradictoires qui nous traversent tous, fait de nous des inquisiteurs impitoyables. Il est possible d'« admirer sans abdiquer[15] », sans renoncer à son esprit critique, à sa liberté de juger. Se donner le droit d'inventaire reste essentiel : sélectionner, dans un héritage, ce qu'on estime encore important, précieux ; ne surtout pas *adhérer* aveuglément aux personnages qui nous inspirent, comme s'il s'agissait d'un bloc à prendre ou à laisser. À la suite du critique littéraire Michel Crépu, distinguons l'admiration de l'idolâtrie : la première est révérence et « élévation de soi », la seconde une soumission malsaine, une « fusion qui absorbe tout dans une folle étreinte[16] ». Admirer, soutient quant à lui le cinéaste Bernard Émond, est une « sorte de gratitude » pour des femmes et des hommes souvent plus grands que nature, un acte d'humilité, de respect et de reconnaissance pour des êtres d'exception qui ont su affronter l'adversité ou porter des causes, des valeurs ou des idées qui nous sont chères. Admirer serait même selon lui un devoir civique : « nous avons la responsabilité de maintenir vivant et de transmettre un amour des œuvres, des cultures et des traditions qui enrichissent l'expérience humaine[17] ».

*

L'animation de *Figures marquantes de notre histoire* a été pour moi une expérience intellectuelle et humaine extrêmement enrichissante.

---

15. Régis Debray, *op. cit.*, p. 84.
16. Michel Crépu, *L'admiration. Contre l'idolâtrie*, Paris, Autrement, 2017, p. 13.
17. Bernard Émond, « De l'admiration », *Relations*, n° 780, septembre-octobre 2015, p. 10. Sur l'admiration, lire aussi Stéphane Stapinsky, « L'éternel retour de l'admiration », *Encyclopédie de l'Agora*, 13 septembre 2020 [en ligne].

Cette série m'a fait découvrir des domaines du savoir que je connaissais peu ou superficiellement, notamment ceux dans lesquels beaucoup de femmes s'étaient investies : le soutien aux plus démunies (Marguerite d'Youville, Émilie Gamelin, Marie Gérin-Lajoie fille), l'opéra et la chanson (Emma Albani, La Bolduc, Pauline Julien), l'art culinaire (Jehane Benoît), la profession de « garde-malade » (Charlotte Tassé). L'histoire du théâtre (Gratien Gélinas), de la littérature (Gaston Miron, Laure Conan, Gabrielle Roy), de la presse (Ludger Duvernay, Robertine Barry, Honoré Beaugrand) et de la science (Marie-Victorin, Armand Frappier) m'étaient également moins familiers. Même s'il faut parfois donner des cours d'introduction aux étudiants du premier cycle, l'université encourage l'hyperspécialisation, les sujets de recherche nichés qui justifient l'obtention des subventions. Pour mon plus grand bonheur, cette série aura fait de moi un historien « généraliste » ! L'expérience a également été humaine, je l'ai dit : quel privilège de pouvoir m'entretenir avec tous ces passionnés et ces érudits, et de les présenter à un plus large public ; quelle chance de pouvoir échanger avec François Ricard, quelques semaines avant qu'il ne découvre la maladie qui allait l'emporter trop tôt ; quel plaisir de recevoir des personnalités appréciées du public comme Yannick Villedieu, Serge Bouchard, Biz, Chrystine Brouillet ou Johanne Liu.

Il n'a pas été simple de sélectionner cinquante-neuf personnages qui – c'est la mission de notre Fondation – ont « œuvré au développement et au rayonnement de la nation québécoise ». Le choix dépendait d'abord du thème de la saison. Comme les figures que nous avions présentées dans la première saison de l'émission étaient aussi censées être les seules, la sélection initiale avait une visée synthétique. La deuxième saison s'est arrimée à la commémoration du 375ᵉ anniversaire de Montréal, alors que les trois suivantes portaient sur des périodes précises de notre histoire : la Nouvelle-France ; le XIXᵉ siècle, qui fut celui des Patriotes ; le XXᵉ siècle, marqué par la Révolution tranquille. Les deux dernières saisons ont, quant à elles, été consacrées à des figures marquantes de la liberté et de la solidarité, valeurs phares de l'expérience historique des Québécois. Avant chaque saison, le comité des historiens de la Fondation se réunissait pour discuter d'une première ronde de personnages[18]. Il nous importait notamment de présenter ou de faire découvrir des figures féminines et de couvrir les différents domaines de l'activité humaine. Les débats étaient parfois serrés, mais chaque fois, nous en arrivions à un consensus. Le défi était ensuite de trouver le bon invité et de nous assurer que, pour les personnages un peu moins connus, une documentation suffisante était disponible. Nous aurions voulu présenter des grandes figures autochtones comme Anadabijou ou Kondiaronk, mais les sources étaient rares et les spécialistes, trop peu nombreux. Cela dit, il a beaucoup été question des peuples autochtones dans cette série, de façon transversale. Les vies de Samuel de Champlain, de Gabriel Sagard ou de Pierre Esprit Radisson, racontées par Denis Vaugeois, Alain Beaulieu ou Martin Fournier, permettent d'en apprendre beaucoup sur leurs mœurs, leurs cultures et leurs représentations du monde.

Le présent ouvrage inaugure une série de trois. Chaque volume aura un fil conducteur, une sorte de thématique. Les figures de ce premier volume ont toutes en commun d'avoir *bâti* quelque chose : un site français permanent dans la vallée du Saint-Laurent (Samuel de Champlain), une œuvre sociale indispensable (Marie de l'Incarnation, Marguerite Bourgeoys, Marguerite d'Youville), une population solidement enracinée sur un territoire (les Filles du Roy), une Église omnisciente (Ignace Bourget), un écosystème scientifique (Marie-Victorin), une profession (Charlotte Tassé, Lionel Groulx), des canons littéraires (Gabrielle Roy, Gaston Miron), un parti politique indépendantiste à même de prendre le pouvoir (René Lévesque). Environ les deux tiers des textes des conférenciers invités seront publiés dans les trois volumes de cette série. Il s'agit des contributions dans lesquelles les auteurs se sont le plus « investis ». En plus de fournir les repères biographiques essentiels, tous offrent un regard un peu plus engagé sur le personnage étudié, pour expliquer certaines orientations de son

18. Lucia Ferretti, Xavier Gélinas, Gilles Laporte, Marie Lavigne et moi-même, assistés par la direction générale, avons fait partie de ce comité à un moment à un autre.

parcours ou défendre un héritage. Tous les textes retenus ont été revus par leurs auteurs, en étroite collaboration avec l'historienne Manon Leroux, que je remercie chaleureusement pour sa coordination efficace du travail d'édition, et pour le tact dont elle a fait preuve avec les spécialistes tout au long de la mise en forme des manuscrits.

Montréal, septembre 2023

I

Samuel de Champlain
(1567-1635)

par Denis Vaugeois
historien, éditeur et homme politique

Samuel de Champlain est, à mes yeux, le personnage le plus important de l'histoire de la Nouvelle-France, notamment parce qu'il a jeté les bases d'alliances franco-autochtones dès 1603 à Tadoussac, préalable qui facilitera ensuite les explorations vers le nord et vers l'ouest, à la recherche d'un passage en direction de la Chine. Discret dans ses écrits sur son propre compte, il représente néanmoins jusqu'à ce jour une figure énigmatique[1].

Avait-il une vision agricole ou commerciale pour assurer le développement d'une colonie française ? Les historiens du Québec ont été divisés sur cette question. D'ailleurs, peu d'entre eux ont accordé un véritable intérêt au parcours de Champlain, qui a plutôt été récupéré par des historiens canadiens-anglais tels Morris Bishop, Conrad E. Heidenreich et Joe C.W. Armstrong. Des mécènes et des universitaires de Toronto créeront notamment une Champlain Society, et s'emploieront à faire connaître ses écrits. Pendant ce temps, aucun

1. Ce texte s'inspire de plusieurs articles écrits par l'auteur au fil du temps, et bénéficie également de la contribution directe de Raymonde Litalien.

historien québécois n'a osé entreprendre une véritable biographie de ce personnage important. Même le professeur Marcel Trudel s'est limité à la rédaction d'un article sur Champlain pour le *Dictionnaire biographique du Canada* de 1967. Tout récemment, toutefois, l'archiviste Raymonde Litalien a relevé le défi de produire une nouvelle biographie pour le DBC[2], tandis qu'un historien français, Éric Thierry, a entrepris de marcher sur les traces de David H. Fischer[3] avec une biographie monumentale destinée au grand public.

Tous trois, Fischer, Litalien et Thierry, commencent leur récit à la paix de Vervins, qui met fin à une guerre franco-espagnole. Le 2 mai 1598, jour de la signature du traité, fait de Champlain un homme libre, doté d'une précieuse expérience en matière logistique. Il obtient en effet son congé de l'armée française après des services fort appréciés. Philippe II, roi d'Espagne, s'engage pour sa part à retirer ses troupes des territoires français qu'elles occupaient. Chargé de rapatrier quelques milliers de soldats espagnols installés à Blavet (aujourd'hui Port-Louis, dans le Morbihan), le capitaine Guillaume Allène entreprend ce voyage à bord du *Saint-Julien*, accompagné de son neveu, Samuel de Champlain. Pendant le trajet vers Cadix, Guillaume Allène en profite pour compléter les connaissances de ce dernier en matière de navigation. Dans son ouvrage à paraître, Éric Thierry résume bien ce moment important de la vie de Champlain :

> Il lui fait des recommandations sur l'ordre, la vigilance et le soin qu'il faut apporter en tout ce qui concerne la préparation et la tenue du bateau, la conduite de l'équipage et la sécurité du mouillage et de la navigation. Il lui montre aussi comment bien manier la carte et le compas de mer pour naviguer à l'estime. Il lui explique que cela nécessite de tenir soigneusement un journal pour noter d'où part le navire, où il doit aller, où il se trouve, où sont les terres par rapport à lui, dans quelle direction, ce qu'il perd et ce qu'il gagne sur sa route. Guillaume Allène répète à Champlain comment vérifier sa latitude chaque jour

2. Raymonde Litalien, « Samuel de Champlain », *Dictionnaire biographique du Canada*, 2023 [en ligne].
3. David Hackett Fischer, *Le rêve de Champlain*, Montréal, Boréal, 2011, 1008 p.

à l'arbalète en visant l'étoile polaire ou grâce à l'astrolabe en pointant le soleil méridien, sans oublier d'utiliser des tables de correction. Il lui montre aussi comment estimer la vitesse, en mesurant le temps de défilement, le long du bord, d'un morceau de bois jeté à l'eau à la proue, grâce à la récitation d'une formule scandée qui a été étalonnée à l'aide d'un sablier, et ainsi calculer la distance parcourue, en s'aidant si possible d'une bonne horloge. À l'approche du littoral, l'oncle ne manque pas non plus de rappeler à son neveu la nécessité de bien sonder pour ne pas s'échouer sur le rivage[4].

Champlain est un excellent élève et les nombreux relevés qu'il a laissés – de même que ses cartes – sont d'une exactitude que ne manquent pas de souligner les spécialistes, tout particulièrement Conrad Heidenreich[5]. À tous égards, il s'avère que c'est un surdoué.

Autorisé à se joindre à la flotte qui appareille pour les colonies espagnoles d'Amérique en 1598, il parcourt les Antilles, visite le Mexique, observe rapidement la Floride. À son retour, en 1601, il prépare un *Brief Discours*[6] dans lequel il résume les deux ans et demi qu'a duré son périple. Il le présente au roi Henri IV qui, entre deux parties de chasse et quelques aventures galantes, rêve d'imiter les Espagnols et de renouer avec les projets coloniaux de François Ier.

Champlain apprend beaucoup de choses lors de ce voyage aux Antilles, non seulement sur le plan géographique, mais aussi sur le plan humain. Il se souviendra notamment du comportement des Espagnols envers les habitants des îles, et évitera autant que possible de le reproduire. Lorsqu'il se liera d'amitié avec de nombreux chefs autochtones et leurs nations, il évitera de leur imposer ses volontés. Il s'informera de leur organisation, de leurs mœurs ; il apprendra à les distinguer, côtoiera leurs chefs et les présentera à ses lecteurs.

---

4. Éric Thierry, *Un colonisateur aux multiples facettes* [titre provisoire], à paraître.
5. Conrad Heidenreich, *Explorations and Mapping of Samuel de Champlain, 1603-1632*, Toronto, University of Toronto Press, coll. « Cartographica », n° 17, 1976.
6. Laura Giraudo, « Les manuscrits du Brief Discours » dans Raymonde Litalien et Denis Vaugeois, *Champlain. La naissance de l'Amérique française*, Québec, Septentrion, 2004, 400 p.

Dans ses récits, Champlain nomme en effet plus de chefs des Premières Nations que n'importe lequel de ses successeurs. Il établit avec eux des liens personnels, depuis Anadabijou jusqu'à Tessouat, en passant par Messamouet, Miristou, Nabachis, Batiscan, Ochateguin, Capitanal, et d'autres. Leurs connaissances du territoire l'aident à préparer des cartes assez exceptionnelles, compte tenu des moyens techniques de l'époque.

Le vrai rêve de Champlain : un passage vers l'Asie

Champlain est un homme de son temps. Et en son temps, on recherche encore une nouvelle route de la soie et des épices[7]. Le moteur commercial des découvertes reste la mode et l'alimentation. Les soieries, porcelaines et épices d'Asie sont devenues des luxes prisés par les Européens qui, depuis Christophe Colomb, les recherchent avec acharnement.

À la suite des mandataires de François Ier, Giovanni Verrazzano (1524-1528) et Jacques Cartier (1534-1545), Champlain essaie à son tour de trouver une route occidentale vers la Chine. Doté d'un esprit scientifique, il met son talent d'observateur à profit pour échafauder des hypothèses et proposer des solutions. Lors de son voyage aux Antilles, il s'était arrêté à décrire l'importance du port de Panama, de tout l'or et l'argent qui y arrivaient du Pérou, se plaisant à imaginer le creusement d'un canal reliant le Pacifique à l'Atlantique. « Si quatre lieues de terre étaient coupées, écrit-il, [...] on raccourcirait le chemin de plus de 1500 lieues. » Autrement dit, il ne serait plus nécessaire pour les navires voguant en direction de l'Asie, ou en revenant, de contourner l'Amérique par le sud. Les quatre lieues correspondent à la distance qui sépare « une petite rivière qui vient des montagnes et qui descend à Portovella [Portobelo], laquelle est à quatre lieues de Panama ». Champlain précise qu'il y a dix-huit lieues à faire jusqu'à Portovella. « L'Amérique serait en deux îles », avait-il noté dans son *Brief Discours*.

7. Raymonde Litalien, *Les explorateurs de l'Amérique du Nord 1492-1795*, Québec, Septentrion, 1993, 268 p.

Ses explications manquent cependant de clarté. Ses déductions sont parfois difficiles à suivre et son cheminement de pensée reste souvent obscur. Il a beaucoup écrit, sans jamais vraiment se révéler, camouflant habilement ses sentiments et ses opinions. Bien qu'il s'arrange avec la vérité, il ne ment pas. Il induit plutôt (volontairement ?) son lecteur dans une compréhension erronée. Tel est probablement le cas pour sa suggestion concernant Panama. C'est du moins l'avis d'Éric Thierry :

> Quand Champlain évoque l'isthme de Panama, il répète ce qu'il a entendu. Il n'y a jamais séjourné. La chronologie qu'il indique ne correspond pas à celle que donnent les archives espagnoles. [...] Lors de son voyage aux Indes occidentales, il a surtout séjourné à Veracruz et à La Havane[8].

Henri IV passe à l'action

Le roi Henri IV avait-il les mêmes préoccupations que son rival Philippe II d'Espagne ? Bien sûr, il lorgnait les richesses des colonies espagnoles, mais l'objectif ultime restait, pour tous les monarques européens, la Chine. Et Champlain n'avait pas besoin qu'on le lui rappelle.

Champlain, dont les origines et la formation demeurent largement inconnues, possède des connaissances étonnantes en matière géographique, doublées d'une grande soif d'apprendre. Au retour de son voyage aux Indes occidentales, il renoue probablement avec les ouvrages de Richard Hakluyt, prolifique éditeur qui diffuse toutes les informations possibles sur les navigateurs anglais de son époque. Parmi celles-ci : les voyages d'exploration de Martin Frobisher et de John Davis, qui avaient poursuivi la recherche d'un passage au nord-ouest. Déjà initié à la cartographie, il a également pu consulter les nombreuses cartes produites par Michael Lok (1582) et Cornelius van

8. Courriel de l'auteur.

Wytfliet (1597)[9]. L'atlas publié par ce dernier devait le faire rêver, tout particulièrement sa mappemonde, intitulée *Utriusque Hemispherii Delineato*, où figurent les deux Amériques. Au sud, elle montre un passage à la hauteur de la *Tierra del fuego* et, au nord, elle suggère un long passage qui permettrait de contourner l'Amérique en passant sous le *Groclant*, puis à l'ouest au nord d'une région dite *Bergi*, à proximité d'un *Anian regnum*. Cette carte avait le mérite d'identifier les deux passages possibles en direction de l'Asie.

C'est un autre cartographe belge, Cornelis de Jode, qui, quelques années plus tôt, avait montré qu'il existait un passage très bien dégagé sous le *Groenlant*[10]. On notera au centre le mot « Saguenai », avec la mention *Hoc fluvio facilior navigation est in Saguenai* : « La navigation est plus facile au Saguenay grâce à cette rivière. » À son retour des Antilles, qu'on appelle encore alors les « Indes occidentales », Champlain brûle de repartir pour les Amériques. L'amiral et vice-roi de Nouvelle-France Aymar de Chaste lui en donne l'occasion en 1603. Dans ses *Voyages* publiés en 1632, Champlain précise qu'il accepte d'accompagner le capitaine François Gravé Du Pont au Canada, sous réserve « du commandement de Sa majesté à laquelle j'étais obligé tant de naissance que d'une pension de laquelle il m'honorait ». Au moment où il revient sur cet épisode, Champlain approche de l'heure des bilans. Il construit sa légende par petites touches qui intrigueront certains historiens. David H. Fischer l'imagine comme enfant naturel du roi, ce qui fait bondir l'historien Éric Thierry. « L'allusion à *sa naissance* réfère tout simplement au fait qu'il est français », tranche-t-il.

Des Sauvages ou Voyage de Samuel Champlain de Brouage

Dans son premier ouvrage publié, *Des Sauvages*, Champlain se concentre sur le voyage de 1603 qu'il fait avec Gravé du Pont, le capitaine de l'expédition. Né à Saint-Malo en 1560, François Gravé, sieur du Pont, dit

---

9. La carte de Cornelius van Wytfliet, *Descriptionis Ptolemaicae augmentum, sive Occidentis notitia brevi commentario illustrata, studio et opera Cornely Wytfliet*, est disponible sur le site Gallica.bnf.fr.
10. La carte de Cornelis de Jode, *Americae Pars Borealis, Florida, Baccalaos, Canada, Corterealis, 1593*, est disponible sur le site raremaps.com.

Pont-Gravé, est installé à Honfleur depuis l'année 1600 et est devenu un habitué du Saint-Laurent et des habitants de ses rives.

Ce voyage est d'une extrême importance. Pendant les deux mois que dure la traversée, Champlain profite de l'expérience de Gravé pour s'informer de ce qui les attend à Tadoussac. Champlain a en tête son voyage dans les colonies espagnoles, qui avait gonflé d'espoir Henri IV, pour qui il avait en quelque sorte travaillé à titre d'espion. Par la suite, le roi l'avait encouragé à effectuer une autre traversée, en 1603, cette fois en direction du fleuve Saint-Laurent. Champlain, qui avait déjà beaucoup appris du comportement des Espagnols envers les indigènes, comprend, au contact de Gravé du Pont et des deux Montagnais qui les accompagnent, qu'il existe d'autres façons de faire.

C'est ici que naît la Nouvelle-France. La « tabagie de Tadoussac » en 1603 fait oublier les vaines tentatives d'établissement de La Roche de Mesgouez ou de Chauvin de Tonnetuit des années 1598-1602. Elle fonde en effet un nouveau modèle qui débouchera sur de solides alliances franco-autochtones, permettant à quelques milliers de Français de s'installer durablement sur ce territoire, malgré un énorme déséquilibre de forces par rapport aux colonies anglaises.

En juin 1603, « à la Pointe de Saint-Mathieu qui est à une lieue de Tadoussac », Champlain note tout. Le grand sagamo Anadabijou est en pleine *tabagie* – ce qui veut dire « festin », précise-t-il –, entouré d'une centaine de ses compagnons. Un des Montagnais qui rentrait de France n'a que de bons mots pour l'accueil que Sa Majesté leur a réservé. « Sa dite Majesté leur voulait du bien et désirait peupler leur terre et faire la paix avec leurs ennemis, qui sont les Iroquois, ou leur envoyer des forces pour les vaincre. »

La réponse appartient à Anadabijou. Il a le sens du protocole. Il offre à fumer puis prend « posément » la parole, se disant content au nom des siens « d'avoir sadite Majesté pour grand ami ». Fort de l'approbation de son auditoire, il se dit « fort aise que sadite Majesté peuplât leur terre et fît la guerre à leurs ennemis, qu'il n'y [a] nation au monde à qui [les Montagnais] voulussent plus de bien qu'aux Français ».

« Peupler leur terre », Champlain l'a bien noté. Son journal nous met en présence de « trois nations » : les Etchemins, les Algonquins et les Montagnais, qui reviennent d'un affrontement avec les Iroquois « à l'entrée de la rivière desdits Iroquois ».

En 1632, dans le rappel de son voyage de 1603, Champlain nous donne des informations complémentaires. Le capitaine Gravé du Pont avait été prié, par lettre officielle du « secrétaire des commandements », de prendre Champlain à son bord et de l'assister « de ce qui lui serait possible en cette entreprise ». Champlain, de son côté, devait « en faire fidèle rapport » au roi. Or, il en aura beaucoup à raconter grâce à ce vieux routier qui l'accueille à bord de *La Bonne Renommée*, le voilier de 120 tonneaux qui quitte Honfleur le 15 mars 1603.

Arrivé à Tadoussac au début de l'été 1603, pendant que la traite se fait sous la gouverne de Gravé, Champlain explore les environs et remonte le Saguenay aussi loin que possible. Les Autochtones lui parlent d'un lac important, mais refusent de l'y conduire, « ni aucun de nos gens ». Les Autochtones sont toujours soucieux de protéger leur rôle d'intermédiaires et refusent *a priori* de laisser passer leurs visiteurs. « Si vous souhaitez obtenir des marchandises qui se trouvent au-delà, nous irons vous les chercher ! » Cette politique est constante ; elle est celle des Montagnais, puis des Algonquins, et à l'ouest, celle des Renards, et au sud, celle des Sioux.

Les Montagnais ne se privent pas pour autant de titiller la curiosité de leur visiteur et décrivent un Saguenay qui ultimement conduit à « une mer qui est salée ». Champlain est frustré. Ne partage-t-il pas le rêve de Christophe Colomb : atteindre cette mer qui conduira à l'Asie, à la Chine ?

À défaut de remonter le Saguenay, Gravé lui propose d'explorer le Saint-Laurent. Le 22 juin, alors qu'ils sont à l'île d'Orléans, Champlain signale un « torrent d'eau » derrière lequel il y a « une terre unie et plaisante à voir », puis ils abordent à « Quebecq ». Jacques Cartier, lui, parlait de Stadaconé ; ce nom a été oublié, et Quebecq figure sur une carte de Guillaume Levasseur de 1601. Les Iroquoiens du Saint-Laurent qu'avait rencontrés Cartier ont disparu. « En ce temps-là le pays était plus peuplé de gens sédentaires qu'il n'est à présent », fait remarquer Champlain, qui rappelle que Sa Majesté a « le sain désir d'y envoyer des peuplades ».

Dans son récit, Jacques Cartier note la présence de « plaine de bledz », « comme mil de Brezil », une variété de « blé d'Inde » qui permet la sédentarisation, c'est-à-dire l'annonce d'une poussée démographique. Hélas, l'apparition du maïs dans la vallée du Saint-Laurent est trop récente pour avoir eu cet effet au moment où arrivent les premiers Européens. Le choc microbien a sournoisement raison d'une trop faible population autochtone.

Début juillet, Gravé du Pont et Champlain atteignent le fameux sault (aujourd'hui les rapides de Lachine) qui bloque la navigation sur le Saint-Laurent. À Tadoussac, Champlain s'était fait expliquer une « manière de raquette » qui permet de marcher sur la neige. Cette fois, il constate les vertus des « canots des Sauvages », avec lesquels « on peut aller librement et promptement en toutes les terres, tant aux petites rivières comme aux grandes. Si bien qu'en se gouvernant par le moyen desdits Sauvages et de leurs canots, l'on pourra voir tout ce qui se peut, bon ou mauvais, dans un an ou deux ».

Pendant 150 ans, les Français vont s'en servir pour parcourir, explorer, nommer, cartographier l'essentiel de l'Amérique du Nord. Les Français métamorphosés en Canadiens deviendront d'infatigables voyageurs.

Rivalités sournoises

Après avoir rêvé d'une installation en Acadie, les Français reviennent sur le Saint-Laurent, où la situation n'est pas rose. Le mauvais sort semble donner raison au ministre d'Henri IV. Dans une lettre de février 1608 adressée au président Jeannin, l'un des protecteurs de Champlain, le duc de Sully, s'était vidé le cœur. Il jugeait alors « la conservation et possession de telles conquêtes [les établissements français en Amérique], comme trop éloignées de nous et par conséquent disproportionnées au naturel et à la cervelle des Français[11] ». « Je recon-

---

11. Cette citation et les suivantes de Sully proviennent de Robert Le Blant et René Baudry (éd.), *Nouveaux Documents sur Champlain et son époque*, t. I, *1560-1622*, Ottawa, Archives publiques du Canada, 1967, p. 162.

nais, à mon grand regret, admettait-il, n'avoir ni la persévérance ni la prévoyance requises pour telles choses.» C'est dans le caractère des Français de s'intéresser à ce qui les touche « de proche en proche et leur est incessamment présent devant les yeux ». Comme s'il voulait se convaincre lui-même, il ajoute encore « que les choses qui demeurent séparées de notre corps par des terres ou des mers étrangères ne nous seront jamais qu'à grand charge et à peu d'utilité ». Henri IV peut s'appuyer sur Sully pour tout ce qui concerne le royaume, mais pas pour ses projets coloniaux. Même sans budget, le roi s'entête et renouvelle pour au moins un an le monopole que détient le sieur de Mons, responsable de la colonisation en Acadie. Champlain, cependant, convainc ce dernier de renoncer à l'Acadie et de retourner plutôt sur le Saint-Laurent.

En avril 1608, à une semaine d'intervalle, Gravé du Pont et Champlain reprennent la mer à destination de Tadoussac. Les Basques les ont précédés. Gravé est gravement pris à partie ; Champlain se porte à sa défense. Il engage le dialogue, calme les esprits. En apparence du moins – il découvrira quelques jours plus tard que les Basques ont eu le temps de soudoyer quatre de ses hommes.

Dans les circonstances, Gravé du Pont peut difficilement s'adonner à la traite. Désireux de soigner une blessure reçue lors de l'échauffourée avec les Basques, il décide d'accompagner Champlain vers Québec. Car telle est bien la destination que Champlain a choisie. « Je partis de Tadoussac le dernier du mois [le 30 juin] pour aller à Quebecq », écrit-il. « Toute cette côte [...] jusqu'à l'île d'Orléans, est terre monstrueuse et fort mauvaise. » Mais Champlain, qui se doute bien qu'il lui faut justifier son choix, annonce que le paysage change soudainement : « Ce lieu est le commencement du beau et bon pays de la grande rivière ». Le 3 juillet, mettant pied à terre, il se lance aussitôt à la recherche d'un « lieu propre pour notre habitation », mais précise : « je n'en peux trouver de plus commode, ni mieux situé que la pointe de Quebecq, ainsi appelé des Sauvages ». Sans perdre un instant, tous se mettent au travail : les uns abattent les noyers, d'autres creusent la cave et des fossés, un autre part pour Tadoussac afin d'« aller quérir nos commodités ». En premier lieu, ils érigent « le magasin, pour mettre nos vivres à couvert qui fut promptement fait par la diligence d'un chacun, et le soin que j'en eus ». Champlain ne perd pas une occasion de se mettre en valeur, même s'il le fait discrètement.

Il est vrai par ailleurs qu'il est exigeant autant envers lui-même que vis-à-vis des autres. Qu'est-ce qui explique le complot « contre le service du roi » que découvre Champlain ? Est-ce la pression qu'il fait subir à ses hommes, ou plutôt les récompenses qu'ont fait miroiter les Basques ? L'affaire est importante ; il s'y attarde dans son récit. Les conspirateurs ont tenté de soudoyer le plus grand nombre, « même mon laquais », précise-t-il, laissant à penser qu'on a pu planifier son assassinat.

Champlain improvise alors un tribunal, convoque tous ses hommes et exige « la vérité sur tout ce qui s'est passé ». Il a vite fait d'identifier « quatre coquins » parmi les six hommes pour lesquels il avait fait préparer « six paires de menottes ». L'un d'eux, le serrurier Jean Duval, est condamné à être « pendu et étranglé audit Québecq ». Les trois autres sont confiés à Gravé du Pont, qui les ramène en France « entre les mains du sieur de Mons, pour leur être fait plus ample justice ». Dans la gestion de cette affaire, Champlain s'affirme nettement comme chef.

Mais il a encore bien des défis à relever, dont le terrible hiver 1608-1609, qui s'avère désastreux. Dix hommes meurent du scorbut, cinq autres de dysenterie. « Tout cela nous donna beaucoup de déplaisir, pour la peine que nous avions à panser les malades », rapporte un Champlain fort inquiet. En effet, faut-il conclure que ce pays est inhospitalier ? Le chirurgien lui-même compte parmi les victimes, ce qui n'empêche pas Champlain de pratiquer des autopsies pour essayer de comprendre la cause de ces décès. Rien de concluant n'en ressort. « Le pays est beau et plaisant » et fournit généreusement tout ce qu'on peut souhaiter pour les maintenir en bonne santé, affirmera-t-il quand même. Après avoir considéré diverses hypothèses et comparé les difficultés rencontrées par d'autres expéditions à travers le monde, il en déduit que le scorbut se rencontre un peu partout. Ignorant ou ayant oublié la décoction de l'annedda, que les Autochtones avaient apprise à Jacques Cartier pour guérir ce mal, il signale que « les Flamands ont trouvé un remède fort singulier contre cette maladie, qui pourrait nous servir : mais nous n'en avons point la connaissance pour ne l'avoir recherché ». « Toutefois, conclut-il, je tiens pour assuré qu'ayant de bon pain et viandes fraîches, qu'on n'y serait point sujet. » De toute façon, « depuis le mois d'avril jusqu'au 15 de décembre, l'air y est si sain et bon, qu'on ne sent en soi aucune mauvaise disposition ». Il faut néanmoins être prudent pendant les mois de janvier, février et mars, souligne-t-il.

La démonstration se fait assez rapidement : même si les hivers au Canada sont rigoureux, ils ne sont pas plus dangereux qu'ailleurs. Si le peuplement se fait lentement – c'est le moins qu'on puisse dire –, l'explication est tout autre.

Rêves de « nouvelles découvertes »

Champlain et Gravé du Pont, devenus inséparables, cherchent des voies de navigation fluviale à partir du Saint-Laurent. Pendant ce temps, Champlain questionne plus attentivement les Montagnais à propos du Saguenay et de sa source. Cette fois, son récit est beaucoup plus précis. « Ces peuples septentrionaux disent aux nôtres qu'ils voient la mer salée ». Il rêve de « faire cette découverte », précisant cependant :

> [J]e n'ai pu la faire sans les Sauvages qui n'ont voulu que j'allasse avec eux, ni aucun de nos gens. Toutefois ils me l'ont promis. Cette découverte ne serait pas mauvaise, pour ôter beaucoup de personnes qui sont en doute de cette mer du Nord, par où on tient que les Anglais sont allés en ces dernières années pour trouver le chemin de la Chine.

Au retour d'une nouvelle expédition guerrière, en 1609, il revient à la charge auprès de ses alliés des Premières Nations. Près de Trois-Rivières, il se fait expliquer le lien entre le haut Saint-Maurice et la source du Saguenay. Il rentre en France puis, dès son retour à Tadoussac, en avril 1610, il rappelle aux Montagnais leurs « promesses ».

> Après le retour de leur guerre, ils me mèneraient découvrir les Trois-Rivières jusqu'en un lieu où il y a une si grande mer qu'ils n'en voient point le bout, et nous en revenir par le Saguenay audit Tadoussac. [...] Je leur demandai s'ils avaient encore cette même volonté. Ils me dirent que oui, mais que ce ne pouvait être que l'année suivante.

« Ce qui m'apporta du plaisir », souligne Champlain qui, à mon avis, essaie de sauver la face du mieux qu'il peut. En vérité, il doit être exaspéré. Mais il n'est pas dupe. Il a compris le jeu des Montagnais ; ils entendent contrôler leur territoire, maîtriser l'accès à leurs sources d'approvisionnement. Malgré tout, il n'abdique pas et se rassure : « si bien que j'avais deux cordes à mon arc, de façon que si l'une faillait, l'autre pouvait réussir ». Songe-t-il à deux routes, le Saint-Maurice et le Saguenay ? Champlain reprend la navigation dès le 1er mars 1611, se rend au sault Saint-Louis (Lachine), remarque à proximité une île qu'il nomme Sainte-Hélène, rencontre un groupe d'Autochtones qui arrivent des pays d'en-haut. C'est en cette occasion qu'il franchit en canot les rapides, devenant l'un des premiers Blancs à réussir cet exploit.

Henry Hudson : la *Tabula nautica*

La troisième fois où il se voit refuser l'accès à cette hypothétique mer d'eau salée le rend littéralement hystérique, d'autant plus qu'il a compris que son rival, Henry Hudson, l'y a devancé.

L'affaire commence mal. Sur la route de Paris, un accident l'oblige à quelques semaines de convalescence. Il en profite pour faire le point ; il rédige ses mémoires et prépare une magnifique carte (1612) avec l'aide du graveur David Pelletier. Il termine son chef-d'œuvre quand on lui montre une autre carte, gravée par le cartographe et éditeur Hessel Gerritsz, qui présente le trajet suivi par Henry Hudson au nord du continent. La voilà donc, cette fameuse « mer salée » dont les Autochtones lui avaient parlé en 1603 !

Champlain est piqué au vif. Sans perdre un instant, il retourne à sa table à dessin, reprend les éléments de sa carte précédente et ajoute sans hésiter les informations contenues dans la *Tabula nautica* d'Hudson. Il se livre presque à un calque de ce document. Le pourtour du continent est le même, les échancrures aussi, les îles de la baie sont au même endroit et ont la même forme rectangulaire. Mieux encore, Champlain inscrit « *mare magnum* », là où Gerritsz avait écrit « *Mare magnum ab M Hudsono primum inventum* ». Au fond de la baie, il note : « *the bay wher hudson did winter* ». Champlain en est là quand le jeune Nicolas de Vignau, qu'il a laissé chez les Algonquins pour en faire un « truchement » (un intermédiaire interprète), arrive à Paris à l'automne 1612, racontant avoir atteint la mer du Nord – où il a d'ailleurs aperçu un navire anglais naufragé.

Champlain en est secoué. Ce récit est plausible. Il reprend la route de la Nouvelle-France et demande à son éditeur d'attendre son retour pour compléter le travail. Vignau doit le conduire sans tarder à la mer du Nord. En route pour la Grande Rivière (des Outaouais), le 4 juin, l'expédition atteint la rivière Gatineau qui, explique-t-on à Champlain, conduit aux sources du Saint-Maurice. Vignau suggère une route et les guides en proposent une autre, qui les amène à la rencontre du chef Tessouat. Ce dernier contrôle jalousement le passage dit de l'île aux Allumettes. C'est en quelque sorte un carrefour bien verrouillé par les Algonquins Kichesipirinis. Champlain est accueilli froidement. Il ne s'est pas présenté l'année précédente, alors qu'il avait promis aux Algonquins de le faire. Coincé entre les Népissingues et les Kichesipirinis qui se jouent de lui, il demande des canots et des guides aux Autochtones pour gagner le Nord. Tessouat prend le contrôle de la situation et confronte durement le pauvre Vignau. Le chef autochtone est impitoyable : il traite Vignau de menteur, soutenant que « c'est en dormant » qu'il serait allé là-bas. « Tu as rêvé ! » Inquiet de la tournure des événements, Champlain semble décider de sauver sa peau. Il en vient à traiter Vignau « de plus impudent menteur qui se soit ouï depuis longtemps ». C'est du moins ce qu'il écrit, même si sa colère à l'endroit de Vignau est suspecte. Peut-être a-t-il voulu se concilier Tessouat ? Ce qui est clair toutefois, c'est le refus de Tessouat de le conduire chez les Népissingues, qui ont l'habitude d'aller à la mer du Nord.

Obstacles persistants sur la route de la Chine

De retour en France en août 1613, après une traversée de dix-huit jours, Champlain complète l'ébauche de sa carte, ajoute une approximative Grande Rivière (aujourd'hui la rivière des Outaouais), rédige le récit d'un « Quatrième voyage » qui vient s'ajouter aux « Voyages » dont le montage, sinon l'impression, est en partie terminé. Ce sera son second ouvrage (1613).

L'accès à la mer du Nord semble bien verrouillé, tant par le Saguenay et le Saint-Maurice que par l'Outaouais et le lac Témiscamingue. Champlain a besoin de recul. Il passe l'année 1614 en France où son patron du moment, le prince Henri II de Bourbon-Condé, affronte la régente et la cour.

En 1616, de retour du pays des Hurons où il a hiverné, il s'arrête chez les Népissingues « pour savoir quand ils seraient prêts pour le voyage du Nord ». Mais le chef algonquin Yroquet déjoue ses plans en lui donnant un pressant rendez-vous « à notre dite habitation ». Et Champlain commente, avec résignation :

> [C]elui qui fut bien affligé, ce fut moi, m'attendant bien de voir en cette année ce qu'en plusieurs précédentes j'avais recherché avec beaucoup de soin et de labeur, par tant de fatigues et de hasards de ma vie. Et voyant n'y pouvoir remédier, et que le tout dépendait de la volonté de Dieu, je me consolai en moi-même.

Cette fois, Champlain tourne la page. Il aurait bien voulu pousser ses explorations plus loin, mais quand il additionne tout ce qu'il a pu observer et entendre, il apprécie le chemin parcouru. Il a à présent une certaine idée des lacs Huron, Ontario et Érié. Mais à partir de 1616, il accepte la « volonté de Dieu » et s'en remet à d'autres, dont les missionnaires, pour ajouter à ses connaissances. L'explorateur cède la place à l'administrateur, qui a d'ailleurs fort à faire pour survivre à des événements parfois assez graves, tant en France qu'en Nouvelle-France.

En février 1618, Champlain prépare deux mémoires, l'un adressé au roi, l'autre à la Chambre de commerce. Au-delà d'un ambitieux programme de colonisation, il revient sur cette idée qui l'habite depuis les illustres voyages d'Amerigo Vespucci, au même titre qu'elle hante l'esprit de tous les Européens. Dans son mémoire à Louis XII, Champlain « prétend trouver le passage [...] pour aller à la Chine et aux Indes orientales par le moyen du fleuve Saint-Laurent ». À la Chambre de commerce, il annonce des profits mirobolants et des revenus de douane à être perçus de « tous les marchands de la chrétienté, s'il plaît au roi de leur octroyer leur passage », soit un raccourci de « plus d'un an et demi de temps, sans le danger des corsaires ». Il prévoit d'ailleurs la construction, à l'embouchure de la rivière Saint-Charles, d'une ville nommée Ludovica en l'honneur du roi, laquelle serait doublée d'une forteresse érigée sur une élévation face au fleuve.

Depuis la célèbre carte de Waldseemüller (1507)[12], l'obstacle que constituait l'Amérique s'était élargi. Malgré les difficultés à établir les longitudes, les contours de l'Amérique du Sud avaient pris forme, ce qui n'était pas encore le cas pour l'Amérique du Nord. Aucun doute n'était possible cependant : au-delà d'un large continent, une mer attendait bel et bien les Européens. Champlain précise que le fleuve Saint-Laurent conduirait à « un lac contenant environ trois cents lieues, duquel lac sort un fleuve, lequel entre dans la mer du Sud suivant la relation [que lui ont faite] quantité de peuples, ses amis au pays ». En était-il totalement convaincu ? N'était-il pas lui-même venu tout près du lac en question deux ou trois ans auparavant, sans avoir trouvé le passage vers la mer ? Champlain est bien conscient qu'il ne doit laisser place à aucun doute dans son plaidoyer. Son assurance est d'autant plus manifeste qu'un doute subsiste forcément dans son esprit.

Occupation et rétrocession de Québec

De 1608 à 1628, les responsables de la colonie se succèdent à un rythme ahurissant. Le sieur de Mons doit renoncer au renouvellement de son monopole : il cherche à vendre son habitation de Québec,

12. Voir le site de la bibliothèque du Congrès, loc.gov : *Exploring the Early Americas*, « Waldseemüller Maps ».

mais n'abandonne pas pour autant son ami Champlain. En 1610, l'assassinat d'Henri IV a privé Champlain de son vrai protecteur. Dans une tentative de recréer un nouveau réseau d'influence, on arrange son mariage avec Hélène Boullé, dont le père est huissier à la Cour. Parmi tout ce beau monde, y compris au sein des associés des diverses compagnies qui se forment, les protestants dominent. Ils font l'erreur de négliger le peuplement et tentent plutôt de tirer leur épingle du jeu avec la traite. De retour au pouvoir, le duc de Richelieu siffle la fin de la récréation. Il a maille à partir avec les protestants à La Rochelle. Il se méfie d'eux et profite des statuts de la Compagnie des Cent-Associés, qu'il met en place à partir de 1627, pour les exclure comme possibles colons. Ils peuvent commercer, mais pas hiverner !

Grâce à Richelieu, Champlain reprend espoir. Dès le printemps 1629, un convoi conduit par Claude de Roquemont apporte du ravitaillement et près de 400 colons. Du jamais vu ! Mais Champlain joue de malchance : un nouveau conflit éclate entre la France et l'Angleterre. Des corsaires anglais veulent en profiter pour s'emparer de la traite sur le Saint-Laurent. Roquemont tombe dans les filets des frères Kirke. Champlain résiste d'abord, même s'il avait un grand besoin du ravitaillement de Roquemont, saisi par les corsaires. Puis il finit par capituler et rend Québec en juillet 1629, plus de deux mois après la signature du traité de Suse (24 avril 1629). Il faudra trois années de difficiles négociations pour que, par le traité de Saint-Germain en Laye (mars 1632), la Nouvelle-France, comprenant le Canada et l'Acadie, soit rendue à la France.

Ramené en Angleterre par les Kirke, Champlain se précipite chez l'ambassadeur Châteauneuf pour le convaincre d'exiger la rétrocession de la Nouvelle-France. Au grand désespoir des Kirke, Charles Ier, roi d'Angleterre, acquiesce à sa demande. Une fois la paix recouvrée en 1632, Champlain réalise enfin sa nouvelle carte géographique maîtresse : celle d'une *Nouvelle France* qui représente, de façon magistrale, cette Amérique française naissante.

Nouvel élan exploratoire

Le retour de Champlain à Québec, le 23 mai 1633, prend vraiment l'allure d'un nouveau départ. Il ne reste presque rien des trente années de travaux qu'il a accomplis là-bas depuis son premier voyage avec Gravé du Pont. L'*Habitation* et les dépendances doivent être reconstruites, de même que les installations de Cap-Tourmente. Champlain commande un établissement à Trois-Rivières et prépare celui de Montréal. Il a déjà à l'esprit l'organisation d'ensemble de la colonie.

En juin 1633, Champlain profite de l'arrivée à Sainte-Croix du coureur des bois Jean Nicolet pour faire le point sur la situation dans l'Ouest. Celui-ci était alors marié à une Autochtone et fréquentait depuis une dizaine d'années les Népissingues et les Hurons. Champlain a certes beaucoup de questions concernant la baie d'Hudson, où Nicolet s'est rendu à maintes reprises, mais la priorité est dorénavant de percer les secrets des régions à l'ouest de la mer Douce (le lac Huron).

Nicolet en dit assez à Champlain pour que tous deux conviennent que le moment est venu d'aller chez ces Autochtones qu'on appelle les Puants. Selon certains, ce peuple vivrait à l'ouest du grand lac qui se déverse par un torrent dans la mer Douce, soit le sault Sainte-Marie, par lequel le lac Supérieur rejoint le lac Huron. On raconte que les Puants ont prétendu avoir déjà atteint une « mer salée », dernière étape avant la Chine. Est-ce Champlain qui suggère à Nicolet d'inclure dans ses bagages « une grande robe de damas de la Chine, toute parsemée de fleurs et d'oiseaux de diverses couleurs » ? Selon le père Barthélemy Vimont, qui aurait eu entre les mains le journal de ce voyageur, à son arrivée chez les « Gens de mer », Nicolet donne tout un spectacle, s'avançant vêtu de sa robe de soie et déchargeant en l'air les deux pistolets qu'il tient dans chaque main. Le moment de frayeur passé, des accords de paix sont échangés entre les Hurons qui l'accompagnent et ses hôtes. Tout suggère que Nicolet a effectivement atteint la baie des Puants, aujourd'hui Green Bay. Pour le reste, c'est la confusion, et des historiens réputés se sont beaucoup disputés au sujet du parcours de l'explorateur. Dans *Le Rêve de Champlain*, Fischer s'en amuse un peu et cherche à consoler ses collègues du Michigan, du Minnesota et du Wisconsin, où chacun revendique pour son État respectif l'honneur d'avoir été le premier à accueillir Nicolet.

Nicolet revint sain et sauf de son expédition. À temps pour la raconter à Champlain ? On l'ignore. Mais la rumeur s'empare de cette idée – de sorte que, par la suite, ceux qui finissent par atteindre les rivières des Renards, du Wisconsin ou des Illinois auront toujours le doute d'avoir été précédés par Nicolet.

Enfin, une assurance de continuité

Champlain se révèle être un homme audacieux et robuste, et ce, jusqu'aux derniers mois de sa vie. Sans faiblir, il fait ce qu'il faut pour assurer la continuité de ses projets, parvenant aussi bien à mener l'exploration de nouveaux territoires qu'à faire habiter ces derniers.

Il a ainsi l'extrême satisfaction de voir arriver du Perche Robert Giffard et Nicolas Juchereau. Ils seront d'efficaces recruteurs de colons défricheurs ; en 1634, ils ramènent une centaine d'entre eux, dont plusieurs familles. Cette immigration percheronne contribuera par la suite à favoriser l'implantation des Français au Canada.

Champlain meurt à Québec le 25 décembre 1635, recevant les derniers sacrements du jésuite Charles Lalemant. Son corps est déposé provisoirement dans un lieu non identifié avant d'être transporté dans une chapelle, qu'un incendie détruira peu après. On ne sait pas ce qu'il adviendra de sa sépulture. Tout comme le lieu de sa naissance, l'emplacement de sa dernière demeure reste inconnu jusqu'à ce jour.

À défaut d'explorer l'hypothétique passage du Nord-Ouest, Champlain aura lancé un vaste mouvement d'exploration et de peuplement de l'intérieur du continent. À sa mort, les bases de la Nouvelle-France sont déjà bien en place. Elles lui survivront en donnant naissance à une Amérique franco-amérindienne. En un sens, c'était là un autre de ses rêves.

II

Marie de l'Incarnation (1599-1672)

par Dominique Deslandres
historienne et professeure

En 2018, les Ursulines ont quitté le monastère qu'elles occupaient à Québec depuis 1639[1]. Ce départ a marqué la fin d'une histoire qui a vu la force vive des femmes construire notre pays, engagées corps et âme comme elles l'étaient à y établir les bases de la *res publica* – c'est-à-dire l'éducation, la santé et l'assistance, ces piliers du vivre ensemble, tels qu'ils perdurent, dans leur esprit et dans leurs structures, dans le Québec d'aujourd'hui. À cette occasion, il convient de souligner la vie remarquable et l'œuvre pérenne de l'ursuline Marie Guyart de l'Incarnation (1599-1672), car non seulement elle est la fondatrice du premier couvent d'enseignement féminin d'Amérique, mais elle s'avère notre première génie nationale. Marie Guyart mérite, en effet, d'être qualifiée de génie. Par son style, son intelligence des matières dont elle traite, ses inventions et ses entreprises, elle est vraiment « la personne qui possède une aptitude supérieure de l'esprit qui l'élève au-dessus de la commune mesure et la rend capable de créations, d'inventions,

1. L'intégralité des références du présent chapitre figure dans le texte d'origine, mis en ligne sur le site de la Fondation Lionel-Groulx ; j'y ai repris plusieurs articles et chapitres que j'ai écrits sur Marie de l'Incarnation et sur la Nouvelle-France.

d'entreprises qui paraissent très remarquables, extraordinaires ou surhumaines à ses semblables» – c'est ainsi que *Le Robert* définit le «génie». En tout cas, de tels qualificatifs se justifient pleinement pour ses contemporains qui, à l'instar de l'historien jésuite François-Xavier de Charlevoix, célèbrent Marie Guyart comme «un des plus grands esprits» de son temps, comme «une des plus vives lumières de son siècle»:

> On voit par ses écrits, qu'elle étoit une des plus spirituelles femmes de son siècle. Tout y est solide, elle pense juste; elle approfondit tout; donne à ce qu'elle dit un tour ingénieux, & son style a cette simplicité, noble où peu d'écrivains parviennent[2].

Aussi Marie Guyart doit-elle être considérée sur un pied d'égalité avec les Descartes, Pascal et autres génies de son époque. Sa vie, son œuvre répondent avec éclat à la question qu'on posait avec condescendance, il y a quelque quarante ans, à l'apprentie historienne que j'étais: «À l'évidence, les femmes n'ont rien accompli dans l'histoire: où sont les Michel-Ange ou les Newton féminins?»

Passant par tous les états de vie que peut connaître une femme au XVIIe siècle (fille, sœur, épouse, mère, veuve, religieuse), celle qui est la première missionnaire outre-mer est aussi une écrivaine prolifique et avertie. Cette mystique, qualifiée par Bossuet de «Thérèse du Nouveau Monde[3]», est l'auteure de quelque 8000 lettres; non pas d'une, mais deux autobiographies, de dictionnaires, en plus d'«un gros livre Algonquin de l'histoire sacrée[4]» et de plusieurs traités spirituels. Elle est une linguiste, maîtrisant non seulement le latin et le français, mais aussi les très difficiles et très diverses langues autochtones qu'elle contribuera à fixer dans des dictionnaires et thésaurus. Elle est

---

2. Pierre-François-Xavier Charlevoix, *Vie de la Mère Marie de l'Incarnation, institutrice des Ursulines de la Nouvelle France*, Paris, Antoine Claude Briasson, 1724, p. xxvii et 387-388.
3. Jacques Bénigne Bossuet, Paris, *Instruction sur les estats d'oraison, où sont exposées les erreurs des faux mystiques de nos jours; avec les actes de leur condamnation,* chez Jean Anisson, [1694]1697, p. 343.
4. Marie de l'Incarnation à son fils en 1668, dans Marie Guyart de l'Incarnation, *Correspondance*, éd. Dom Guy Oury, Abbaye Saint-Pierre, Solesmes, 1971, p. 801. Ci-après *MI*.

pédagogue, fondatrice de la tradition éducative durable des Ursulines de Québec. Anthropologue avant la lettre, elle décrit avec moult détails la rencontre franco-autochtone et invite à un relativisme culturel sans précédent. Elle est artiste : musicienne, elle introduit aussi l'art de la broderie en relief en fil d'or et d'argent – la peinture à l'aiguille – en Amérique. Elle est architecte et trace les plans de son couvent, dont elle suit la construction, puis la reconstruction après l'incendie de 1650. Elle réfléchit même à la géopolitique coloniale… Femme complète, digne des humanistes de la Renaissance et des savants contemporains de la Révolution scientifique, c'est bien ainsi que la décrit l'ursuline Marguerite de Saint-Athanase, en 1672 :

> Elle estoit fort industrieuse en toute sorte d'ouvrages, et n'ignoroit rien de tout ce que l'on peut souhaiter en une personne de son sexe, soit pour la broderie, qu'elle sçavoit en perfection, soit pour la dorure ou peinturre. Elle n'estoit pas mesme ignorante de l'architecture et sculpture, ayant elle-mesme montré et stillé [formé] les ouvriers qui ont fait le retable de nostre église. Et elle a toujours infatigablement employé tout ce qu'elle en sçavoit pour la décoration et ornement des autels ; ayant elle-mesme enrichy le fond du restablissemant de belles peintures et de dorure, sans que ses grandes occupations l'ayent pu obliger de prendre quelque repos, ayant pour sa devise ordinaire : 'Brièveté de travail, éternité de repos' ; et ne se contentant pas d'y travailler, elle tâchoit encore d'y stiller d'autres personnes[5].

Et Charlevoix d'ajouter, en 1724 :

> Elle n'entreprenoit rien, qu'elle n'y réüssit parfaitement, & les plus habiles ouvriers étoient surpris de l'entendre parler de leurs arts aussi bien qu'eux[6].

Mais plus important pour notre histoire, cette Tourangelle manie

5. Marguerite de Saint-Athanase aux Communautés de France, 1er mai 1672, citée dans *MI*, p. 1013.
6. Pierre-François-Xavier Charlevoix, *Vie de la Mère Marie de l'Incarnation, institutrice & première supérieure des Ursulines de la Nouvelle France*, Paris, chez Ant. Claude Briasson, 1724, p. 388.

à merveille la langue française : clarté, sobriété, pragmatisme, détail du témoignage. Comme épistolière, elle dépasse la marquise de Sévigné, à qui on la compare souvent, par l'ampleur de sa correspondance, le nombre et la variété de ses correspondants, mais surtout à cause du caractère intime des lettres qu'elle adresse à son fils. Guy-Marie Oury, son éditeur moderne, a retrouvé 277 lettres souvent longues comme de petits livres. Comme elles n'étaient pas destinées à la publication et échappaient donc à la censure, ces lettres offrent aujourd'hui à l'analyse historique de l'entreprise coloniale ce que j'ai appelé « la vision de l'intérieur ». Et cela d'autant plus que, comme Marie de l'Incarnation recopie souvent de longs passages des fameuses *Relations* qu'envoient à Québec les missionnaires jésuites, et qu'elle converse longuement avec eux, elle livre sans le maquiller l'état d'esprit de ses « collègues » masculins. Ainsi s'adresse-t-elle en toute confiance à son fils, décrivant en détail la réalité canadienne, telle qu'elle la rencontre, l'expérimente et la traduit. Ce qui fait que, du point de vue historique, ses lettres constituent un complément indispensable aux sources de la Nouvelle-France telles que les *Relations* et le *Journal* des Jésuites ou l'*Histoire du Montréal* de Dollier de Casson. Mais comme elle y fait souvent des observations qui lui sont propres, elle peut, dans bien des cas, être considérée comme une source autonome. Ainsi la lettre du 12 octobre 1655, qu'elle adresse à son fils, peut remplacer la *Relation* rédigée par les Jésuites, qui s'est perdue en chemin vers la France. Par ailleurs, en 1660, l'ursuline donne la version d'un des Hurons participant à la défense du Long-Sault organisée par Dollard des Ormeaux – des informations qu'on ne retrouve nulle part ailleurs. Enfin, en ce qui concerne Québec, ses environs immédiats, voire le reste de la colonie, Marie donne à ses correspondants toutes sortes de renseignements : sur la flore et la faune, sur le commerce et l'économie, sur les ressources naturelles du pays et la qualité des colons qui viennent s'y installer, etc. Elle ne se prive pas de donner son avis, toujours prudent et nuancé, sur les personnes : elle décrit les participants au projet missionnaire, soulignant entre autres la difficulté voire l'impossibilité de « franciser », nous le verrons, les Autochtones ; elle évoque les hauts et les bas de la vie des colons, des marchands et des voyageurs de passage ; et, à mesure que les années passent, elle prend du recul, discerne avec beaucoup de sensibilité les événements qui marquent et marqueront durablement l'histoire de la colonie, s'inquiétant par exemple des dangers que posent les progrès rapides de la Nouvelle-Angleterre pour la Nouvelle-France.

Contexte de la vie de Marie de l'Incarnation

À première vue, rien ne prédispose Marie Guyart à l'aventure extraordinaire qui sera la sienne en France et en Amérique. Certes, sa vie correspond à une période inédite de l'histoire : la France est alors en pleine reconstruction – après les ravages de près de quarante années de guerres civiles et religieuses – alors même que se construisent outre-mer des « nouvelles Frances ». Il faut noter que si l'Édit de Nantes, proclamé par le roi Henri IV en 1598, a mis un terme aux conflits armés, il a créé une situation politico-religieuse jusque-là impensable. En effet, la France devient le seul pays occidental au XVIIe siècle à tolérer deux religions officielles, le catholicisme et le protestantisme, à l'intérieur de ses frontières. À l'extérieur, au nom de la raison d'État, la Couronne adoptera des politiques controversées, par exemple en donnant son soutien aux protestants contre les très catholiques Habsbourg dans la guerre de Trente Ans ou, à l'inverse, en interdisant aux Huguenots l'entrée en Nouvelle-France – dont ils sont pourtant les premiers colonisateurs avec Pierre Dugua de Mons et son assistant Samuel de Champlain.

Marie Guyart naît ainsi le 28 octobre 1599, dans un pays meurtri et profondément clivé où catholiques et protestants, contraints d'abandonner les armes, continuent la lutte par les moyens plus pacifiques que sont la controverse, la prédication, l'éducation, l'assistanat social, les missions. Sa jeunesse et le début de sa vie d'adulte se déroulent dans une ambiance spirituelle intense, alimentée par des courants d'idées et d'action qui font primer, parfois de façon autoritaire, la réconciliation nationale, l'esprit de réparation et l'urgence de la rédemption individuelle et collective. Ce mouvement mobilise toutes les strates de la société, une foule de gens, qui va des simples roturiers jusqu'à la reine mère Anne d'Autriche, en passant par les dévots et dévotes comme la duchesse d'Aiguillon, celle-là même qui fondera l'Hôtel-Dieu de Québec.

Les trente premières années de la vie de Marie Guyart la voient évoluer dans le milieu des artisans et de la moyenne bourgeoisie commerçante de la ville de Tours. Ses quatre frères, trois sœurs et elle-même sont les enfants de Florent Guyart, un fils cadet de notaire devenu boulanger, et de Jeanne Michelet, issue de la noblesse. Une telle mésalliance n'est pas inhabituelle dans une société qui connaît, au temps du premier capitalisme mondialisé et du *Bourgeois gentilhomme*, de profonds bouleversements dans ses hiérarchies. Pour ce qui est de son éducation, bien que l'on ne sache pas précisément où et par qui Marie a appris à écrire aussi bien que Montaigne, Pascal ou Descartes, on soupçonne qu'elle a fréquenté une des *petites écoles* qui se répandent à son époque – à cause d'un rêve qu'elle fait à sept ans, qu'elle rapporte dans son autobiographie, où elle se voit avec une compagne dans la cour d'une école champêtre. Selon ses propres mots, elle a reçu une « bonne éducation » qui lui « avait fait un bon fonds dans [s]on âme pour toutes les choses du christianisme et pour les bonnes mœurs »[7]. Ni elle, dans ses autobiographies, ni son fils, qui se fera son biographe, ne s'embarrassent de décrire en détail ces années de formation. Tout simplement parce qu'à leurs yeux, c'est sans doute un lieu commun : une bonne éducation féminine repose alors sur l'apprentissage de la lecture, de l'écriture, du calcul, d'un savoir-faire correspondant à son état et à sa condition et, surtout, de ce qu'il faut savoir pour faire son salut. Pour le reste, les femmes poursuivent par elles-mêmes leur instruction. Marie Guyart écrit ainsi en 1649 à une dame de ses amies :

---

7. Dom Albert Jamet, éd., *Marie de l'Incarnation, Écrits spirituels et historiques*, rééd. des Ursulines de Québec, 1985, vol. 1, p. 46, 51, ci -après *R1654*. Voir aussi Dom Claude Martin, *La vie de la vénérable Mère Marie de l'Incarnation*, reproduction de l'éd. originale de 1677 préparée par les moines de Solesmes, introduction de Dom J. Lonsagne, Solesmes, 1981, p. 13. Ci-après : *Vie*.

> J'estime que vous en avez suffisamment [avec l'encadrement du directeur de conscience] pour vous soutenir : Vous avez ensuite les lectures saintes, les prédications, les entretiens particuliers avec les personnes dévotes, tout cela est saint, et entretient dans le cœur l'ardeur de la dévotion[8].

La lecture, les prédications, les entretiens particuliers (conversation ou correspondance) composent en effet les principaux médias par lesquels les femmes s'informent et se forment au XVIIe siècle[9].

Par ailleurs, les choix de vie qui s'offrent à Marie Guyart sont ceux des femmes de son temps : se marier ou entrer au couvent. C'est ainsi que, considérant qu'elle est trop vive et trop gaie pour la vie religieuse, ses parents la marient en 1617 à Claude Martin, un maître ouvrier en soie. Auprès de lui, elle acquiert entre autres la maîtrise de la broderie, dite « peinture à l'aiguille », qui est, à cette époque, une industrie de luxe fort recherchée – de fait, l'économie d'Ancien Régime repose sur l'industrie textile (et ses produits dérivés comme la broderie) tout comme la nôtre se fonde sur celle du pétrole et ses dérivés. En avril 1619, naît leur fils, lui aussi prénommé Claude. Sept mois plus tard, son mari décède, lui laissant une faillite sur les bras – elle la réglera jusqu'à la moindre dette avec un savoir-faire remarquable. Comme c'est l'usage, elle retourne chez son père, pour attendre un remariage. Elle gagne sa vie en faisant des travaux d'aiguille puis en prenant en main, en 1624, la gestion de l'entreprise de transport qu'ont développée, à l'échelle de la France, sa sœur et son beau-frère. Jusque-là, rien d'extraordinaire dans l'existence de cette femme du peuple, faite de labeurs, de joies et de deuils au sein de la famille. Mais voilà qu'en 1631, coup de théâtre, elle abandonne son fils pour entrer au couvent des Ursulines de Tours. Huit ans plus tard, autre coup de théâtre, elle s'embarque pour la Nouvelle-France afin d'y fonder l'actuel couvent des Ursulines de Québec. Comment expliquer de tels revirements ? Marie n'a rien d'une impulsive. Ces changements radicaux de vie ont

---

8. *MI*, à une Dame de ses amies, 1649, p. 363.
9. Jacques Du Bosc, *L'Honneste femme*, Paris, P. Aubouin, 1639-1640, t. 1, p. 5.

été préparés de longue date et avec soin. Il lui suffisait d'attendre que les occasions se présentent. Et pour nous, de comprendre que la religion est un puissant moteur d'action.

La religion, moteur d'action

La force vive des femmes est souvent mise à contribution dans la période qui suit un conflit. Les soixante premières années du XVIIe siècle français n'échappent pas à cette règle, car dans tous les domaines s'affermit un véritable féminisme religieux, dont le principe premier est d'affirmer l'égalité des sexes sur le plan spirituel pour mieux souligner les devoirs chrétiens de chacun et mobiliser tout le monde. C'est ainsi que les femmes de tout état et de toute condition s'engagent activement à rénover les fondements de la société civile que sont la bienfaisance, l'éducation, la santé. Et, pour les autorités civiles et religieuses, les besoins sont alors criants, tant sur le plan matériel que spirituel. À côté des ordres féminins nouveaux, des femmes restées dans le monde – mariées, veuves ou tout simplement célibataires – répondent présentes à tous les échelons de la hiérarchie sociale et partout dans l'espace français, dans le pays comme dans ses colonies, partout où doivent s'organiser la philanthropie, l'instruction et les hôpitaux. Toutes ces Françaises sont intimement convaincues d'œuvrer pour le bien commun, car elles ne peuvent imaginer une meilleure façon de vivre et de mourir que celle qu'elles promeuvent. Leur désintéressement est à la mesure de leur européocentrisme. Elles sont prêtes à tous les sacrifices pour faire le bonheur des Autres, mais sans penser un instant à demander leur avis à ces derniers.

En Nouvelle-France, les « bienfaits » offerts par les femmes sont pensés à cette époque comme l'« amorce qui couvrira l'hameçon de la foi »[10] et de la francisation qui doivent servir la fusion des peuples français et autochtone, désirée par la Couronne et l'Église catholique. Intégrer ainsi à la société française l'infinité de peuples que rencontrent les Français en Amérique est un élément essentiel de ce

10. *MI*, à Dom Raymond de S. Bernard, 29 juillet 1635, p. 48.

que j'ai appelé *l'humanitaire spirituel* qui caractérise cette époque missionnaire. Il répond d'une part à l'exigence universaliste de l'Église catholique du temps et, d'autre part, aux politiques natalistes de la Couronne française. En quelque sorte, les deux pouvoirs, spirituel et temporel, visent l'accroissement démographique de leurs territoires et, par là, l'extension de leur souveraineté respective. En effet, gagner des âmes, c'est étendre le royaume céleste ; gagner des peuples, c'est gagner les territoires qu'ils habitent et donc étendre le royaume du roi. C'est pourquoi les autorités françaises misent sur le métissage. C'est pourquoi l'intermariage est promu ardemment. Ainsi, chaque fois qu'il rencontre un peuple inconnu des Français, Samuel de Champlain promet : « nos garçons se marieront à vos filles, & nous ne ferons plus qu'un seul peuple[11] ». Et dans une colonie majoritairement peuplée d'hommes français, les principales visées par la fusion des peuples sont les femmes autochtones.

Mais pas n'importe quelles femmes : il faut trouver aux Français parmi les « Sauvagesses », des épouses civilisées, francisées et christianisées qui contreront l'attrait qu'éprouvent les colons pour les femmes des nations amérindiennes. À ces chrétiennes sera enseigné le propre des femmes françaises – c'est-à-dire qu'elles seront incitées à se soumettre à la hiérarchie patriarcale qui fonde la civilisation euro-chrétienne. Il est alors même espéré qu'elles deviennent les relais de la mission, en épousant qui un Français désireux de ne pas perdre son âme, qui un Amérindien à mener, avec toute sa nation, à la foi chrétienne. Il s'agit donc de faire épouser aux colons français des Autochtones dûment converties au catholicisme et transformées en Françaises. Et c'est précisément la tâche dont se chargeront les Ursulines en Nouvelle-France.

En Nouvelle-France

Marie de l'Incarnation a quarante ans passés quand elle prend un aller simple pour la Nouvelle-France avec deux autres ursulines et

11. Samuel de Champlain est cité à plusieurs reprises disant cela dans les *Relations des Jésuites*.

trois hospitalières. Rien ne les arrête. Ni les dangers de la périlleuse, longue et très inconfortable traversée de l'Atlantique avec ses pirates, tempêtes, icebergs, mal de mer, promiscuité, sommeil impossible et alimentation difficile, ni le fait que la minuscule colonie française se trouve aux confins du monde « civilisé », en territoire hostile.

Dès le lendemain de leur arrivée, les religieuses se mettent à la tâche. Les Ursulines reçoivent leurs premières pensionnaires autochtones : d'abord des Montagnaises-Innues et des Algonquines-Anishnabe, auxquelles se joignent en 1650 les Huronnes-Wendat avec les premiers réfugiés de Huronie, et même des Iroquoises-Haudenosaunee lors des trêves avec les Cinq-Nations et de la paix de 1667. Pendant les quelque trente années qui restent à vivre à Marie de l'Incarnation, le couvent accueille environ une centaine de « séminaristes » – ou pensionnaires – et un nombre beaucoup plus imposant d'externes, principalement des Autochtones poussées par la faim ou la curiosité. Leur âge varie de celui du nourrisson à celui de l'adulte, mais la majorité d'entre elles ont entre cinq et douze ans. Après 1650, leur nombre diminue à cause de la terreur qu'imposent les Iroquois aux alliés des Français. C'est aussi à cette époque que les Ursulines se spécialisent dans l'éducation des filles des colons. Il s'agit pour elles de façonner une femme qui soit avant tout une bonne chrétienne, susceptible d'assumer les rôles et les modèles que lui assigne la société française de l'époque. Le programme est le même pour tous les enfants : si les rudiments de la foi en langue vernaculaire, la lecture en français et en latin, la « civilité » sont enseignés indifféremment aux deux sexes, c'est dans la poursuite des études qu'apparaissent les différences. En général, seuls les individus de sexe masculin et d'origine française accèdent à un niveau supérieur, que les filles françaises et les filles et garçons autochtones n'atteignent guère. Cela dit, Marie de l'Incarnation nous renseigne sur ce que les éducatrices enseignent à leurs élèves. Il s'agit d'un enseignement religieux tout à fait conforme au concile de Trente : le catéchisme, les prières et leur « détermination », l'oraison, le chapelet, les chants et des cantiques en « sauvage » pour les Autochtones et, pour toutes, en latin et en français. S'ajoutent la pratique de l'examen de conscience et celle de la confession. Lecture, écriture, calcul complètent le programme avec la « siance des ouvrages » et « mille petites adresses », comme jouer de la viole, activité féminine à l'époque. En ce qui concerne les externes, les religieuses ne veulent pas leur faire adopter la « politesse françoise : je veux dire en ce qui regarde un compliment et façon d'agir des François. On ne s'est pas estudié à cela mais à leur bien enseigner les commandemens de Dieu et de l'Eglise, tous les points de nostre foy, toutes les prières, à bien faire l'examen et toutes autres actions de religion », et Marie Guyart d'ajouter : « Un Sauvage se confesse aussy bien qu'un religieux et religieuse »[12].

Du point de vue de l'emploi du temps, les éducatrices suivent le même que celui de leurs consœurs demeurées en France. À cela près que pour les externes, deux temps se distinguent : celui de l'instruction de la prière et celui du festin-à-tout-manger dont les sœurs ont pris l'habitude de les régaler pour commencer ou clore leur enseignement. Ainsi, « [c]es bonnes gens étoient tous les jours instruits dans notre Chapelle : après la Messe nous leur faisions festin de pois ou de sagamité de bled d'Inde avec des pruneaux, après quoi ils étoient quasi tout le jour à notre grille pour recevoir quelque instruction, ou apprendre quelque prière ». Et Marie Guyart de donner la recette de ces « festins » :

> Il me semble que lorsque nous faisons festin à nos « Sauvages », et que pour en traiter splendidement soixante ou quatre-vingt on n'y employe qu'environ un boisseau de pruneaux noirs, quatre pains de six livres pièce, quatre mesures de farine de pois ou de bled d'Inde, une douzaine de chandelles de suif fondues, deux ou trois livres de gros lard, afin que tout soit bien gras, car c'est ce qu'ils aiment, il me semble, dis-je, que l'on doit déplorer les grandes superfluitez du monde, puisque si peu de chose est capable de contenter et de ravir d'aise ces pauvres gens, parmi lesquels néanmoins il y a des Capitaines qui à leur égard passent pour des Princes et pour des personnes de qualité. Et cependant ce festin que je

12. *MI*, à son fils, 1646, p. 221.

> viens de décrire et qui leur sert tout ensemble de boire et de manger, est un de leurs plus magnifiques repas. Voilà comme on les gagne, et comme à la faveur d'un apas matériel on les attire à la grâce de Jésus-Christ[13].

Les religieuses sont, en effet, soucieuses de « joindre l'aumosne spirituelle avec la corporelle », un geste qui est au cœur du mouvement humanitaire dont elles sont les agentes. De ce fait, le couvent des Ursulines est plus qu'un lieu d'enseignement, car il fait office de charité, de garderie – car les parents autochtones y laissent souvent leurs filles le temps d'une chasse –, d'orphelinat, de « lieu de seûreté » contre les influences jugées pernicieuses par les convertis eux-mêmes :

> [N]otre Séminaire est le refuge des affligez et des oppressez : car s'il y a quelque fille qui soit en danger de perdre ou la vie, ou l'honneur, ou les bonnes grâces de ses parens, ou enfin qui soit en quelque peine que ce soit, les Capitaines, qui ont l'œil à ce que leurs gens vivent en vrais Chrétiens, nous les ameinent, afin de les garder et de les instruire[14].

On s'aperçoit dans les textes de Marie Guyart que, pour assurer l'instruction de leurs ouailles, les religieuses doivent s'adapter aux temps de la vie autochtone ponctuée de déplacements saisonniers, pour la chasse ou pour la pêche par exemple. Marie Guyart le dit : certaines de ses élèves sont « comme des oyseaux passager ». Les religieuses doivent aussi se plier à la bonne volonté des parents, respecter leur grand attachement à leurs enfants et surtout veiller de près à l'humeur de leurs élèves. Marie Guyart écrit ainsi :

> L'humeur Sauvage est faite de la sorte, elles [ses élèves] ne peuvent être contraintes, si elles le sont, elles deviennent mélancholiques, et la mélancholie les fait malades. D'ailleurs les Sauvages aiment extraordinairement leurs enfans, et quand ils sçavent qu'ils sont tristes ils passent par dessus toute considération pour les r'avoir, et il les faut rendre[15].

---

13. *MI*, à l'un de ses frères, 1640, p. 113.
14. *MI*, à son fils, 1646, p. 287.
15. *MI*, à son fils, 1668, p. 802 et 809.

Enfin, certaines Autochtones se plient aux prescriptions franco-catholiques. Comme l'écrit Marie Guyart :

> Il y en a qui persévèrent et que nous élevons à la françoise : on les pourvoit en suite et elles font très-bien. L'on en a donné une à Monsieur Boucher (en mariage), qui a été depuis Gouverneur des trois Rivières. D'autres retournent chez leurs parens sauvages ; elles parlent bien François, et sont sçavantes dans la lecture et dans l'écriture[16].

Mais il faut le dire, les plus nombreuses se rebellent – le plus souvent en jouant les filles de l'air : Marie les compare à des « écurieux » qui grimpent « notre palissade, qui est haute comme une muraille et vont courir dans les bois ». Toute une gamme d'attitudes se révèle, qui s'avère très variée et complexe – allant de l'adhésion à la résistance – et qui explique en fin de compte le petit nombre de jeunes filles confiées aux religieuses qui, pour leur part, jouent de prudence afin de ne pas se les aliéner.

Pour finir, même si Marie de l'Incarnation ne s'y intéresse que dans le contexte plus large de la conquête des âmes, elle fait preuve d'une rare reconnaissance de la valeur intrinsèque de la personne humaine, c'est-à-dire de l'altérité. Comme je l'avançais il y a plus de trente ans, le mysticisme, en faisant transcender les conventions humaines à l'être qu'il touche, le prépare à reconnaître les voies autres d'être au monde. Mais soulignons-le, cette grande observatrice des Autochtones est la première à reconnaître l'altérité autochtone, invitant ses contemporains à un relativisme culturel sans précédent : trente ans d'expérience en la matière lui font conclure qu'il est tout à fait possible de convertir les Autochtones mais impossible d'en faire des Français, de les « civiliser ». Comme elle le souligne :

> [L]a vie sauvage leur est si charmante à cause de sa liberté, que c'est un miracle de les pouvoir captiver aux façons d'agir des François qu'ils estiment indignes d'eux [...]. Jugez de là, s'il est aisé de les changer après

16. *MI*, à son fils, 1668, p. 802.

> des habitudes qu'ils contractent dès l'enfance, et qui leur sont comme naturelles[17].

De ses élèves autochtones, elle dit en 1668 : « Je n'attens pas cela d'elles, car elles sont Sauvages, et cela suffit pour ne le pas espérer ». Elle fait cette constatation au moment même où le roi Louis XIV, son ministre Colbert et son intendant Talon relancent en 1668 la politique de francisation en Nouvelle-France – ils sont furieux car ils ne comprennent pas pourquoi les Autochtones n'ont toujours pas appris la langue française et n'ont pas été transformés en citoyens français. C'est pourquoi Marie de l'Incarnation et tous les religieux se plient à la volonté du roi, non sans que l'ursuline prédise tout de go l'échec de cette entreprise :

> Je ne sçai à quoi tout cela se terminera, car pour vous parler franchement, cela me paroît très-difficile. Depuis tant d'années que nous sommes établies en ce païs, nous n'en avons pu civiliser que sept ou huit, qui aient été francisées ; les autres qui sont en grand nombre, sont toutes retournées chez leurs parens, quoi que très-bonnes Chrétiennes[18].

Tout au long de sa vie, Marie Guyart apparaît aux yeux de ses contemporains comme une personne dotée d'un grand pouvoir intellectuel et spirituel. Par sa correspondance, elle dirige les consciences de ses lecteurs et de ses lectrices, qui en redemandent. Lors de ses apparitions au parloir de son couvent de Québec, elle conseille autant les colons que les Autochtones convertis. L'ursuline possède un véritable charisme qui s'approche de celui qu'aurait aujourd'hui une « coach de vie » ou une psychologue avisée. Même les « Sauvages » qui résistent à la conversion ne manquent jamais de rendre visite aux moniales lors des trêves, car elles sont pour eux une véritable curiosité. On peut imaginer l'impact sur les Autochtones de ces « Filles vierges », comme ils les appellent ; en particulier la chasteté et les

17. *MI*, à son fils, 1668, p. 802, 809 et 828-829.
18. *Ibid.*, p. 828-829.

rigueurs qu'elles s'imposent ont pu leur faire un grand effet car, selon l'anthropologue Bruce G. Trigger, ils croient que ces mortifications accroissent le pouvoir shamanique. Pour établir une telle confiance, il fallait surmonter l'obstacle de la langue. En effet, une des particularités de la rencontre franco-autochtone, c'est que si les Français caressent l'idée de franciser les Premières Nations, confiants comme ils le sont dans le pouvoir d'attraction de leur culture, les membres ces nations n'apprendront que très rarement la langue des nouveaux venus. Au contraire, ils forcent les Français à apprendre les leurs. Ce qui souligne, en passant, la position de pouvoir autochtone dans leurs relations avec les nouveaux venus européens : depuis le tout début et constamment par la suite, ce sont toujours les Premières Nations qui posent les termes de la rencontre, et donc ici de la rencontre linguistique.

Une génie des langues autochtones ?

Dans cette rencontre linguistique, la croyance religieuse joue un rôle majeur. En effet, Marie de l'Incarnation est convaincue que tout son savoir lui vient directement de Dieu, qu'elle a le don de science infuse. Et c'est par ce *théodidactisme* que Marie explique sa grande facilité en latin et ses dons de traduction simultanée : « Notre-Seigneur me donnait des intelligences accompagnées d'une suavité nourrissante sur la sainte Écriture. J'entendais le français de ce que je chantais et récitais en latin au chœur ». C'est ainsi qu'elle cite sans effort l'Écriture sainte dans le texte latin et qu'elle enseigne la langue latine à ses élèves et ses consœurs. C'est aussi par le théodidactisme qu'elle explique sa grande facilité à apprendre les langues autochtones, jugées encore aujourd'hui comme comptant parmi les plus difficiles à maîtriser. Elle qui écrit au début de ses aventures canadiennes à propos de la langue algonquine : « Cette étude d'une langue si disproportionnée à la nôtre, me fit bien mal à la tête, et me semblait, qu'apprenant des mots par cœur et les verbes, [...] que des pierres me roulaient dans la tête[19] », pour-

19. R1654, p. 258.

suit tout le reste de sa vie cet apprentissage linguistique. Ses écrits sont parsemés de mots autochtones, parfois de phrases entières. Marie y forge également des mots en français ou redonne leur lustre à des mots anciens pour expliquer à ses interlocuteurs des concepts nouveaux – comme le terme de « capitainesse » pour décrire le pouvoir des femmes autochtones dans leur société. Ainsi souligne-t-elle que, dans la société iroquoise :

> Ces capitainesses sont des femmes de qualité parmi les Sauvages qui ont voix delibérative dans les Conseils, et qui en tirent des conclusions comme les hommes, et même ce furent elles qui déléguèrent les premiers Ambassadeurs pour traiter de la paix[20].

Dès son arrivée à Québec en 1639, elle apprend l'algonquin mais aussi le montagnais-innu et, en 1650, après la destruction de la Huronie, elle se met à la langue huronne pour catéchiser les réfugiés hurons. Elle approche de la soixantaine quand, à la faveur de la trêve franco-iroquoise de la fin des années 1660, elle étudie l'iroquois (plus précisément l'agnier) et compose en cette langue un dictionnaire et un catéchisme ; c'est aussi à cette époque qu'elle écrit ses dictionnaires français-algonquin et algonquin-français[21]. On peut penser que ce qui la prépare à apprendre ces nouvelles langues, c'est sans doute sa maîtrise du latin, qui très tôt a été manifeste. Quant aux façons d'apprendre une langue, Marie les décrit en détail, à plusieurs reprises. La meilleure manière, c'est d'apprendre par immersion. Les missionnaires et les interprètes se sont formés de cette façon et c'est ce que font les Ursulines au contact de leurs ouailles : « en ce bout du monde où l'on est sauvage toute l'année », ce n'est que lors du retour des bateaux que « nous reprenons notre langue Françoise ». Il faut noter qu'en ce domaine les femmes sont privilégiées par rapport aux hommes. En effet, dans cet apprentissage par immersion, les missionnaires masculins se font souvent mener en bateau par les Autochtones qui, par

20. *MI*, à son fils, 1646, p. 276.
21. *MI*, à son fils, 1650, p. 404 et 1668, p. 800 *et passim* ; Oury, dans *MI*, p. 508 n17.

moquerie, leur enseignent de mauvais mots, tout comme les truchements français, jaloux de leur savoir et de leur accès à la traite. Or cela n'arrive pas aux Ursulines; peut-être parce qu'elles profitent dès le début des connaissances acquises par les Jésuites eux-mêmes, plus vraisemblablement parce qu'elles ne menacent personne. En fait, très vite, ce sont leurs élèves et les femmes autochones qui viennent au parloir pour se faire nourrir qui prennent le relais et assurent aux sœurs ce qu'on peut qualifier d'éducation continue des langues.

Du point de vue technique, l'apprentissage de la langue se fait alors « par précepte » et par « réflexion », en « en faisant les parties », c'est-à-dire, il se fait comme on apprend, à l'époque, la langue latine : en apprenant par cœur les déclinaisons et les verbes, en faisant l'analyse grammaticale, en pratiquant version et thème. La persévérance dans la pratique et le par cœur entrent pour beaucoup dans cet apprentissage. Marie Guyart en témoigne dès 1640 :

> [C]es langues barbares sont difficiles, et pour s'y assujettir il faut des esprits constans. (Mon occupation les matinées d'hiver est de les enseigner à mes jeunes sœurs : il y en a qui vont jusqu'à sçavoir les préceptes et à faire les parties) pourveu que je leur traduise le Sauvage en François. (Mais d'apprendre un nombre de mots du Dictionaire, ce leur est une peine, ce leur sont des épines). De nos jeunes Sueurs, il n'y en a qu'une qui pousse avec vigueur. La Mère Assistante et la Mère de sainte Croix y sont assez sçavantes, parceque dans les commencemens, nous apprîmes le Dictionaire par cœur[22].

Marie de l'Incarnation reconnaît très rapidement la grande difficulté de ce type de langues, qui échappent jusqu'alors à l'écrit et varient grandement d'une nation à l'autre, d'une famille linguistique à l'autre, de l'algonquien à l'iroquoien... Ce sont d'ailleurs les missionnaires qui ont contribué à fixer ces langues. Et Marie participe de très près à cette fixation linguistique, en rédigeant, on l'a dit, plusieurs gros ouvrages et dictionnaires unilingues ou bilingues, dans différents alphabets.

22. *MI*, à l'un de ses frères, 4 septembre 1640, p. 102.

Une telle tâche lui tient particulièrement à cœur car elle veut assurer la pérennité de ce savoir linguistique. Ainsi raconte-t-elle :

> Comme ces choses sont très difficiles, je me suis résolue avant ma mort de laisser le plus d'écrits qu'il me sera possible. Depuis le commencement du Carême dernier jusqu'à l'Ascension, j'ay écrit un gros livre Algonquin de l'histoire sacrée et de choses saintes, avec un Dictionaire et un Catéchisme Hiroquois, qui est un trésor [un thésaurus ou lexique]. L'année dernière, j'écrivis un gros Dictionnaire Algonquin à l'alphabet François ; j'en ai un autre à l'alphabet Sauvage. Je vous dis cela pour vous faire voir que la bonté divine me donne des forces dans ma foiblesse pour laisser à mes Sueurs dequoy travailler à son service pour le salut des âmes[23].

Comment expliquer une telle habileté à s'exprimer dans la langue de l'Autre ? Une telle rapidité dans la maîtrise de la traduction ? Si le terme « *mystikos* », qui signifie « relatif aux mystères », désigne un authentique mode de connaissance de l'absolu, issu de l'expérience, on peut poser l'hypothèse que c'est le mysticisme de Marie de l'Incarnation qui la prédispose à apprendre les langues autochtones.

En effet, comme de nombreux mystiques, Marie subit moult visitations de la part de celui qu'elle appelle « mon mignon ». Or comme tout mystique, elle ne peut s'empêcher de raconter ses extases, et comme tous les mystiques, elle se bute au double obstacle de son impuissance à trouver les mots pour dire l'ineffable, et son ardent désir de transmettre le feu qui l'habite. Très tôt, elle réalise que, et je cite : « ses parolle sont trop défectueuse pour parler bien de l'amour ». Elle se trouve littéralement devant un problème de traduction. Pendant des années, elle s'excuse : « Il n'y a langue humaine qui le puisse exprimer », mais elle n'a de cesse de l'exprimer, cet ineffable, et elle s'emploie à chercher les mots pour le dire[24]. Il est clair que son cerveau mystique la rend très attentive aux différents vocabulaires employés en français,

---

23. *MI*, à son fils, 1668, p. 801.
24. *MI*, à Dom Raymond de Saint Bernard, 1627, p. 6 ; voir aussi p. 20 ; R1654, p. 68.

selon les niveaux d'expression. Et si c'est le vocabulaire qui concerne les amours terrestres qui se rapproche le plus de son expérience extatique, elle sait bien qu'il est incomplet, voire impropre à traduire ce qui lui arrive – et en cela, elle n'est pas différente d'une Thérèse d'Avila, d'un Jean de la Croix ou d'un Jean de Brébeuf, ce dernier excellant dans la langue huronne. Mais cet obstacle, cet embarras la rendent attentive aux subtiles différences des langues.

C'est pourquoi, très tôt dans sa vie, elle est consciente de la diversité linguistique qui règne en Amérique, comme en France d'ailleurs, à son époque. Dans les toutes premières lettres à son directeur de conscience, en effet, elle différencie déjà algonquin, montagnais et huron, témoignant par là qu'elle est consciente de la diversité linguistique et culturelle autochtone. Et cette conscience l'accompagne toute sa vie. Ainsi est-elle prête, lorsqu'elle débarque à Québec, à reconnaître cette pluralité et à s'y adapter. Mais continuons à explorer cette hypothèse concernant le mysticisme qui prédispose à l'apprentissage des langues : soulignons que l'expérience mystique et la pratique de l'oraison de l'ursuline lui permettent d'expérimenter le *flow,* ou « expérience optimale », décrit par le psychologue hongrois Mihaly Csikszentmihalyi. Cet état d'esprit qui est la condition essentielle à tout apprentissage est « l'état mental atteint par une personne lorsqu'elle est complètement immergée dans ce qu'elle fait dans un état maximal de concentration, qui fait éprouver un sentiment d'engagement total et de réussite ». C'est exactement ce que décrit Marie de l'Incarnation, à propos de ses premières difficultés dans l'apprentissage des langues :

> J'en traitais amoureusement avec Notre-Seigneur, lequel m'aida en sorte qu'en peu de temps j'y eus une très grande facilité, en sorte que mon occupation intérieure n'en était point ni empêchée ni interrompue. Mon étude était une oraison qui me rendait suave cette langue qui ne m'était plus barbare. J'en sus assez en peu de temps pour pouvoir instruire nos chers néophytes en tout ce qui était requis en leur salut[25].

25. *R1654*, p. 258.

Engagement total, concentration, réussite, nous avons bien là, plusieurs centaines d'années avant son énonciation, la description du *flow*, fondamentale assise de l'état cognitif prédisposant à l'apprentissage des langues…

*

Comme le démontre le déploiement de ses dons, Marie de l'Incarnation est *une* génie, la première de notre histoire. Il règne encore un vrai malaise à donner le genre féminin au terme de génie. Un tel obstacle conceptuel s'explique par le traitement réservé aux femmes depuis l'Ancien Régime et que révèle l'histoire des rapports de pouvoir entre les sexes. Mais il y a plus. Notre époque hésite à donner à Marie Guyart ce titre de génie parce qu'elle est femme *et* parce qu'elle est une religieuse et, qui plus est, une mystique. Comme si les hauteurs spirituelles atteintes par cette maîtresse ès sagesse discréditaient et sa vie, et son œuvre.

Or à partir des années 1660, à la faveur de la politique androcentrée de Louis XIV et des crises successives que connaît l'absolutisme, à cause des frondes, du jansénisme et du quiétisme – causes dans lesquelles les femmes se sont illustrées –, le savoir des femmes en général, et celui des religieuses en particulier, a été discrédité, ridiculisé, réduit souvent à des radotages de bonnes femmes ignorantes qui feraient mieux de garder silence et maison. On n'a qu'à penser à Molière qui raille les *Femmes savantes* qui veulent s'éduquer ou les *Précieuses* parce qu'elles s'attachent à préserver une partie du vocabulaire féminin, alors que l'Académie française, chantre de la masculinisation de la langue, expurge de son fameux *Dictionnaire* tous les termes référant à des fonctions féminines, tels médecine, autrice, sculptrice, peintresse, etc. – la langue italienne les utilise toujours sans pour autant en être dévaluée. Enlever le mot, c'est tuer la pensée même de la fonction. Une telle dévaluation a gagné jusqu'à l'historiographie très récente – quoique de façon plus feutrée, mais non moins pernicieuse. C'est ainsi que de la philosophe Marie de Gournay, l'éditrice sans qui Montaigne n'existerait pas en tant qu'auteur, à Marie Curie deux fois nobélisée, en passant par la mathématicienne et physicienne Émilie du Châtelet à qui Voltaire, son amant, fait de l'ombre, le génie féminin continue d'être qualifié d'exception qui confirme la règle.

De son vivant, l'influence intellectuelle et spirituelle de Marie de l'Incarnation s'exerce sur ses proches, sur les Ursulines et sur leurs élèves de France, de Nouvelle-France et au-delà. Au nombre des émules de Marie Guyart, on compte les membres de son réseau – qui monte du milieu des artisans et de la petite bourgeoisie marchande, c'est-à-dire de la base de la pyramide sociale, jusqu'au sommet, où l'on retrouve Anne d'Autriche, le cardinal de Richelieu, la duchesse d'Aiguillon, nombre d'évêques et d'archevêques, les membres de la Société de Jésus liés à la Nouvelle-France, Angélique et Pierre Arnaud, Jean de Bernières – et bien entendu son fils Claude Martin et, par lui, toute la congrégation bénédictine de Saint Maur, haut lieu du savoir et d'érudition[26]. Il faut rappeler que le XVIIe siècle est encore l'époque où les mystiques séduisent les chercheurs de vérité, les scientifiques comme René Descartes, Blaise Pascal ou Isaac Newton, et où la « mysticité » est comprise, étudiée et discutée. Mais à la fin du XVIIe siècle, la critique de l'extraordinaire condamne les mystiques, le rationalisme les discrédite, l'autorité royale les pourchasse et la méfiance antimystique gagne même les autorités religieuses. Quant aux femmes mystiques, les politiques misogynes du Roi-Soleil les font taire ; pensons à la répression royale contre Angélique Arnaud et ses consœurs de Port-Royal, ou contre Madame Guyon. C'est ainsi que, depuis les antimystiques de la fin du XVIIe siècle aux révolutionnaires anticléricaux des XVIIIe, XIXe et XXe siècles, la réputation de religieuse mystique qu'on a faite à Marie Guyart a mis à mal la reconnaissance de son génie…

---

26. Claude se fit en effet son éditeur en publiant sa biographie, puis, sous la pression de l'opinion, ses *Lettres* en 1681, ses *Retraites… avec une exposition succincte du Cantique des Cantiques* en 1682, son École sainte en 1684, tous des ouvrages écrits en Nouvelle-France, qui contribuèrent à accroître sa réputation de grand esprit. Ainsi, dans la controverse du quiétisme, l'ursuline a-t-elle servi d'autorité autant à Fénelon qu'à Bossuet.

Pour en savoir plus

Henri Bremond, *Histoire littéraire du sentiment religieux en France*, Grenoble, J. Millon, N[elle] éd. F. Trémolières, 2006, tome VI, Marie de l'Incarnation – Turba Magna.

Françoise Deroy-Pineau, *Marie de l'Incarnation. Femme d'affaires, mystique et mère de la Nouvelle-France*, Montréal, Fides, 2017, 336 p.

Dominique Deslandres, *Croire et faire croire. Les missions françaises au XVIIe siècle (1600-1650)*, Paris, Fayard, 2003, 633 p.

Sophie Houdard, *Les invasions mystiques. Spiritualités, hétérodoxies et censure à l'époque moderne*, Paris, Les Belles Lettres, 2008, 416 p.

Thérèse Nadeau-Lacour, *Marie Guyart de l'Incarnation. Une femme mystique au cœur de l'histoire*, Paris, Éditions Artège, 2015, 312 p.

Linda Timmermans, *L'accès des femmes à la culture sous l'Ancien Régime*, Paris, H. Champion, 2005, 967 p.

III

Marguerite Bourgeoys
(1620-1700)

par Denys Chouinard
archiviste

Dans l'imaginaire collectif, la contribution de Marguerite Bourgeoys se limite souvent à l'ouverture de la première école à Montréal. Cette vision réductrice escamote l'essentiel de son œuvre, soit la réalisation en terre d'Amérique de projets éminemment progressistes. Il y a lieu de revisiter son apport exceptionnel et durable à la société.

Enfance et jeunesse à Troyes

Marguerite Bourgeoys est née à Troyes, en France, le 17 avril 1620. En ce début du XVIIe siècle, sa ville n'est plus la cité prospère du Moyen Âge du temps des foires de Champagne. La diminution de sa population, passée de 37 000 habitants en 1551 à 24 000 cent ans plus tard, est l'indice du bouleversement des routes commerciales survenu avec l'avènement du commerce mondial. La tendance est d'ailleurs confirmée à la fin du siècle alors que le nombre de Troyens passe à 18 000 en 1695. Malgré cela, le dynamisme économique de la ville n'est pas totalement perdu ; les ateliers de textile, les tanneries et les papeteries génèrent encore une certaine richesse.

Mais les difficultés et surtout les inégalités sont criantes. On dénombre 8000 mendiants en 1650 alors que les épidémies et les famines font régulièrement leurs lots de victimes. La peste frappe en 1626 et une autre fois entre 1631 et 1633, provoquant 5000 décès en 1632. La grave pénurie de grains de 1649 à 1652 entraîne une famine qui provoque à son tour des émeutes à deux reprises.

Au sortir des guerres de Religion qui ont déchiré la France à la fin du XVIe siècle, Troyes est elle aussi touchée par la Réforme protestante. Le mouvement a gagné des adeptes et oblige les catholiques à réagir et à composer avec ces nouvelles idées. Marguerite Bourgeoys a d'ailleurs côtoyé des protestants puisqu'elle a vécu dans le quartier Saint-Jean-au-Marché, voisin de la partie de la ville appelée la Petite Genève.

La famille Bourgeoys appartient à la moyenne bourgeoisie champenoise. Le père, Abraham, est marchand de chandelles et monnayeur de la ville de Troyes. Son commerce et son emploi fort honorable lui procurent des revenus suffisants pour élever avec son épouse, Guillemette Garnier, une progéniture nombreuse ; Marguerite est la septième de neuf enfants vivants. Chez les Bourgeoys, en plus d'être instruits, on a le sens de l'organisation et de la gestion, talents dont Marguerite Bourgeoys usera avec profit tout au long de sa vie.

Grâce aux quelques informations dont on dispose sur la jeunesse de Marguerite, on peut imaginer une enfant enjouée, sociable et très active. Elle écrit dans ses mémoires qu'elle avait de la facilité à réunir les petites filles de son âge, une autorité naturelle dont elle ne se départira jamais. Il est possible qu'elle ait fréquenté l'école, celle des sœurs de la congrégation Notre-Dame à Troyes qui avait ouvert ses portes en 1628. On note également chez elle une santé robuste, un atout dont elle a largement profité jusqu'à l'âge avancé de soixante-dix-neuf ans.

La France du Grand Siècle

Marguerite Bourgeoys, bien que devenue canadienne, appartient d'abord à la France du XVIIe siècle surnommé le « Grand Siècle ». Avec sa population de vingt millions d'habitants – l'Angleterre en compte alors cinq millions, l'Espagne huit – le royaume de Louis XIV ambitionne de devenir une grande puissance. Cette volonté politique est manifeste. On en trouve une parfaite illustration dans les célèbres globes de Coronelli – globe céleste et globe terrestre de quatre mètres de diamètre chacun ! – réalisés en 1683 et offerts au roi par le cardinal d'Estrées, ambassadeur de France à Rome[1]. Cette représentation en format géant de la planète permet au souverain de prendre en un coup d'œil la mesure de ses possessions et de celles qu'il peut ambitionner d'acquérir.

La France du Roi-Soleil justifie ses prétentions mondiales par le développement fulgurant qu'elle atteint dans tous les domaines de l'activité humaine. La contribution du royaume à l'avancement des sciences, des arts et des lettres est exceptionnelle et permet aux Français de rayonner comme jamais auparavant. On mentionnera par exemple René Descartes qui jette les bases de la méthode scientifique avec *Le Discours de la méthode*. Outre cela, le chantier de Versailles donne l'occasion à un architecte comme Jules Hardouin-Mansart de produire le chef-d'œuvre qu'est la galerie des Glaces. Les jardins du même château ont permis à André Le Nôtre de concevoir une architecture paysagère qui éblouit et fait école. Au chapitre du théâtre et de la littérature, les œuvres de Molière et de Jean de La Fontaine touchent à l'universel. La liste des surdoués est encore longue. Ajoutons seulement le nom de Sébastien Vauban dont le système de fortifications s'impose encore longtemps après le décès de son concepteur.

En fait, les Français du XVIIe siècle auront pris le relais de leurs prédécesseurs italiens de la Renaissance, se lançant avec enthousiasme dans la recherche de la perfection. En matière de spiritualité et de religion, ils ne sont pas en reste. Après la Réforme protestante de Luther du début des années 1500 et le renouveau catholique découlant du

1. Les deux globes sont aujourd'hui exposés à Paris, à la Bibliothèque nationale de France, site François-Mitterrand.

concile de Trente (1545-1563), les Français s'engagent à leur tour dans la réforme du clergé. On voit alors se multiplier les congrégations religieuses autant pour les hommes que pour les femmes. À titre d'exemples chez ces dernières, nommons les Visitandines (1610) de François de Sales et de Jeanne de Chantal, et les Filles de la charité (1633) de Vincent de Paul et de Louise de Marillac. Dans l'esprit de ces fondateurs et fondatrices, les religieuses doivent avoir le loisir d'aller partout sur le terrain, au-devant des pauvres et des malades qu'elles veulent aider. Cette liberté leur est souvent refusée parce que les autorités de l'Église estiment que l'apostolat de femmes religieuses ne peut s'exercer qu'entre les murs d'un cloître.

Mais la vague de spiritualité en France déborde les rangs du clergé. Elle suscite une contribution marquée des laïcs. Sous l'inspiration de François de Sales (1567-1622) et de son célèbre ouvrage *Introduction à la vie dévote* (1608) qui est un best-seller à son époque, un nombre considérable de laïcs, autant des hommes que des femmes, veulent enrichir la dimension spirituelle de leur vie, cherchant de la sorte à se gagner plus sûrement le salut éternel. Participent à ce mouvement la quarantaine de membres de la Société de Notre-Dame de Montréal qui fondent Ville-Marie et dont la plupart sont des laïcs, des hommes, mais aussi plusieurs femmes. Jeanne Mance en est, madame de Bullion (1593-1664) aussi ; c'est elle qui finance la construction de l'Hôtel-Dieu de Montréal. Deux autres exemples de femmes dévotes méritent d'être cités ; elles contribuent pour leur part au développement de la ville de Québec. D'abord la nièce du cardinal de Richelieu, la duchesse d'Aiguillon (1604-1675), qui appuie financièrement les Augustines dans leur projet d'Hôtel-Dieu de la capitale. La seconde est madame de La Peltrie (1603-1671) qui prend à sa charge l'installation des Ursulines de Marie de l'Incarnation. Pour tous ces croyants, l'Église, en plus d'être l'affaire des religieux, est dorénavant aussi celles des laïcs engagés dans un apostolat où la charité chrétienne se concrétise dans des organismes et des institutions voués à la santé et à l'éducation. Et c'est bien cet esprit du Grand Siècle que l'on désire implanter au Nouveau Monde.

Le choix de vie de Marguerite Bourgeoys

Mais au moment où Marguerite Bourgeoys atteint l'âge de vingt ans en 1640, la Nouvelle-France ne fait pas encore partie de ses préoccupations. Pour elle, le moment est venu de décider de son avenir, et deux possibilités se présentent. Dans le vocabulaire de l'époque, on disait : « Le mari ou le mur ! » En d'autres termes, le mariage et la famille qui en découle, ou bien l'engagement religieux et le cloître dans lequel on vit enfermée. La journée du 7 octobre 1640 sera décisive pour Marguerite Bourgeoys. Elle assiste à la procession annuelle du Rosaire à Troyes au cours de laquelle, en traversant une rue, elle voit une représentation en pierre de la Vierge. Elle écrit :

> Et, en jetant la vue pour la regarder, je la trouvai très belle et, en même temps, je me trouvai si touchée et si changée que je ne me reconnaissais plus. Et retournant à la maison, cela paraissait à tous[2].

Le sort en est jeté. Elle choisit de consacrer sa vie à Dieu. Mais on le verra par la suite, elle vient de trouver son inspiration pour le reste de ses jours, à savoir cette figure de Marie, la mère du Christ. Et tous ses choix à venir en portent le nom : à Troyes, la congrégation Notre-Dame, en Nouvelle-France, l'avant-poste de Ville-Marie, où elle fondra la congrégation de Notre-Dame.

Congréganiste externe à la congrégation Notre-Dame, à Troyes

Dans un premier temps, Marguerite Bourgeoys frappe à la porte des Carmélites, des religieuses vouées à la contemplation. Contre toute attente, elle essuie un refus. Que s'est-il passé ? Les autorités du monastère ont-elles pressenti qu'une femme d'action comme elle n'y serait pas à sa place ? Ou bien la dot exigée, qui devait s'élever facilement à quelque 2000 livres, dépassait-elle les capacités financières de la famille Bourgeoys[3] ?

---

2. Marguerite Bourgeoys, *Les écrits de Mère Bourgeoys : autobiographie et testament spirituel*, Montréal, Congrégation de Notre-Dame, 1964, 302 p.
3. Chez les Carmélites, il est fort possible que la somme ait été encore plus élevée, et augmentée d'une rente annuelle. On sait qu'à l'époque, le revenu moyen annuel d'un ouvrier spécialisé pouvait atteindre les 300 livres. La dot demandée par les communautés religieuses faisait donc en sorte que seules les familles très aisées pouvaient faire entrer leurs filles dans les monastères.

Comme on le verra à plusieurs reprises, en pareille situation, elle ne baisse pas les bras ; toujours, elle demande conseil. Dans ce cas-ci, elle se tourne vers un confesseur qui lui suggère de tenter sa chance ailleurs, cette fois à la congrégation Notre-Dame.

Ce groupe de religieuses enseignantes pour jeunes filles est originaire de la Lorraine. Il a été créé en 1598 par Pierre Fourier (1565-1640) et Alix Le Clerc (1576-1622). À l'origine, les fondateurs ont voulu une congrégation d'enseignantes non cloîtrées, mais cela est refusé. Devant l'obstacle, Fourier et Le Clerc imaginent une formule nouvelle. Ils constituent, en parallèle à la communauté des religieuses cloîtrées, une congrégation dite externe, soit un groupe de femmes laïques placées sous la direction d'une religieuse et qui ont le loisir d'aller partout en dehors du monastère où leur enseignement est requis.

Marguerite Bourgeoys semble s'être jointe à cette congrégation externe peu après avoir reçu la réponse négative des Carmélites. Elle s'y est assurément plu puisqu'elle y œuvre jusqu'à son départ pour Montréal en 1653 et qu'elle occupe même la fonction de préfète de ces congréganistes externes.

Mais, désireuse de réussir là où Fourier et Le Clerc avaient échoué, et encouragée par le directeur spirituel de la congrégation externe qui est aussi son confesseur, Antoine Gendret, elle entreprend de constituer sa propre congrégation d'enseignantes non cloîtrées. Monsieur Gendret se charge d'établir la règle et de la faire valider et approuver à Paris par la Sorbonne, alors que Marguerite Bourgeoys, peut-on présumer, voit au recrutement. Le groupe de trois enseignantes loge dans un appartement prêté par Jacqueline de Chevilly, sœur de Paul de Chomedey. L'expérience est toutefois de courte durée, interrompue par le décès de la première compagne et le mariage de l'autre.

Partenaire de Maisonneuve

L'année 1652 constitue un point tournant dans la vie de Marguerite Bourgeoys. Son destin se joue au moment où Paul de Chomedey rend visite à son autre sœur, Louise de Chomedey, religieuse responsable des congréganistes externes de la congrégation Notre-Dame à

Troyes. Le gouverneur de Montréal écarte la proposition de sa sœur de devenir avec d'autres religieuses les premières maîtresses d'école de Ville-Marie. Il préfère recruter une laïque parce qu'il ne veut surtout pas d'un monastère de femmes cloîtrées qu'il faudrait entretenir. Montréal n'a pas encore les ressources pour une telle institution.

Marguerite Bourgeoys pour sa part va profiter de cette occasion, mais non sans avoir longuement réfléchi et demandé conseil à plusieurs personnes. Elle en arrive à la conclusion que Montréal est possiblement l'endroit où réussira son projet de congrégation. C'est ce que lui laisse entendre Antoine Gendret. Finalement, elle a la conviction profonde qu'elle pourra toujours compter sur l'appui indéfectible de la Vierge Marie, celle qui, dit-elle, ne l'abandonnera jamais.

Seconde fondation de Montréal – la Grande Recrue

Lorsque Maisonneuve revient à Montréal à l'automne 1653, il est accompagné d'une centaine de soldats-ouvriers venant à la rescousse d'un minuscule village qui, depuis sa fondation au printemps 1642, n'a pas connu d'accroissement de sa population ; on en est toujours à une cinquantaine d'habitants. Quant au projet lui-même d'une nouvelle société métissée, il est loin de se réaliser. Les nouveaux venus subissent constamment les raids des Iroquois, qui non seulement ne veulent pas cohabiter, mais cherchent à éliminer ce qu'ils considèrent comme une tête de pont européenne qui leur fait concurrence dans le commerce des fourrures.

Ces hommes recrutés par Maisonneuve, au nom de la Société de Notre-Dame, savent se battre, mais ils sont aussi gens de métier. Parmi eux, des charpentiers, maçons, chirurgiens, chapeliers, serruriers, boulangers et bien d'autres, capables d'assurer l'avenir d'un nouvel établissement. Avec eux, Marguerite Bourgeoys, dont l'expertise est celle d'une maîtresse d'école qui compte treize années d'expérience. Avec Jeanne Mance, infirmière chevronnée, elle est la deuxième professionnelle aguerrie qui apporte sa contribution au projet de Ville-Marie. On le verra plus loin, son bagage de connaissances est exceptionnel.

La première traversée de l'Atlantique de Marguerite Bourgeoys est fort éprouvante. Parti de Nantes, le *Saint-Nicolas* fait très tôt demi-tour pour cause d'avarie ; le navire prend l'eau ! Second départ, un mois plus tard le 20 juillet. Les passagers, dont une quinzaine de femmes, arrivent à Québec le 22 septembre. On compte huit décès durant le voyage et Marguerite Bourgeoys demeure momentanément à Québec afin de continuer à soigner les malades. Elle arrive finalement à Montréal vers le 15 novembre 1653.

Mais les enfants qui occuperont les bancs de sa première école ne sont pas encore nés. Elle habite donc pour l'instant dans le fort de Ville-Marie et offre son aide à tous les habitants. Dès 1654, on célèbre une quinzaine de mariages qui seront suivis rapidement de naissances. En 1658, on dénombre une quarantaine de maisons avec de jeunes familles qui confirment que la seconde fondation de Montréal a réussi. Toutefois, la population n'est pas celle que l'on avait d'abord imaginée ; elle est à visage exclusivement européen.

Première école et premier corps professoral

Au début de 1658, Marguerite Bourgeoys se fait donner par Maisonneuve et les habitants de Ville-Marie l'ancienne étable de la Commune. La bâtisse, abandonnée depuis le décès du gardien du troupeau, Antoine Roos, tué par les Iroquois en 1652, est transformée pour devenir la première école de Montréal. Le lieu, appelé l'« étable-école », constitue également la résidence de Marguerite Bourgeoys, qu'elle partage avec Marguerite Picart, une adolescente de quatorze ans qu'elle garde auprès d'elle en attendant qu'elle se marie. L'école ouvre ses portes au printemps et accueille autant des filles que des garçons. En fait, les Sulpiciens ne s'occuperont des garçons qu'à partir de 1668.

Pour faire fonctionner son école, Marguerite Bourgeoys a besoin d'autres enseignantes ; c'est en France qu'elle les trouvera. Après avoir confié temporairement ses premiers élèves à deux hospitalières venues de Québec, elle prend le bateau en octobre 1658, en compagnie de Jeanne Mance. Celle-ci retourne dans la mère patrie pour recruter des infirmières et soigner son bras, qu'elle s'est brisé à la suite d'une chute sur la glace au cours de l'hiver 1657. Débarquées à La Rochelle, les deux femmes vont successivement à La Flèche et à Paris, où Marguerite Bourgeoys laisse son amie. Elle poursuit sa route jusqu'à Troyes pour y recruter trois premières compagnes. Une quatrième se joindra au groupe à Paris. Toutes prendront ensuite le chemin de La Rochelle où elles s'embarqueront à bord du *Saint-André* le 2 juillet 1659. La traversée est plus que pénible – le bateau n'avait pas été désinfecté après avoir servi d'hôpital militaire et une dizaine de passagers décèdent en mer. Les voyageuses sont à Québec le 7 septembre et remontent le fleuve pour arriver à Montréal le 29 du même mois.

Le premier corps professoral de Montréal est maintenant constitué. Il est composé de trois enseignantes de Troyes, Catherine Crolo et Edmée Chastel, que l'on sait être des congréganistes externes, ainsi que Marie Raisin, bien connue de Marguerite Bourgeoys puisque sa famille était voisine de la sienne dans le quartier de Saint-Jean-au-Marché. Peut-être Marie était-elle aussi congréganiste externe, on l'ignore. Quant à la quatrième recrue, il s'agit d'Anne Hiou, qui s'est jointe aux autres à Paris. Toutes ces femmes sont des laïques et c'est à bord du *Saint-André*, au milieu de l'Atlantique, qu'elles conviennent de former dorénavant une communauté. Pour l'heure, elles sont comme les autres Français qui arrivent à Montréal. Elles ont signé un contrat à titre d'enseignantes et Marguerite Bourgeoys s'est engagée en contrepartie à leur fournir pain et potage. La suite immédiate de l'histoire montre qu'il était tout indiqué de ne pas promettre davantage, surtout pas la sécurité.

Ces professionnelles de métier qui débarquent à Montréal ne sont pas les seules. Jeanne Mance, pour sa part, guérie de sa blessure au bras, revient avec les trois premières hospitalières de Saint-Joseph pour œuvrer à l'Hôtel-Dieu. On remarque parmi elles la pharmacienne Judith Moreau de Brésoles dont la compétence impressionne. Les Autochtones la surnomment « le soleil qui luit » ou celle qui redonne la vie aux malades comme le soleil donne la vie aux plantes. Quant aux nouvelles maîtresses d'école, elles gagneront très rapidement l'estime des Montréalais. Pas étonnant, puisqu'elles apportent une pédagogie d'avant-garde, celle de la congrégation Notre-Dame de France et de Lorraine consignée par Pierre Fourier en 1640. Ce qui leur tenait lieu de manuel de pédagogie, sous le titre *De l'instruction des filles séculières*[4], se trouve à la partie III des Constitutions de cette congrégation et s'avère une pièce d'archives exceptionnelle pour apprécier le riche bagage intellectuel importé de France. A-t-on appliqué intégralement en Nouvelle-France les préceptes qui se trouvent dans ce document ? Rien ne nous le confirme dans les archives de Marguerite Bourgeoys et de sa congrégation. Mais fort probablement qu'on s'en est largement inspiré.

Dans ce texte d'une centaine de pages divisé en vingt-quatre chapitres, on trouve le programme scolaire et la méthode pédagogique. Tout y est nouveau par rapport à la tradition selon laquelle, dans un même local, garçons et filles de tous âges recevaient des leçons particulières du maître, un enfant à la fois, pendant que les autres tourbillonnaient tout autour. Fourier procède à une réorganisation en profondeur du système. Il met en place avec la congrégation Notre-Dame des écoles pour filles seulement, âgées entre six et douze ans. Les établissements sont accessibles à toutes, peu importe leur classe sociale, puisque l'école est gratuite. Il insiste beaucoup sur cet aspect : l'ensemble des familles doivent avoir la chance de faire instruire leurs filles pour améliorer leurs conditions de vie.

Le programme scolaire est simple mais révolutionnaire. On enseigne la religion, bien sûr, mais aussi la lecture, l'écriture et le calcul. On ajoute l'apprentissage des travaux manuels qui rendront les filles capables de générer des revenus pour les familles.

Dorénavant, on répartit les enfants par niveau scolaire et elles passent d'un groupe à l'autre selon les progrès accomplis. Pour chaque niveau, des maîtresses d'école différentes accompagnent les enfants dans leurs apprentissages. Cette philosophie de l'éducation tient compte aussi des capacités intellectuelles des élèves. Lorsqu'il

4. Dans Pierre Fourier, *Les vrayes constitutions des religieuses de la congrégation de Nostre Dame*, troisième partie, « De l'instruction des filles séculières », [s.n.], 1649.

arrive que la lecture, l'écriture ou le calcul s'avèrent trop difficiles pour certaines, on les garde tout de même à l'école pour qu'elles puissent développer leurs habiletés manuelles, quitte à repousser à plus tard l'acquisition des autres savoirs.

Afin de faciliter la concentration et l'application, on table sur les récompenses et l'estime de soi. Ainsi, de bonnes performances des élèves leur permettent d'occuper une place de choix dans la classe et de recevoir des marques distinctives qui attestent de l'appréciation de leur réussite. Toujours pour accroître la concentration et le plaisir d'apprendre, on a recours à des outils nouveaux pour l'époque, tels le tableau noir et les saynètes[5]. On instaure également une dynamique entre les élèves, comme de travailler en duo pour réviser les leçons mémorisées, se corrigeant réciproquement lorsqu'il y a oubli ou erreur. Quant au châtiment corporel, il est fortement déconseillé d'en faire usage, sinon en tout dernier recours.

Pierre Fourier invite les enseignantes à faire preuve du plus profond respect envers les enfants, considérant ces derniers non pas comme des adultes en devenir mais comme des êtres humains à la première grande étape de leur vie. Entre maîtresses d'école, il suggère de se montrer solidaires afin de former un corps professoral où toutes se perfectionnent par l'entraide. Et à propos des parents, il prône le partenariat avec eux, afin de créer une complicité dont les retombées seront tout à l'avantage des enfants.

L'établissement dans l'adversité

On affirme encore souvent de nos jours que Montréal a été fondée par des mystiques. Il serait plus juste de dire qu'elle l'a été par des dévots. On l'a vu, les premiers Montréalais ne sont pas des contemplatifs, mais plutôt des gens de métier qui apportent au Nouveau Monde leurs savoir-faire et leurs idéaux. Leur ambition première est de bâtir une nouvelle société chrétienne réunissant Autochtones et Français. Pour gagner leur vie, ils comprennent qu'il faut, en plus de la pratique de

5. Courte pièce sans prétention, sketch.

leur métier, tirer profit de l'économie dominante, soit le commerce des fourrures. Ainsi, chaque habitant de Montréal se transforme très vite en marchand. Avec les Autochtones qui se présentent à Ville-Marie, on pratique le troc, en échangeant des fourrures contre des articles de la vie courante importés de France. Ces échanges sont payants car les peaux valent leur pesant d'or sur le marché européen, où la mode est aux élégants chapeaux en feutre de castor.

Mais ce type d'échanges économiques ne se pratique pas sans difficultés, car les Montréalais se trouvent en première ligne des hostilités franco-iroquoises. Ils doivent essuyer constamment les raids des Cinq-Nations[6] qui entendent bien demeurer maîtres de ce commerce qu'ils pratiquent avec grand profit, successivement avec les Hollandais de Nouvelle-Amsterdam et les Anglais de New York.

Marguerite Bourgeoys et ses compagnes ne sont pas si tôt installées dans l'étable-école que les Iroquois menacent Montréal. En mai 1660, dix-sept hommes de Ville-Marie (sur les cent soixante que comptait alors Montréal) et une quarantaine de Hurons, partis simplement pour assurer la libre circulation des cargaisons de fourrures sur la rivière des Outaouais, affrontent à leur plus grand étonnement une armée de huit cents Iroquois ! Leur combativité ne leur sauvera pas la vie, mais réussira au moins à contrecarrer le projet de chasser les Français de la vallée du Saint-Laurent. À l'étable-école, il est sûr qu'on dut rendre grâce à Dieu, ainsi qu'à Dollard des Ormeaux et à ses braves.

Dans les années suivantes, les raids autochtones se multiplient et les Montréalais craignent le pire. En février 1661, les Iroquois capturent treize colons. Le mois suivant, quatre sont tués et six capturés. Au mois d'août, le sulpicien Le Maistre perd la vie. Il en est de même en octobre pour son confrère Vignal. En février 1662, c'est au tour de Lambert Closse de tomber au combat. D'un événement à l'autre, une atmosphère de terreur règne assurément à Ville-Marie. Le soulagement survient enfin lorsqu'en 1664, Maisonneuve organise la

6. Nations autochtones de langues iroquoiennes occupant des territoires se trouvant au sud du lac Ontario et du fleuve Saint-Laurent, et au nord de l'État de New York.

milice de la Sainte-Famille et surtout quand, en 1665, les 1200 soldats du régiment de Carignan-Salières débarquent en Nouvelle-France.

Entretemps, le risque constant que représente le travail aux champs empêche les Montréalais d'obtenir les récoltes dont ils ont besoin. Menacés de famine en 1662, ils seront sauvés par leurs compatriotes de Québec qui acheminent à Montréal un chargement de blé.

Pour Marguerite Bourgeoys, s'ajoutera à ces difficultés le départ de deux de ses compagnes. En avril 1661, Edmée Chastel quitte la jeune congrégation et devient la dame de compagnie de Marie-Barbe de Boullongne, veuve de l'ancien gouverneur de la Nouvelle-France, Louis d'Ailleboust. Cinq ans plus tard, en 1666, c'est au tour de Marie Raisin d'annoncer son départ. Elle semble sérieusement éprouvée par les exigeantes missions ambulantes qui la conduisent seule aussi loin que Trois-Rivières. En juillet, elle quitte la congrégation et se rend à Québec chez les Ursulines. Après cinq mois de postulat, Marie Raisin constate que c'est encore la congrégation qui peut le mieux répondre à ses attentes. Elle est de retour à Montréal en novembre. Quel soulagement ce dut être à l'étable-école; perdre définitivement une deuxième compagne aurait certainement affecté le moral des autres. Il fallait toutefois en tirer une leçon. Dorénavant, on enverrait les sœurs en mission deux par deux et non pas seules.

Lorsque Marguerite Bourgeoys avait tenté à Troyes de fonder une congrégation, son confesseur lui avait dit qu'il était tout à fait légitime de créer un institut d'enseignantes non cloîtrées puisque la Sainte Vierge en son temps, active au sein de l'Église, avait circulé en toute liberté. Pour Marguerite Bourgeoys qui revendiquait le droit à une vie religieuse active dans la société, l'exemple de la Vierge constituait une caution morale d'une valeur inestimable, la réponse imparable à tous ceux qui soutenaient que les femmes ne pouvaient pas participer à la vie religieuse en dehors d'un cloître. Elle allait s'en inspirer à maintes reprises, d'autant que les obstacles ne manqueraient pas de surgir sur sa route.

C'est le cas avec son initiative d'une chapelle dédiée à la Vierge. Dans un contexte où la France était consacrée à Marie depuis 1638 et que la première appellation de Montréal était Ville-Marie, fondée par la Société de Notre-Dame, il était tout naturel pour Marguerite Bourgeoys qu'on y réserve une place spécifique au culte de Marie. Elle fait donc commencer les travaux en 1655, deux ans après son arrivée. Maisonneuve est gagné à cette cause, à un point tel qu'il lui prête main-forte. Il faudra toutefois interrompre les travaux à l'arrivée des Sulpiciens en 1657, compte tenu de l'opposition du supérieur du groupe, Gabriel de Queylus. Ce dernier, en guerre ouverte avec les Jésuites, n'allait sûrement pas permettre qu'on poursuive la construction d'une chapelle qui avait été autorisée au départ par ses adversaires.

Marguerite Bourgeoys sait naviguer au travers des luttes de pouvoir entre hommes. En pareilles circonstances, elle se met à l'abri des tempêtes et attend que les vents s'apaisent. Mais elle n'a pas de chance avec la chapelle. Au retour de son premier voyage en France en septembre 1659, elle constate que les matériaux de construction assemblés sur le chantier ont disparu. Le projet est alors suspendu pour toute la décennie 1660. Avant de reprendre le chemin de la France lors de son deuxième voyage en 1670, elle fait preuve de prévoyance en faisant ériger un petit oratoire en bois, question d'occuper le terrain et qu'on ne puisse la déposséder en son absence. Les travaux reprendront en 1675 et seront achevés en 1678. Il lui aura donc fallu vingt-trois ans pour gagner son pari. Aujourd'hui, la chapelle Bonsecours fait toujours partie du paysage montréalais.

Dissolution de la Société Notre-Dame et départ de Maisonneuve

En 1663, vingt et un ans après la fondation de Montréal, la Société de Notre-Dame est dissoute. C'est Jeanne Mance qui est partie à Paris pour régler cette affaire. Après avoir conclu une entente le 18 août, les Sulpiciens deviennent seigneurs-propriétaires de l'île de Montréal en échange du règlement de la dette de la Société, qui s'élève à 130 000 livres.

Malgré l'accord qui stipule que Jeanne Mance et Maisonneuve sont maintenus dans leurs fonctions respectives, Paul de Chomedey est renvoyé en France en 1665 par le nouveau gouverneur général, le marquis de Tracy. On tourne donc définitivement la page sur le premier chapitre de l'histoire de Montréal. Pour Marguerite Bourgeoys et ses compagnes, cela signifie qu'il faudra désormais composer avec un régime politique fort différent et de nouveaux interlocuteurs. Elles auront à démontrer la pertinence de leur présence si elles veulent être reconnues officiellement à la fois par l'État et par l'Église.

Accueil des Filles du Roy et ouverture de l'ouvroir de la Providence

Au moment où Montréal passe aux mains des Sulpiciens, la Nouvelle-France a déjà été cédée en février 1663 à la couronne de France par la Compagnie des Cent-Associés. Désormais, Louis XIV et son ministre Colbert président aux destinées de la colonie. Leurs priorités sont de mettre un terme aux attaques autochtones – ce qui sera temporairement réglé grâce à l'expédition armée de l'automne 1666 en territoire iroquois – et de peupler le territoire.

Avec ses quelque 600 habitants en 1663, Montréal a une fois de plus grandement besoin de renforts. Pour connaître un nouvel élan, elle pourra compter sur les Filles du Roy envoyées en Nouvelle-France tout au long des années 1663-1673. Des 800 au total qui arrivent au pays, 71 se rendront à Montréal. Les sept premières en 1663 sont prises en charge directement par Marguerite Bourgeoys. Elle les loge d'abord dans la maison Charly, voisine de l'étable-école déjà fort occupée par les membres de la congrégation et les écoliers. L'historien Marcel Trudel estime qu'il y avait déjà une trentaine d'élèves à l'étable-école à ce moment-là. Et la congrégation continuera de recevoir des Filles du Roy au fil des ans ; on sait qu'il en vint onze en 1665 et dix-huit en 1668. L'effort de peuplement et les déplacements des colons porteront leurs fruits : on estime à 1500 âmes la population de Montréal en 1671.

Marguerite Bourgeoys dira de son établissement qu'il est plus qu'une école, que c'est la Maison de la Sainte-Vierge. À regarder de près les activités qui s'y déroulent, on comprend vite ce qu'elle veut dire. Outre la classe pour les enfants, on y trouve ce qu'elle appelle l'ouvroir de la Providence, la première école ménagère, ouverte en 1663 à l'intention de ces femmes venues de France qui ont grand besoin d'être initiées à la vie matérielle d'un pays au climat beaucoup plus rigoureux.

L'étable-école a bien sûr pour fonction de loger les membres de la congrégation. Elles sont quatre en 1663, Edmée Chastel les ayant quittées deux ans plus tôt. L'endroit sert aussi d'orphelinat car on garde les enfants de femmes mortes en couches ou encore des enfants autochtones ramenés de leur captivité chez les Iroquois.

On l'a vu, la congrégation est le lieu d'accueil à Montréal pour les immigrantes que sont les Filles du Roy. Mais avant elles, les quinze jeunes femmes arrivées à Montréal en 1659 en même temps que les compagnes de Marguerite Bourgeoys avaient été hébergées à l'étable-école.

Plus tard, en 1675 par exemple, la congrégation accueillera chez elle l'ancien gouverneur de Montréal, Zacharie Dupuy, et son épouse. En échange du don des biens du couple à la communauté, celle-ci leur offre un logement à vie. La maison de la congrégation de Notre-Dame devient donc une maison d'accueil pour personnes âgées, la première du genre à Montréal.

On y accueille aussi des femmes autochtones. C'est le cas de Marie-Thérèse Gannensagouas qui, en 1672, à l'âge de six ans, est confiée à Marguerite Bourgeoys par le gouverneur Courcelle qui retourne en France. La jeune fille deviendra ultérieurement sœur de la congrégation et enseignera à la mission de la Montagne.

De plus, la résidence sert de refuge pour les enfants et les femmes violentées. En 1658, Marguerite Bourgeoys, qui venait de s'installer à l'étable-école avec Marguerite Picart, prend en charge un bébé iroquois maltraité par sa mère. Ayant été baptisée un 5 août, jour de la fête de Notre-Dame des Neiges, l'enfant reçoit pour prénom Marie des Neiges. Marguerite Bourgeoys semble s'être beaucoup attachée à elle. Malheureusement, la fillette meurt tôt, à l'âge de six ans. Autre cas, en 1679 cette fois, les trois filles d'un dénommé Jean Valliquet. Après le décès de son épouse, l'homme en question abuse de ses filles. Le curé de la paroisse demande aux sœurs de la congrégation de les prendre chez elles afin de les protéger. Valliquet subira un procès au cours duquel le témoignage des sœurs de la congrégation, elles qui étaient confidentes des trois jeunes filles, sera déterminant et conduira à sa condamnation.

Notons enfin que les sœurs accueillent à la fin du siècle des prisonnières de guerre de la Nouvelle-Angleterre. Parmi celles-ci, certaines se convertiront au catholicisme et demanderont leur admission à la congrégation. Parmi les résidents de la maison, il faut mentionner aussi les ouvriers à l'emploi des sœurs. En somme, Marguerite Bourgeoys a fait de sa résidence un établissement multifonctionnel offrant à la fois éducation et services sociaux. La diversité et la qualité de ces œuvres ne devaient pas laisser indifférents les nouveaux administrateurs de la colonie.

Reconnaissance civile de la congrégation et recrutement de nouvelles compagnes

Au cours de l'été de 1670, Marguerite Bourgeoys entreprend un deuxième voyage en France. Les objectifs sont clairs : obtenir du roi les lettres patentes reconnaissant civilement sa congrégation et ramener de nouvelles compagnes afin de créer un réseau d'écoles pour l'ensemble de la colonie.

Arrivée à Paris en octobre, elle retrouve Maisonneuve, chez qui elle loge. Ce dernier, ainsi que le supérieur général des Sulpiciens à Paris, Alexandre de Bretonvilliers, vont lui prêter leur concours pour couronner de succès sa démarche auprès du roi. Ainsi, ils lui trouvent un clerc, Monsieur de Sérancourt, qui rédige gratuitement les lettres patentes souhaitées.

Celles-ci constituent un document remarquable qui révèle les buts de la congrégation, son organisation et l'opinion des autorités de la Nouvelle-France et des habitants à son sujet. En voici un extrait :

> Louis, par la grâce de Dieu, roi de France et de Navarre, à tous présents et à venir, salut. Notre bien aimée Marguerite Bourgeoys, originaire de notre ville de Troyes en Champagne, nous a très humblement fait exposer qu'il y a longtemps qu'il a plu à Dieu lui inspirer le désir de

> l'avancement de la foi catholique par la bonne instruction des personnes de son sexe, tant des Sauvages que des Français naturels retirés en la Nouvelle-France, où elle se serait pour ce sujet retirée dès l'année 1653 s'y étant établie dans l'île de Montréal avec quelques autres filles associées vivant en communauté où elle a fait l'exercice de maîtresse d'école, enseignant gratuitement aux jeunes filles tous les métiers qui les rendent capables de gagner leur vie, et avec un si heureux progrès par les grâces continuelles de la providence divine que la dite exposante ni ses associées ne sont aucunement à la charge dudit pays, ayant fait bâtir à leurs dépens dans la dite île de Montréal deux corps de logis propres à leur dessein, et fait défricher plusieurs concessions de terre et bâtir une métairie garnie de toutes choses nécessaires.

En quelques lignes sont consignés le principe de l'éducation pour les filles – tant des colons que des Autochtones –, la gratuité scolaire, un programme d'études ouvrant sur un meilleur niveau de vie, la profession d'enseignante, et l'indépendance et l'autonomie financière d'un groupe de femmes. Gardons en mémoire que l'on est au XVIIe siècle. Ces acquis sont historiques.

La démarche de Marguerite Bourgeoys et les résultats obtenus tiennent de l'exploit. Contrairement à bien d'autres femmes qui fondent alors des congrégations, elle ne compte pas sur des protecteurs ou des bienfaiteurs. Elle et ses compagnes relèvent le défi en misant sur une stratégie des petits pas, soit le travail de leurs mains et le capital d'estime accumulé au fil des jours. Il en est ainsi dès l'arrivée de Marguerite Bourgeoys, en 1653, alors que Maisonneuve dit de la maîtresse d'école qu'il ramène avec lui qu'elle sera d'un grand secours à Montréal. Elle est présentée à Jeanne Mance, qui se lie aussitôt d'amitié avec elle. Les lettres patentes soulignent la bonne impression qu'elle a faite sur les gens en autorité. Lui ont donné leur appui Mgr de Laval, vicaire apostolique, Courcelle, gouverneur général de la colonie, Talon, intendant, et les habitants de Montréal. On sait que lors de leur passage à l'étable-école, François de Laval et Jean Talon ont été vivement impressionnés par les services rendus par les sœurs de la congrégation tant à l'école qu'à l'ouvroir de la

Providence. L'intendant l'a fait savoir au ministre Colbert, qui a lui-même conclu à la nécessité d'encourager Marguerite Bourgeoys et ses compagnes. Plus tard, Mgr de Saint-Vallier, successeur de Mgr de Laval, Louis Tronson, supérieur des Sulpiciens à Paris, l'intendant Jacques de Meulles et les Augustines de Québec partageront la même opinion sur les réalisations de la congrégation de Notre-Dame.

Mais une autre qualité de Marguerite Bourgeoys explique ces réussites. Cette pionnière en Nouvelle-France est une gestionnaire de haut niveau, à l'instar d'une Marie de l'Incarnation à Québec. En toutes circonstances, elle fait preuve de prévoyance et d'habileté. En voici deux exemples. Avant de rentrer à Montréal au terme de ce deuxième voyage en France, elle reçoit d'un des anciens membres les plus actifs de la Société de Notre-Dame, Pierre Chevrier, baron de Fancamp, la somme de 300 livres pour la construction de la chapelle Bonsecours. Au lieu de rapporter la somme en numéraire, elle achète, avant l'embarquement au Havre, des marchandises qu'elle revend à Montréal. Elle en tire finalement la somme de 600 livres ! Au cours de la même année, le gouverneur Courcelle, qui a confié la jeune Autochtone Marie-Thérèse Gannensagouas à la congrégation, donne 1000 livres en guise de dot pour son éventuel mariage. La jeune femme ne se mariera pas ; elle demandera plutôt son admission à la congrégation. Mais entretemps, le capital aura fructifié et atteint la somme de 3000 livres ! En somme, Marguerite Bourgeoys profite de toutes les occasions pour assurer à sa congrégation les conditions matérielles et financières nécessaires à sa survie et à son expansion, et ce, *sans être aucunement à charge à personne*[7].

Un réseau d'écoles le long du Saint-Laurent

Avec six nouvelles compagnes recrutées principalement à Paris en 1670, il est maintenant possible de se lancer dans l'établissement d'un réseau d'écoles dans la vallée du Saint-Laurent pour répondre à une croissance significative de la population canadienne.

---

7. Voir l'extrait des Lettres patentes, un peu plus haut.

En 1676, des sœurs de la congrégation ouvrent des écoles à Champlain et à Batiscan, deux villages à l'est de Trois-Rivières. La même année, à la demande des Sulpiciens, sœur Anne Meyrand et sœur Catherine Boni sont à la mission autochtone de la Montagne, et la congrégation crée son premier pensionnat à Montréal. Elle le fait à la requête des parents plus fortunés qui souhaitent que leurs filles soient désormais éduquées près de chez elles plutôt qu'à Québec. En 1678, à nouveau à la demande des Sulpiciens, on envoie des sœurs à la Pointe-aux-Trembles. Il en sera de même deux ans plus tard à Lachine, autre établissement fondé par les Sulpiciens.

Troisième voyage en France pour la préparation des constitutions

Dans l'enthousiasme des succès obtenus durant la décennie 1670, Marguerite Bourgeoys décide de retourner en France afin de mettre en place le dernier élément de l'architecture de son projet, soit la reconnaissance religieuse de sa congrégation par l'adoption de constitutions.

Avant d'y arriver, des étapes préliminaires ont déjà été franchies, comme le mandat délivré en 1669 par Mgr de Laval autorisant Marguerite Bourgeoys et ses compagnes à enseigner dans l'ensemble de son diocèse. Sept ans plus tard, en 1676, l'évêque émet un autre mandat, celui-là accordant une approbation ecclésiastique à la congrégation de Notre-Dame. Ce n'est pas une forme de vie religieuse avec vœux solennels et publics qu'il approuve, mais une permission qu'il leur accorde de vivre à titre de filles séculières. Pour compléter le tout, Marguerite Bourgeoys veut une règle qui officialise sa communauté de femmes non cloîtrées dédiées à l'éducation des jeunes filles, une nouveauté dans l'Église catholique.

En France, il y a de rares précédents qui rappellent ce que Pierre Fourier et Alix Le Clerc voulaient initialement réaliser, et qui peuvent servir de modèles. Marguerite Bourgeoys se rend donc à Paris chez les Filles de la Croix et les Filles de Sainte-Geneviève, qui sont des congrégations d'enseignantes non cloîtrées et qui possèdent des constitutions. Chez les Filles de Sainte-Geneviève, surnommées les Miramionnes, elle rencontre leur dirigeante, Marie Bonneau de Rubelles, dite Madame de Miramion. De tous ses échanges, elle conclut qu'il y a matière à s'inspirer surtout des Filles de la Croix, dans la mesure où les congrégations qui s'appuient sur des bienfaitrices sont plus à risque de trébucher. Selon elle, il est toujours préférable de conserver le maximum d'autonomie.

Par la même occasion, elle compte bien ramener avec elle d'autres recrues. Elle s'en ouvre à Mgr de Laval qui se trouve lui aussi à Paris. La réponse qu'elle reçoit est cinglante. L'évêque lui reproche d'avoir entrepris ce voyage et lui interdit de ramener d'autres enseignantes. Marguerite Bourgeoys est sidérée. Jamais elle n'avait pensé être traitée de la sorte par Mgr de Laval. Pour éviter cette rebuffade, il lui aurait fallu savoir que l'évêque de Québec n'était pas d'humeur à discuter avec qui que ce soit. Il venait tout juste d'échouer dans ses démarches auprès du roi pour obtenir une décision en sa faveur dans le dossier du commerce de l'alcool avec les Autochtones et dans celui de la création des paroisses en Nouvelle-France.

Marguerite Bourgeoys, une fois remise du choc, et sans se laisser dérouter, en conclura que désormais la solution pour le recrutement sera la *canadianisation* de la congrégation, ce qui était déjà en marche depuis peu.

Poursuite du développement du réseau d'écoles

L'excellente réputation des membres de la congrégation les devançant, un peu partout, on fait appel à leurs services. Les Jésuites, qui ont fondé en 1680 à Kahnawake la mission du Sault-Saint-Louis, invitent en 1683 les sœurs à y enseigner. Deux ans plus tard, en 1685, le premier curé de la paroisse Sainte-Famille à l'île d'Orléans, François Lamy, prie la congrégation de venir faire l'école. La Française Anne Meyrand et la Canadienne Marie Barbier y sont envoyées. L'année suivante, à la requête du nouvel évêque de Québec, Mgr de Saint-Vallier, Marie Barbier est dans la capitale pour inaugurer un ouvroir dans la Haute-Ville. En réalité, il s'agit d'un pensionnat pour jeunes filles pauvres qui sont incapables de se payer le couvent des Ursulines.

À l'est de Québec, sur la côte de Beaupré, la congrégation ouvre une école à Château-Richer en 1689. La même année, Mgr de Saint-Vallier demande aux filles de Marguerite Bourgeoys de prendre en charge l'Hôpital général de Québec qu'il vient de créer. Contrairement à ce que l'appellation laisse croire, cet établissement n'est pas destiné aux soins de santé. Il s'agit plutôt d'une maison de charité pour les pauvres, les invalides et les vieillards. L'expérience sera de courte durée, Marguerite Bourgeoys convainquant Mgr de Saint-Vallier en 1692 de confier plutôt l'institution aux Augustines de l'Hôtel-Dieu. Les sœurs de la congrégation veulent s'en tenir à leur vocation de maîtresses d'école.

Incendie de la Grande Maison

Dans la série d'épreuves qui vont accabler la fondatrice de la congrégation et ses consœurs à partir de 1683, l'incendie de la maison mère aura sûrement laissé des marques profondes. La nouvelle bâtisse qui remplace l'étable-école et qu'on appelle la Grande Maison est entièrement détruite dans la nuit du 6 au 7 décembre. Deux sœurs y trouvent la mort, Geneviève du Rosoy, l'assistante-supérieure, et Marguerite Sommillard, l'économe. Tout porte à croire qu'elles se seront retrouvées piégées en voulant s'assurer que toutes les résidentes aient quitté les lieux ou en tentant de sauver des biens précieux. Marguerite Bourgeoys perdait ainsi deux recrues ramenées de France en 1672 et qui étaient pressenties pour prendre la direction de la communauté. Sa peine devait être d'autant plus grande du fait qu'elle était brutalement séparée d'un membre de sa famille, sa nièce Marguerite Sommillard, fille de sa sœur Marie.

Dans les circonstances, en pleine nuit de décembre, il faut réagir promptement et mettre tout le monde à l'abri. Les voisines, les Hospitalières de l'Hôtel-Dieu, ouvrent avec empressement leurs portes aux sœurs de la congrégation. Ces dernières leur rendront la pareille douze ans plus tard en 1695 lorsque leur hôpital sera à son tour la proie des flammes.

À Québec, Mgr de Laval est convaincu qu'une telle catastrophe sonne le glas de la congrégation et donne l'occasion de fusionner la communauté avec celle des Ursulines. C'est mal connaître Marguerite Bourgeoys. Elle profite aussitôt de terrains contigus à la Grande Maison qu'elle avait achetés avant l'incendie. On rebâtit une maison plus grande entre la rue Saint-Paul et la rue Notre-Dame, le long de la rue Saint-Jean-Baptiste. Aucune aide financière particulière ne sera sollicitée ; les ressources de la congrégation suffiront. Dans les circonstances, Marguerite Bourgeoys estimera qu'il valait mieux continuer d'assumer elle-même la direction de ses troupes plutôt que de passer la main à de plus jeunes.

Raid iroquois sur Lachine

À l'échelle nord-américaine, la rivalité politique entre la France et l'Angleterre se poursuit et s'amplifie. Les Iroquois, alliés des Anglais, entendent toujours contrôler le commerce des fourrures à l'intérieur du continent. Les accrochages, nombreux avec les Français au cours des années 1680, devaient entraîner des actes de vengeance. Ce fut le cas après l'attaque du territoire des Cinq-Nations par le gouverneur Denonville en 1687 et l'envoi de captifs aux galères royales. La réplique, foudroyante, survient dans la nuit du 4 au 5 août 1689. Près de 1 500 guerriers attaquent le village de Lachine à proximité de Montréal ; 24 habitants sont tués, environ 80 sont emmenés en captivité, dont 42 ne reviendront jamais, et 56 maisons sur 77 sont détruites.

Les deux sœurs de la congrégation qui se trouvent à Lachine, Catherine Sommillard, l'autre nièce de Marguerite Bourgeoys, et Marie-Anne Guyon du Buisson, en sortent saines et sauves. Elles reviennent à Montréal à la tête du groupe des orphelins dont les parents ont été tués ou faits prisonniers par les Iroquois.

Tentative de coup d'État dans les congrégations de Montréal

L'impact psychologique du raid à Lachine est grand sur les Montréalais. On perçoit l'événement comme un châtiment du ciel. Certains, dont des membres des communautés religieuses de Montréal, y vont d'interprétations farfelues et de solutions excentriques. Celle qui mène le bal est une sœur de la congrégation, Marguerite Tardy, arrivée à Montréal en 1682 ; on pense qu'elle est venue à l'invitation du sulpicien Étienne Guyotte. Dans la foulée de la tragédie de Lachine, sœur Tardy se transforme en visionnaire et réformatrice de la colonie. Elle dit connaître l'état de l'âme de tous les fidèles qui, à l'église, s'approchent pour recevoir la communion, et affirme qu'il n'y a pas dans toute la Nouvelle-France plus de 80 personnes qui ne sont pas sacrilèges. Le pays compte alors plus de 10 000 habitants !

À la congrégation de Notre-Dame, Marguerite Tardy sévit le 3 novembre 1689. Elle dit à Marguerite Bourgeoys qu'une sœur décédée l'année précédente lui a fait savoir que la supérieure de la congrégation est en état de péché mortel. En d'autres mots, elle ne peut plus exercer ses fonctions. Comme Marguerite Bourgeoys ne réagit pas devant une telle exagération, Marguerite Tardy revient à la charge deux mois plus tard.

Par des échanges de courrier qui suivront entre Montréal et Paris, on comprend que la sœur visionnaire semble être l'instrument de trois sulpiciens qui ambitionnent de réformer les congrégations montréalaises et d'en prendre la direction. Tout porte à croire que Joseph de la Colombière, Guillaume Bailly et Étienne Guyotte planifient de réunir les trois instituts en un seul, après avoir obtenu la démission de Dollier de Casson chez les Sulpiciens, de Catherine Macé à l'Hôtel-Dieu de Montréal et de Marguerite Bourgeoys à la congrégation de Notre-Dame. Ces tristes mousquetaires de la réorganisation religieuse à Montréal ont gagné des appuis dans les trois groupes ainsi que dans la population. Il faudra l'intervention vigoureuse et éclairée de Louis Tronson pour mettre un terme à cette tentative de coup d'État.

Le supérieur des Sulpiciens à Paris, abasourdi devant de tels excès, décide en 1691 de rappeler en France La Colombière et Bailly, ainsi que Marguerite Tardy. Il écrit à Guillaume Bailly :

> Vous n'avez donc qu'à vous disposer à revenir cet automne. Et si, avant votre départ, vous pouviez réduire la sœur visionnaire à la voie commune et à ne plus s'amuser à ses visions, vous lui feriez une grande charité.

L'affaire Tardy s'arrête là, mais non sans dommages. Marguerite Bourgeoys en sort moralement ébranlée, d'autant plus que certaines compagnes ont affiché de la sympathie envers Marguerite Tardy.

Dans la succession des difficultés de la fin du siècle à la congrégation de Notre-Dame survient un autre incendie, celui de la métairie à la Pointe Saint-Charles. Fort heureusement cette fois, il n'y a pas de victimes. Mais comme la ferme nourrit la communauté et qu'elle constitue une source de revenus, il importe de la remettre sur pied. Cinq ans plus tard, en 1698, ce sera chose faite.

Démission à titre de supérieure de la congrégation

À l'âge respectable de soixante-treize ans, Marguerite Bourgeoys en arrive à la conclusion qu'il est temps de confier la direction de son institution à la génération suivante. A-t-elle pour autant atteint tous ses objectifs ? Certes non, la reconnaissance canonique définitive n'est pas encore acquise. Mais elle sait fort bien qu'il faut se tourner vers de plus jeunes, d'autant qu'elle voit partir autour d'elle des compagnes de la première heure : Marie Raisin est décédée en 1691, Anne Hiou en mars 1693.

Lors de la visite de Mgr de Saint-Vallier à la congrégation à la fin de l'été 1693, Marguerite Bourgeoys démissionne. L'évêque convoque une élection pour le 5 septembre. La nouvelle équipe de direction est entièrement canadienne. Marie Barbier est nommée supérieure, assistée par Catherine Charly. La maîtresse de formation est Marguerite Le Moyne. Cette jeune femme, à peine âgée de vingt-neuf ans, s'illustrera plus tard en assumant durant vingt-cinq ans avec intelligence et efficacité la direction de la congrégation. La démissionnaire, pour sa part, est désignée conseillère spéciale de la supérieure, en langage religieux l'admonitrice, poste visant à faciliter la transition.

Lutte pour la reconnaissance religieuse définitive de la congrégation

Alors que Marguerite Bourgeoys méritait tranquillité et sérénité pour les dernières années de sa vie, il n'en sera rien, puisqu'au printemps de 1694, Mgr de Saint-Vallier arrive à Montréal avec un projet de constitutions pour la congrégation. Il a beau vouloir cacher ses réelles intentions, le jupon dépasse. Des éléments inscrits dans le texte, tels les vœux solennels, le paiement d'une dot, la création de catégories de sœurs (sœurs de chœur et sœurs converses affectées aux travaux manuels) et le vœu spécial d'obéissance à l'évêque, laissent deviner la volonté du prélat de fusionner éventuellement les sœurs de la congrégation et les Ursulines cloîtrées de Québec. À Montréal, on a en tête depuis toujours des vœux simples, ceux qui ne sont pas définitifs et qu'on renouvelle à chaque année. On n'a jamais retenu le principe de la dot qui ferme les portes de la congrégation aux filles de familles peu fortunées. Enfin, on place toutes les sœurs sur un pied d'égalité et on a toujours recherché un lien d'autorité sans caractère spécial avec l'évêque.

Surprises à la lecture du document, les sœurs montent au front à leur façon ; elles demandent du temps pour réfléchir. Leur interlocuteur est furieux ; il ne tolère aucun signe d'opposition à ses désirs. Mais fort heureusement pour la communauté, Mgr de Saint-Vallier manque de temps pour les soumettre dans les semaines qui suivent. Il doit retourner en France. Le roi, le considérant comme un chicanier incorrigible – il est en conflit avec à peu près toutes les personnes en autorité dans la colonie –, lui demande de démissionner. Il refuse et demeure trois ans à Paris, le temps de défendre sa cause et surtout de se montrer à nouveau acceptable aux yeux de Louis XIV. Ce sera le moment tout choisi par Louis Tronson pour intervenir une fois de plus en faveur des sœurs de la congrégation. Informé par la direction de la communauté et par Marguerite Bourgeoys, le supérieur des Sulpiciens discute avec Saint-Vallier pour le faire changer d'avis.

L'intervention de Louis Tronson donne des résultats. Mgr de Saint-Vallier, revenu d'Europe au cours de l'été 1697, quitte Québec pour Montréal l'été suivant avec un nouveau texte. On n'y trouve plus de références aux ordres religieux traditionnels vivant dans des cloîtres, les vœux sont simples, aucun vœu spécial d'obéissance à l'évêque, certaines dispositions sur le silence sont atténuées et les mots « si possible » ont été ajoutés à plusieurs endroits.

Par contre, tel que suggéré par Tronson, des compromis sont consentis. Les règlements ne font pas référence au modèle de la Vierge Marie et des autres femmes disciples dans l'Église primitive, ce à quoi tenait tant la congrégation. On maintient la division de la communauté en deux groupes, les sœurs converses n'étant pas admissibles aux postes à responsabilités. Assurément, c'est une grande déception pour Marguerite Bourgeoys qui avait dit qu'une cuisinière devrait pouvoir devenir supérieure si elle en a la capacité, et qu'à l'inverse une supérieure pourrait s'acquitter de tâches manuelles au terme de son mandat. Enfin, le principe de la dot est maintenu, mais son application est assouplie.

Contre vents et marées, le pari de Marguerite Bourgeoys de créer une congrégation d'enseignantes non cloîtrées est gagné. Antoine Gendret avait bien raison ; ce qui avait échoué à Troyes se réalisait à Montréal. Le 24 juin 1698, vingt-quatre sœurs acceptent les règlements tels que négociés. Le lendemain, en présence de Mgr de Saint-Vallier, a lieu la première profession religieuse publique à la congrégation de Notre-Dame. Les six sœurs de la congrégation à Québec feront de même le 5 août.

Mais il ne faut pas croire que ces acquis sont inattaquables. Pour preuve, dès 1699, Mgr de Saint-Vallier propose la séparation des sœurs de la congrégation de Québec de celles de Montréal. La supérieure de l'époque, Marguerite Le Moyne, et Marguerite Bourgeoys s'y opposent. Le projet de l'évêque ne connaîtra pas de suite car il doit retourner une fois de plus en France et ne reviendra à Québec qu'en 1713.

Le testament de Marguerite Bourgeoys : *Les Écrits*

Parmi les documents de Marguerite Bourgeoys qui nous sont parvenus, son autobiographie et testament spirituel, publié sous le titre *Les Écrits de Mère Bourgeoys*, constitue une autre pièce d'archives exceptionnelle. Comme l'avait fait avant elle Alix Le Clerc, fondatrice de la congrégation Notre-Dame en Europe, Marguerite Bourgeoys met sur papier en 1697 et 1698 les informations et réflexions qu'elle veut transmettre à toutes celles qui marcheront dans ses pas. De ce qui est devenu en 1964 un petit livre d'un peu moins de 300 pages, nous choisissons des passages de deux chapitres qui aident à saisir l'audace et la modernité de la pensée de Marguerite Bourgeoys.

Au chapitre 5 sur la Vierge Marie, elle brosse le portrait d'une chrétienne active, tout le contraire de l'image si répandue d'une femme passive et soumise. Elle dit que dès sa jeunesse, Marie s'implique dans sa société ; elle est enseignante au temple. Au dernier jour du Christ, alors que les apôtres, à l'exception de Jean, l'avaient abandonné, Marie et d'autres femmes sont au pied de la croix pour l'accompagner jusqu'au moment ultime. Plus tard, écrit Marguerite Bourgeoys, c'est elle qui prend l'initiative de réunir les apôtres et de fonder l'Église. Elle ajoute qu'après coup, ceux-ci ne suffisant pas à la tâche, Marie, en compagnie de Madeleine et de Marthe, voient à l'instruction des chrétiens.

Au chapitre 7, elle fait preuve d'encore plus d'audace en comparant point par point les sœurs de la congrégation aux apôtres. Si ces hommes allaient au nom du Seigneur, les filles de la congrégation vont faire l'école sous la protection de la Sainte Vierge. Si les apôtres ont prêché l'Évangile, les sœurs de la congrégation doivent aussi l'enseigner.

Il faut beaucoup de témérité et de confiance en soi pour tenir de tels propos. Chose certaine, le ton est donné pour inviter les femmes dans la société et dans l'Église à jouer un rôle à la hauteur de leurs talents et de leur volonté.

Dans les annales de la congrégation, il est écrit qu'aux derniers jours de décembre 1699, Marguerite Bourgeoys offre sa vie en échange de celle de Catherine Charly, trente-trois ans, qui est mourante. Cette prière a des suites. La jeune maîtresse des novices retrouve la santé et sa consœur aînée s'éteint le 12 janvier 1700.

Le point de départ d'une très longue révolution féminine

On peut résumer la vie de Marguerite Bourgeoys en quelques mots : l'amour de Dieu incarné dans l'amour du prochain, incarné à son tour dans l'éducation. C'est dire qu'elle laisse en héritage des valeurs de fraternité, d'égalité et d'équité pour toutes. Peu après son arrivée en Nouvelle-France, elle offre aux Français nouvellement installés, et par la suite aux Premières Nations, l'éducation pour les filles et la gratuité scolaire. À compter des années 1670, elle entreprend, à partir de Montréal, de mettre en place un réseau d'écoles dans la vallée du Saint-Laurent. Toutes proportions gardées, on peut considérer Marguerite Bourgeoys comme la première ministre de l'Éducation du pays.

Il lui revient également d'avoir institué l'éducation des adultes en ouvrant les premières écoles ménagères. On pourra toujours dire que ce genre d'institution maintenait les femmes dans les limites de leurs rôles traditionnels. Ce serait oublier que les initiatives de Marguerite Bourgeoys donnent accès aux femmes au monde de l'éducation. Vus d'aujourd'hui, les premiers gains paraissent modestes, mais ils ont entrouvert une porte qui était auparavant fermée à double tour.

Marguerite Bourgeoys a également donné le coup d'envoi aux formules d'accueil des vagues d'immigrants. Elle compta certes parmi les toutes premières personnes à prêter son concours aux objectifs de peuplement du pays en recevant des Filles du Roy à Montréal. Elle conviait ainsi tous ses compatriotes de la colonie à faire preuve d'hospitalité et d'entraide. Aucune discrimination dans son esprit, qu'il s'agisse de femmes venues de France ou encore de captives originaires de la Nouvelle-Angleterre.

On a dit de Marguerite Bourgeoys qu'elle fut la *Mère de la colonie*. Voilà qui peut paraître curieusement formulé pour une femme qui n'a pas eu d'enfants ! Mais il faut reconnaître qu'après une cinquantaine d'années à l'œuvre en Nouvelle-France, elle a contribué à jeter les bases d'une nouvelle nation. En somme, elle a défini notre collectivité, et il semble bien qu'à la suite d'une longue transmission de valeurs sur plus de trois siècles, il y ait encore un peu de Marguerite Bourgeoys en chacune et chacun de nous.

Pour en savoir plus

Hélène Bernier, « Bourgeoys, Marguerite », *Dictionnaire biographique du Canada*, 1966 (révisé en 2015) [en ligne].

Marguerite Bourgeoys, *Les écrits de Mère Bourgeoys : autobiographie et testament spirituel*, Montréal, Congrégation de Notre-Dame, [1698] 1964, 302 p.

Évelyne Chabroux, *Troyes, Marguerite Bourgeoys : la rencontre d'une cité et d'une sainte*, Troyes, Renaissance, 1984, 80 p.

Patricia Simpson, *Marguerite Bourgeoys et la Congrégation de Notre-Dame, 1665-1700*, Montréal, McGill-Queen's University Press, 2007, 303 p.

Patricia Simpson, *Marguerite Bourgeoys et Montréal, 1640-1665*, Montréal, McGill-Queen's University Press, 1999, 269 p.

IV

Les Filles du Roy

par Danielle Pinsonneault
de la Société d'histoire des Filles du Roy

Depuis la fondation de Québec en 1608, la volonté de la France de défricher le territoire et de peupler la nouvelle colonie passe bien après celles d'évangéliser la population autochtone et de faire du commerce. En dépit de la faible progression de la population, entre 1608 et 1663, la colonie enregistre tout de même plus de mille naissances[1]. Mais cette fécondité ne peut remplacer à elle seule l'envoi d'un nombre important d'immigrants. D'autant que si la France est alors le pays le plus populeux d'Europe occidentale, les autorités redoutent son dépeuplement[2], et la Nouvelle-France n'est encore qu'un comptoir de fourrures !

Depuis la venue de Louis Hébert, avec sa femme et ses trois enfants en 1617, la quasi-totalité des personnes recrutées pour la colonie sont des hommes. On avait besoin de maçons, de menuisiers, de charpentiers, de cordonniers, de boulangers, de défricheurs, de navigateurs et de matelots, etc. Parfois, certains faisaient venir la famille quand leur situation était devenue plus stable.

---

1. Jacques Lacoursière, Jean Provencher et Denis Vaugeois, *Canada-Québec, 1534-2000*, Québec, Septentrion, 2001, p. 61.
2. Yves Landry (dir.), *Pour le Christ et le Roi. La vie au temps des premiers Montréalais*, Montréal, Libre Expression, 1992, p. 78.

La véritable colonisation ne s'amorcera vraiment qu'en 1634, avec l'arrivée de Mortagne, en Perche, de plusieurs familles qui ont répondu à l'invitation de Robert Giffard de venir s'établir dans sa Seigneurie de Beauport. D'autres petits convois débarqueront les années suivantes, mais l'émigration restera si faible qu'en 1640, la population totale se chiffrera à environ 300 personnes seulement[3].

Au cours de la période 1634-1641 (huit ans), la colonisation, qui relevait alors uniquement de la Compagnie de la Nouvelle-France ou de l'initiative privée, est minimale, voire inexistante. L'émigration féminine se fait au compte-gouttes. Toutefois, la fondation de Ville-Marie en 1642 changera un peu la donne. Peu de femmes accompagnent au début Maisonneuve et Jeanne Mance, mais elles arrivent un peu plus nombreuses chaque année, après 1649. Finalement, environ 228 filles à marier viendront s'établir en Nouvelle-France entre 1634 et 1662[4].

La population française demeure toutefois insuffisante. Les élites de la colonie s'inquiètent de sa viabilité en raison de sa maigre population comparée à celle, en croissance continuelle, des Anglais et des Hollandais venus s'établir plus au sud. Si la Nouvelle-France compte de 300 à 400 habitants en 1641, la Nouvelle-Angleterre en compte déjà 50 000, un chiffre qui montera à 80 000 en 1663 ! La guerre incessante entre la France et l'Angleterre en Europe rend les gens très nerveux dans la colonie : on craint l'invasion.

Que va devenir la Nouvelle-France ?

En 1663, on retrouve de six à quatorze hommes pour une femme, selon le lieu où l'on se trouve. Au total, 2500 personnes, dont environ deux cents femmes ! Comment créer des familles et garder les engagés qui retournaient en France après leur contrat de trois ans, s'ils ne trouvaient pas à se marier ?

---

3. Lacoursière, Provencher et Vaugeois, *op. cit.*, p. 61.
4. Gustave Lanctôt, *Filles de joie ou Filles de roi. Étude sur l'émigration féminine en Nouvelle-France*, Montréal, Éditions du jour, 1964 ; R. Le Moine, « Première immigration française au Québec » dans *La découverte de l'Amérique*, Paris, Librairie philosophique J. Vrin, 1968, p. 144-146.

Sans mariage, les hommes n'avaient pas droit à la concession d'une terre à défricher. Cette promesse d'obtenir une terre en « bois debout » à la suite de son mariage était pourtant alléchante. En effet, elle leur permettait de devenir un « habitant », un titre fort enviable à l'époque, et d'être fiduciaire d'une grande terre, chose impossible en France pour des gens du commun. Sans compter qu'en Nouvelle-France, ils avaient le droit de pêcher et de chasser sur leur terre, un privilège inaccessible là-bas. De surcroît, à la fin de leur vie, ils pourraient la transmettre à leurs enfants ! Pourtant, un grand nombre d'hommes retournaient en France, faute de pouvoir se marier.

Louis XIV

En 1661, à l'âge de vingt-trois ans, Louis XIV règne désormais sans intermédiaire, après les années de régence de sa mère. Des demandes insistantes sont venues de la colonie afin d'obtenir l'aide du roi pour le peuplement et la défense de celle-ci. Elles ont été portées avec passion par Pierre Boucher, le jésuite Lejeune, le Sieur de Villeray, Jean Bourdon et bien d'autres. Le roi autorise en 1662 l'envoi de navires chargés de deux cents soldats, de familles et de travailleurs, et en octobre, l'envoi de deux vaisseaux de la marine royale[5]. Ces premières décisions sont remplacées en 1663 par d'autres, qui vont s'avérer autrement essentielles.

De concert avec Colbert, son ministre responsable des colonies, le roi prend trois décisions capitales pour la Nouvelle-France. D'abord, la création du Conseil souverain, dotant la colonie d'un fonctionnement similaire à celui des provinces de France. Cela implique que dorénavant, les compagnies marchandes n'auront plus la main haute sur la vie en Nouvelle-France, ni sur son développement. Le roi Louis XIV y veillera personnellement, grâce à trois gouverneurs et à un intendant qu'il nommera, qui recevront ses instructions. Ensuite, il promet des renforts militaires pour assurer la sécurité de la population – ce qui sera fait en 1665, avec l'arrivée du régiment Carignan-Salières et des troupes de Tracy. Et finalement, pour apporter une solution à la pénurie de femmes, il décide

5. Louis Gagnon, *Louis XIV et le Canada, 1658-1674*, Québec, Septentrion, 2011, chapitre 2.

de faire partir de France des « filles à marier » avec le mandat de peupler la colonie. Une deuxième période d'émigration féminine voit le jour! Ainsi, pendant onze années, soit de 1663 jusqu'en 1673 inclusivement, un nombre variable de femmes partira annuellement pour la Nouvelle-France. Nous savons maintenant que 764 femmes débarquèrent dans la rade de Québec. Cette décision politique unique de peupler ainsi la colonie a sauvé la Nouvelle-France du naufrage!

En 1683, dix ans après l'arrivée de ces femmes, la population aura triplé. Au recensement de 1698, elle atteindra 15 355 personnes.

Les « filles à marier »

Un recrutement systématique, dirigé par Colbert, fut mené par les émissaires du roi dans les maisons de charité et les hôpitaux généraux de Paris, La Rochelle, Rouen et Dieppe, où logent des femmes jeunes, orphelines ou veuves. Certaines d'entre elles pouvaient aussi venir de familles « tombées en détresse » ou, parfois, de familles ayant voulu « enfermer » une de leurs filles pour cause de rébellion... Ces maisons fondées depuis 1656 environ étaient sous la gouverne de communautés religieuses et financées par l'État. Elles avaient été créées dans le but de protéger les jeunes femmes abandonnées, ou devenues veuves. À la mort de leur mari, les femmes et leurs enfants se retrouvaient à la rue, la plupart du temps. Il n'existait à l'époque aucune forme de filet social comme nous en connaissons de nos jours. On retrouvait également des lieux ou des ailes spécifiques pour les jeunes enfants, les hommes, les vieillards, ces « asociaux en marge de la société de pauvreté de l'époque[6] ». On voulait les abriter, les nourrir et, si possible, les instruire, pour les plus jeunes d'entre eux.

Le recrutement a aussi reçu l'appui de la part des curés des paroisses environnantes. Par exemple, Monsieur de Bretonvilliers, curé de la paroisse Saint-Sulpice, a recruté 46 des 327 filles originaires de Paris. Les curés pouvaient en parler en chaire et même aller rencontrer des familles susceptibles de pouvoir profiter de

6. *Ibid.*, p. 165-183.

ce programme d'immigration du roi Louis XIV. Ils connaissaient bien leurs paroissiens. Quand une famille décidait de laisser ainsi partir une de ses filles, le curé lui rédigeait un certificat de « bonnes mœurs » qui serait exigé avant l'embarquement. On voulait des femmes en santé, fortes et habiles de leurs mains. De ferventes catholiques. Et jolies si possible !

Le roi voulait une « Neuve-France » catholique. Toutefois, un certain nombre de femmes protestantes réussirent quand même à partir sur les navires du roi. Arrivées à destination, si leur croyance était connue, elles devaient se convertir avant de pouvoir se marier, telles Marthe Quitel en 1665 et Catherine Basset en 1667. Même traitement pour les hommes d'ailleurs. Ce fut le cas pour Jean Royer, Daniel Perron dit le Suire et Bernard Faure. D'autres, pensons à Marie Albert, Anne Lépine, Marie Valade, Marie Léonard, Marguerite Ardion, Françoise Ancelin et Elisabeth Doucinet, purent vivre sans être dérangées. Même Marie Targer, qui eut deux époux protestants. Mais ces personnes n'avaient pas droit de culte et devaient donc agir exactement comme le faisaient les catholiques, pour ne pas éveiller les soupçons.

Parmi les femmes choisies par les recruteurs, il y eut bien quelques filles de la petite bourgeoisie ou des filles de notables, mais la grande majorité d'entre elles étaient d'origine modeste, voire pauvre.

Près des deux tiers des femmes étaient orphelines de père, de mère ou des deux parents. La moyenne d'âge était de vingt-quatre ans. Les plus jeunes pouvaient avoir treize ou quatorze ans. Elles venaient surtout de l'Île-de-France et des provinces proches de Paris, vivant surtout dans les cités, puis des provinces de l'ouest de la France (Aunis, Saintonge, Poitou et Touraine). Celles qui étaient originaires de la campagne venaient principalement de Normandie.

Il faut aussi savoir que « quelques-unes venaient même d'outre-frontière, d'Allemagne, Marie Vanzègue en 1673, de l'Angleterre, Catherine de Lalore en 1671, de Belgique, Marie-Anne Bamont en 1673, du Portugal, Espérance Du Rosaire en 1668, de la Suisse, Barbe

Duchesne en 1671[7] ». Il en demeure encore aujourd'hui plus d'une cinquantaine dont nous ignorons l'origine.

Malgré le débat toujours en cours, l'état actuel des connaissances nous fait croire que la grande majorité d'entre elles ont librement choisi de partir vers la Nouvelle-France. Elles n'avaient pas grand-chose à perdre. Les orphelines, sans espoir de dot pour se marier, n'avaient pour seul avenir que de devenir servantes ou brodeuses, travaillant pour de riches dames. Celles qui avaient encore leurs parents, mais qui vivaient dans la misère, sans espoir de vie meilleure, ne voyaient aucune autre issue. Le programme du roi leur offrait la possibilité de se marier, même de choisir leur mari, de recevoir une dot au moment du mariage, le paiement des frais de passage sur le navire, l'accueil en arrivant là-bas et l'aide royale pour l'établissement du couple après le mariage. Plus encore, la chance inouïe de se voir concéder une terre à son mariage.

Quand une fille correspondait aux critères des recruteurs, elle partait donc le cœur plein d'espoir. Elle n'avait peur ni du travail, ni de la vie exigeante qu'on lui laissait entrevoir ! Ces jeunes filles étaient des femmes d'honneur, des femmes courageuses et vaillantes.

Elles étaient venues pour se marier, fonder une famille, travailler aux soins des malades ou enseigner aux enfants autochtones et français. Il fallait un cran du tonnerre pour oser une telle aventure, surtout quand on connaissait l'éloignement de Ville-Marie (désormais appelée Montréal) et les attaques répétées des Iroquois. Il fallait avoir la foi, mais sûrement aussi un tempérament des plus énergiques et le cœur intrépide.

Nous savons bien peu de choses sur ces femmes hors du commun. La plupart se sont mariées, ont donné la vie à de nombreux enfants, certaines sont mortes jeunes, d'autres n'ont pas pu fonder de famille, mais il est irréfutable que toutes ont eu une vie extrêmement difficile, remplie de privations et d'angoisse. Certaines ont connu les

---

7. Irène Belleau, *Les Filles du Roy, coffret souvenir 1663-2013. Hommage aux Mères de la Nation*, Société d'histoire des Filles du Roy, 2015.

attaques des Iroquois, qui tuaient leur mari au champ, ou même toute la maisonnée. Même quand elles échappaient aux pires tragédies, ces femmes ont dû faire preuve, leur vie durant, d'une détermination et d'une force de caractère des plus remarquables.

Une mauvaise réputation

Des rumeurs sur la respectabilité des Filles du Roy ne tarderont pas à se répandre. La France, où elles sont nées, est une société très hiérarchisée. Les représentants des classes supérieures n'ont que peu d'affinités avec des femmes de condition modeste, qu'ils jugent durement. S'ajoute à cela le fait qu'à partir de 1684, Louis XIV permet l'envoi aux Antilles de femmes considérées comme des débauchées, donc marquées au fer rouge. Cette décision du roi est vraisemblablement à l'origine de la lourde méprise quant à leur vertu. On disait aussi qu'elles étaient envoyées en Amérique… Quelle Amérique ? Peu de personnes connaissaient alors la différence entre la Nouvelle-France et les îles françaises des Antilles.

Les rumeurs sont devenues des sottises. Même si l'envoi de « filles à marier » en Nouvelle-France a pris fin en 1673, les inepties et les accusations gratuites ont continué, malgré les mises au point de personnes qui les ont connues et côtoyées. Ainsi, Pierre Boucher, puis les auteurs des *Relations des Jésuites*, l'intendant Talon, Marie de l'Incarnation, Monseigneur de Laval, les autorités ecclésiastiques de la Nouvelle-France et plusieurs historiens québécois, dont Gustave Lanctôt en 1952 et Silvio Dumas en 1972, ont vertement dénoncé ces grossièretés. Et combien d'autres plus récemment ! Peine perdue.

Ce sera la fécondité incroyable des « Filles du Roy » qui balaiera les dernières résistances des historiens. En effet, les connaissances médicales actuelles nous apprennent que si ces femmes avaient été des « filles publiques », elles auraient été atteintes de maladies vénériennes qui rendaient souvent les femmes stériles. Les antibiotiques n'étant pas encore connus à l'époque, on ne pouvait les guérir. En mettant au monde de nombreux enfants (souvent plus de dix), les Filles du Roy ont ainsi prouvé *a posteriori* qu'elles étaient « des femmes saines[8] ».

De plus, nous savons qu'en France, dès que les filles choisissent de partir, elles sont chaperonnées, et ce, jusqu'au mariage, par des officières des communautés religieuses, des « dames sages et de qualité » ou des personnes mandatées pour assurer leur protection. Les déplacements vers les lieux d'embarquement se feront le plus souvent en contingent, à pied ou en charrette sur la route, ou bien en utilisant des gabarres sur les cours d'eau de l'intérieur. L'attente, parfois bien longue, pour que se lève enfin le bon vent permettant le grand départ se fera dans les communautés religieuses.

Filles à marier ou Filles du Roy ?

Ces femmes qui sont venues à la demande du roi Louis XIV portaient le surnom de « filles à marier », comme celles venues avant ou après elles d'ailleurs (à l'exclusion de celles, comme Jeanne Mance ou Marguerite Bourgeoys, qui entendaient consacrer leur vie à Dieu). Toutefois, l'appellation « Filles du Roy », accolée à celles qui viendront de 1663 à 1673, serait le fait de Marguerite Bourgeoys, qui l'aurait employée pour la première fois dans ses écrits vers 1698. Selon elle, les bénéfices que le roi leur avait donnés montraient bien que celui-ci avait agi comme un père avec elles. Ce surnom était aussi semblable à celui que l'on donnait aux enfants ou aux orphelins élevés aux frais du roi. L'histoire a retenu ce surnom jusqu'à aujourd'hui. Ces 764 femmes, venues par suite d'une décision politique de Louis XIV, méritaient vraisemblablement un surnom distinctif…

La traversée

La traversée de la grande mer est le premier défi majeur à affronter. Celles n'ayant jamais mis les pieds sur un navire ne peuvent manquer d'entendre la foule sur les quais en parler : à La Rochelle, par exemple,

8. Yves Landry, *Les Filles du Roy au XVIIe siècle*, Montréal, Bibliothèque québécoise, 2013, p. 23.

on affirme que « prendre la mer est plus dangereux que d'aller à la guerre. On a moins de chances d'en revenir[9] ! »

Les femmes savent le risque qu'elles prennent. Celles du premier contingent, en 1663, arriveront presque toutes sur l'*Aigle d'Or*, après une de ses pires traversées : 111 jours pour rejoindre Québec – trois mois, trois semaines et trois jours ! On manque d'eau et de nourriture, le scorbut se déclare. La promiscuité et l'hygiène déficiente entraînent la propagation de fièvres, de même que plusieurs maladies. Sur les 225 personnes à bord, 60 meurent pendant le trajet et 12 autres après l'arrivée, même si, étendues sur des planches, on les transporte aussitôt à l'Hôpital de Québec. Cela signifie que près du quart des passagers de ce navire mourront avant de voir Québec. Pendant les longs mois de traversée, les conditions de vie sont particulièrement pénibles. L'accès au pont est permis, mais seulement de jour et quand il fait beau. Une femme ne peut jamais se promener seule, ni sur le pont ni ailleurs, elle doit toujours être accompagnée. Le confort et les commodités sont réduits à leur plus simple expression. Au cœur du navire, à la Sainte-Barbe, logent les gens du commun : femmes et enfants d'un côté, hommes de l'autre, et les familles au centre. D'une hauteur d'une toise[10], la Sainte-Barbe est un lieu sombre où on ne peut se déplacer aisément. Quand le navire ne transporte pas de passagers, on y entasse les canons et les provisions pour se défendre. Sainte-Barbe est d'ailleurs la patronne des canonniers.

On attribue aux gens des couchettes étroites et superposées où tous dorment vêtus, souvent à deux par lit. Certains navires disposent de hamacs. Au fil des jours, les lieux deviennent malodorants ; l'humidité constante favorise les moisissures. L'air salin rend la peau poisseuse. Les odeurs venant de l'étage inférieur, où l'on entasse les animaux en transit vers la Nouvelle-France (bœufs, vaches, cochons, volailles, pigeons et parfois des chevaux), rendent la situation encore

9. Sur un petit pilier au dernier étage du clocher de la chapelle Bonsecours attenante au Musée Marguerite Bourgeoys dans le Vieux-Montréal, qui surplombe une partie du port de Montréal, on peut lire cette inscription : « Si tu vas à la guerre, prie une fois, si tu prends la mer, prie deux fois. »

10. 1,94 mètre ou 6,4 pieds.

plus accablante, tout comme les pleurs et bruits corporels de ses voisins immédiats.

Pour les besoins naturels des passagers, on trouve deux seaux, un à chaque extrémité de la Sainte-Barbe. Un matelot les vide à la mer lorsque nécessaire. Il n'y a pas d'eau pour se rafraîchir si l'on a vomi. Lors des tempêtes, il faut impérativement demeurer à l'intérieur, parfois pendant des jours, dans la noirceur, les écoutilles étant bien fermées et la chandelle proscrite par peur des incendies. On tente de s'accrocher à un poteau, on tient son enfant bien serré ou son coffre « à bras-le-corps ». Question nourriture – si on a de l'appétit… –, on mange du poisson séché, du poisson salé, des pois, des fèves et des biscuits de mer. Ces derniers sont durs comme du bois et doivent d'abord être amollis dans un liquide pour être mangés.

Outre les tempêtes qui donnent mal au cœur, les émotions qui les habitent (ennui, peur, colère, découragement, incertitude) rendent souvent les gens taciturnes. Restent la prière et les encouragements de ceux qui, ce jour-là, ont encore le moral.

Heureusement, toutes les traversées n'ont pas été aussi épuisantes, ni aussi longues. Généralement, la durée de la traversée vers la Nouvelle-France était d'environ deux mois et demi. Elle constituait toujours un sévère test d'endurance.

L'arrivée à Québec

Et puis enfin, le navire entre dans le golfe, puis dans le fleuve Saint-Laurent, ramenant l'espoir à bord. Les épaisses forêts, les montagnes, les rivières majestueuses qui se jettent dans ce fleuve immense – quelles merveilles ! Finalement, peu après l'île d'Orléans, les passagers aperçoivent enfin Québec. Le capitaine jette l'ancre en face de la petite agglomération. Québec compte alors tout au plus 800 habitants. Des barques s'approchent en grand nombre, le navire et ses passagers étant fébrilement attendus. Toutes et tous, mais surtout les « filles à marier », sont accueillies par des personnalités du Conseil souverain, le curé Henri de Bernières et madame de La Peltrie, la grande amie de Marie de l'Incarnation (les Ursulines, cloîtrées, ne peuvent être présentes). Les gens sur la grève démontrent leur joie sans réserve. Bien des hommes reluquent les filles, qui semblent pour leur part n'avoir qu'une envie, se délasser les jambes et monter chez les Ursulines. Enfin arrivées à bon port ! Les années où elles seront très nombreuses, elles seront réparties également dans de bonnes familles, recommandées, comme celle de madame Anne Gasnier ou, dans certains cas, dans une famille apparentée.

Personne n'ignorait dans quel état les filles se trouvaient : aussitôt qu'elles étaient parvenues au lieu choisi, on veillait à leur mieux-être, leur offrant de se laver, de manger des fruits et des légumes à leur faim, de dormir, seules, dans un bon lit, de revêtir des vêtements propres, pour reprendre des forces.

La recherche d'un mari

Quand elles se sont refait une santé, on informe les nouvelles arrivées des us et coutumes du pays et on leur prodigue des conseils sur les critères à retenir dans le choix de leur mari. Le roi leur a bel et bien promis qu'elles pourraient le choisir – quelle chance !

Marie de l'Incarnation leur disait de prendre leur temps, de s'informer, de ne pas marier le premier venu, que celui qui a déjà sa terre et qui a déjà construit sa cabane pourrait être un meilleur parti… Ce dernier scénario était d'ailleurs assez fréquent, l'engagé obtenant la permission de son employeur, moyennant sa promesse de se marier dès que possible, de déboiser et construire. Une fois le mari choisi, venait le moment de passer devant un notaire pour la rédaction du contrat de mariage. Toutefois, il arrivait parfois que l'une ou l'autre change d'avis et demande au notaire de « déchirer le contrat ». Bon nombre de femmes ont ainsi changé d'idée et sont repassées une deuxième, voire une troisième fois devant le notaire. Le plus souvent, ce dernier se déplaçait dans les maisons. La signature du contrat de mariage devant notaire était un événement fort couru : parmi les signatures, on note souvent les noms du seigneur, de madame Gasnier, de membres du Conseil souverain ou de personnes influentes, et même de l'intendant Talon à Québec, ou de Jeanne Mance et Maisonneuve à Montréal !

Le mariage

Une ou deux semaines plus tard, après la publication des bans, on célébrait le mariage religieux. Si la signature du contrat était l'occasion de réunir notables et dignitaires, le mariage s'avérait une cérémonie toute simple, en famille, avec quelques amis peut-être.

En règle générale, les filles se mariaient dans les cinq mois suivant leur arrivée. Certaines, après seulement quatre ou cinq semaines et d'autres, l'année suivante ou même trois ou quatre ans plus tard. Par exemple, si, comme Catherine Moitié à Montréal, une fille avait signé un contrat de domestique d'une durée de quatre années, elle ne pourrait quitter son emploi pour se marier avant l'échéance du contrat.

Fruit du hasard ou choix délibéré des autorités, les deux tiers des Filles du Roy sont demeurées à Québec et aux alentours, soit la région la plus populeuse de la Nouvelle-France. L'autre tiers des filles devaient se rendre jusqu'à Trois-Rivières ou Montréal. Aussitôt qu'elles s'en sentaient capables, elles faisaient leurs adieux à celles avec qui elles avaient partagé de belles heures et de grands périls. Des liens forts s'étaient noués entre plusieurs d'entre elles, mais il était très probable qu'elles ne se reverraient plus.

Des hommes de confiance les conduisaient en canot ou en barque sur le Saint-Laurent, la seule route de l'époque. Ils pagayaient de jour seulement; le soir, ils organisaient un campement de fortune sur une grève bien à l'abri. Tout le monde dormait sous les barques, en partie renversées, enroulé dans une couverture. Il fallait de deux à trois jours pour rallier Trois-Rivières, selon les caprices de la nature. Pour la dernière portion du voyage, le trajet se révélait un peu plus long à cause de la morphologie du fleuve. Les hommes demeuraient constamment aux aguets à cause de la présence des Iroquois, nombreux dans cette région. À Trois-Rivières, petite bourgade de moins de 250 habitants en 1663, quelques filles débarquaient et étaient reçues et hébergées par le seigneur Pierre Boucher. À Montréal, c'était souvent Marguerite Bourgeoys en personne qui les accueillait et les logeait jusqu'à leur mariage.

La vie en Nouvelle-France

Près de 85 % des filles ont épousé un habitant et ont vécu sur une terre en bois debout. L'intendant ou son remplaçant avait remis aux « filles à marier » des vêtements pour leur premier hiver, des provisions pour vivre jusqu'aux prochaines récoltes et de précieuses graines de semences de France pour leur potager de l'été suivant.

Dans la première année, l'installation sur une pareille terre constituait une rude entreprise, surtout si le jeune couple venait à peine de se la voir concéder. Généralement, la terre mesurait trois arpents en largeur par trente de profondeur. Chacune donnait sur le fleuve. Si le couple s'était marié en octobre ou novembre, comme cela arrivait souvent, le temps leur était compté avant la première neige. Il fallait s'y mettre prestement.

> Sa première tâche est d'abattre ce qu'il faut d'arbres pour construire une cabane de pieux d'environ quinze pieds sur vingt, de petits arbres qu'il aiguise à un bout et plante en terre. C'est une construction assez fruste sans plancher ni cheminée, mais qu'il faut rendre suffisamment étanche pour y passer au moins un hiver. Il utilise des écorces et des herbes (chaume) pour faire le toit et boucher les fentes. Au bout de trois à quatre semaines, il peut apporter son coffre et ses provisions dans cette cabane, quitte à la parfaire avant l'hiver[11].

Cela signifie, entre autres, installer une porte, tailler une fenêtre et y installer un papier parchemin huilé qui tiendra lieu de vitres (hors de prix), et ce, du côté opposé au vent dominant ; construire un âtre en pierres et sa cheminée. Ce sera une habitation temporaire, sur terre battue, mais qui, bien souvent, devra abriter la famille pendant plusieurs années. La priorité, c'est « d'abattre le bois debout, arracher les souches, petites ou de grandeur moyenne, brûler les branchages, épierrer le terrain. Travail lent : il faut un an à un colon seul pour défricher et rendre propre à la culture une superficie d'un arpent et demi,

11. Louise Dechêne, *Habitants et marchands de Montréal au XVIIe siècle*, Montréal, Boréal, 1998, p. 271.

et encore il faudra travailler parmi de grosses souches qu'il faut laisser pourrir avant de les enlever[12] ».

Un pays vaste et neuf

Tous ceux et celles qui arrivaient en Nouvelle-France étaient sidérés de découvrir un monde où tout était si vaste : le golfe, le fleuve, les forêts, les distances entre les lieux habités, les lacs, etc. Tout était tellement différent. Rapidement, ils ont constaté les saisons bien marquées, dont un rigoureux hiver, ce qui implique l'obligation d'apprendre à travailler selon le rythme de ces saisons. Ils ont aussi dû prendre acte de la présence, parfois hostile, des Autochtones, de la dispersion des maisons, de l'absence de routes, du manque de bœufs de trait et d'outils pour le gros œuvre. Tous, mais sans doute surtout les gens du commun, ont vite compris qu'ils auraient à s'acclimater. Il y avait tellement à apprendre. Avant tout, il faudrait penser aux besoins primaires !

L'urgence : « apprendre l'hiver ». Savoir y adapter sa maison, ses vêtements, sa façon de se chauffer, veiller à s'approvisionner en bois pour les six mois d'hiver, apprendre à se déplacer sur la neige en raquettes et en toboggan. Apprendre à chasser, à trapper, à pêcher, à manger des poissons inconnus, du gibier, trouver des moyens de conserver les aliments et fabriquer des outils au besoin.

Au printemps, il leur faudra mettre les animaux au pacage et préparer la terre pour les semailles, profiter du passage des oies, des outardes et des canards, apprendre à semer la citrouille, les haricots et le maïs, de même que les multiples utilités du bouleau. À l'été, ils devront ramasser les fourrages, engranger l'orge et l'avoine, récolter les pois, couper le blé, battre le grain, faire moudre le blé au moulin.

À l'automne, fumer la terre, récolter les légumes du potager. Ramasser les inestimables graines des légumes dont on aura besoin au printemps prochain. Renchausser la cabane, insérer fermement de

---

12. Marcel Trudel, *Mythes et réalités dans l'histoire du Québec*, Montréal, Bibliothèque québécoise, 2010, p. 98.

l'étoupe dans toutes les fentes des murs. Mettre les betteraves, carottes, navets, rutabagas et choux au frais, sur des branches de sapin sous la maison. Faire boucherie. Faire son boudin. Faire du savon. Refaire les paillasses avec de la paille fraîche. Préparer ses teintures végétales. Et ainsi de suite. Il faudra compter cinq ou souvent dix ans de travail soutenu pour qu'une terre fournisse le minimum vital pour faire vivre une famille.

> À sa mort, 30 ans après avoir reçu sa concession (sa terre), l'habitant possède 30 arpents de terre arable, une pièce de prairie, une grange, une étable, une maison un peu plus spacieuse, un chemin devant sa porte, des voisins, un banc à l'église. Sa vie a passé à défricher, à bâtir[13].

Un pays apprivoisé

Les habitants avaient eu beaucoup à apprendre, à apprivoiser. Ils y ont mis du cœur. Ils ont réussi. Ils ont eu un précieux soutien des Autochtones pour apprendre à chasser et pêcher, à conserver la nourriture au fil des saisons, à travailler la fourrure pour que les vêtements protègent mieux du froid, à marcher sur la neige, à transporter les lourdes charges en hiver, à découvrir les vertus d'un grand nombre de plantes médicinales et comment les utiliser pour guérir.

Certains, à l'instar d'un Pierre Boucher, se sont mis à l'apprentissage des langues autochtones, ont apprécié la vie que menaient les Autochtones, leurs rapports chaleureux avec les enfants, leur indépendance, leurs liens avec la nature. Toutefois, ils ont rapidement compris qu'il leur fallait une langue commune, eux qui avaient des parlers régionaux considérablement différents. Dans la maison, c'est la mère qui joue le plus grand rôle dans la transmission de la langue. Or, comme les mères, et en particulier les Filles du Roy, venaient majoritairement de l'Île-de-France et de provinces proches de Paris, où le français était familier à la majorité, c'est ce dernier qui

---

13. Louise Dechêne, *op. cit.*, p. 272.

s'est vite généralisé et qui est devenu la langue commune. D'autant plus que c'était la langue du pouvoir, celle des militaires et des autorités, tant civiles que religieuses.

Les habitants ont appris à briser l'isolement, à tisser des liens avec les voisins, même s'ils étaient éloignés, à se constituer un réseau social. Ils ont appris à développer leur autonomie, à faire du troc et ensemble, à devenir autosuffisants.

Au travers de cette vie laborieuse...

Au travers de toutes ces besognes, les femmes ont mis au monde les enfants, les ont allaités, les ont soignés, ont fait le pain, sont allées chercher l'eau à la rivière, ont fabriqué des chandelles, ont tricoté, ont rapiécé des vêtements et ont nourri la famille. Elles ont aussi enseigné aux enfants puisque l'école était inexistante, sauf à Québec et Montréal et encore, pas accessible à tous.

Les sage-femmes étaient fort peu nombreuses à l'époque. Les femmes ont donc accouché seules ou avec l'aide d'une voisine, la plupart du temps. Elles ont eu des familles nombreuses, mais ont perdu plusieurs enfants. Et plusieurs d'entre elles (5 % des Filles du Roy) sont mortes en couches.

*

Elles ont trimé dur. Elles ont vécu courageusement, avec force et générosité. Elles étaient arrivées de France avec la mission de peupler la Nouvelle-France – et elles ont tenu parole. « Elles ont enfanté à cœur de vie ». Elles « nous ont mis au monde et tout le pays avec nous[14] » !

Elles nous ont donné tout ce qu'elles portaient en elles : leur culture, leurs coutumes, leur croyance, leur langue, cette « langue belle », leurs valeurs, leur savoir-faire – un legs inestimable. Elles sont les Mères de la nation québécoise.

---

14. Anne Hébert, *Le premier jardin*, Montréal, Boréal, 1988.

Nous les portons en nous ces femmes, que nous le sachions ou non. Il est grand temps de parler d'elles, et de les célébrer, avec fierté !

Grâce à elles, parmi les quelques grandes villes d'Amérique du Nord qui, telles New York, Boston et Philadelphie, peuvent se vanter de compter près de quatre siècles d'histoire, Montréal est la seule ville d'origine française qui est restée de langue française.

Pour en savoir plus

Louise Dechêne, *Habitants et marchands de Montréal au XVIIe siècle*, Montréal, Boréal, 1988, 532 p.

Louis Gagnon, *Louis XIV et le Canada. 1658-1674*, Québec, Septentrion, 2011, 202 p.

Jacques Lacoursière, Jean Provencher, Denis Vaugeois, *Canada-Québec, 1534-2000*, Québec, Septentrion, 2001, 596 p.

Yves Landry, *Les Filles du roi au XVIIe siècle. Orphelines en France, pionnières au Canada*, Montréal, Bibliothèque québécoise, 2013, 280 p.

Jacques Mathieu, *La Nouvelle-France. Les Français en Amérique du Nord, XVIe-XVIIIe siècle*, Québec, P.U.L., 2001, 284 p.

Société d'histoire des filles du Roy, *Les Filles du Roy, Coffret souvenir 1663-2013. Hommage aux Mères de la Nation*, Montréal, Société d'histoire des Filles du Roy, 2015, 140 p.

V

La Vérendrye, père et fils (1685-1794)

par Serge Bouchard
anthropologue et écrivain

L'histoire a bien des façons de se souvenir[1]. L'une d'elles est de faire court, au risque d'en oublier des bouts. La brève évocation de Pierre Gaultier de La Vérendrye tient en quatre mots dans les annales : découvreur des montagnes Rocheuses. En vérité, il ne s'y est jamais rendu.

S'il est vrai qu'à l'approche de la mort on voit défiler sa vie, en ce jour de novembre 1761, bien avant l'invention du cinématographe, Louis-Joseph de La Vérendrye a contemplé, projetée sur les murs de vagues qui se dressaient face à *L'Auguste*, une véritable saga. L'écran est rapidement devenu noir : le vaisseau sur lequel Louis-Joseph s'était embarqué pour la France avec quelques membres de sa famille est allé se briser, en pleine tempête, sur les côtes de l'île du Cap-Breton. La grande majorité des passagers – parmi lesquels les derniers membres ou presque du clan La Vérendrye – ont disparu dans ce naufrage.

1. Ce texte reproduit, avec l'aimable autorisation de l'éditeur, le chapitre « La Vérendrye, père et fils, 1685… 1794. Une affaire de famille » (p. 157-194) paru dans *De remarquables oubliés, Tome II : Ils ont couru l'Amérique*, de Serge Bouchard et Marie-Christine Lévesque (Lux éditeur, 2014).

Lors de ce défilé d'images, ce sont d'abord les champs, les vignes et les pâturages d'une campagne française qui se présentent ; Louis-Joseph reconnaît « l'ardoise fine » et « la douceur angevine » que chantait le poète Du Bellay. Puis, devant une ferme modeste, apparaît son aïeul : René Gaultier. En réalité, il ne l'a pas connu, car son grand-père est mort longtemps avant sa naissance. Mais il a tout de même pu s'en faire une image : les hommes de l'Anjou sont robustes. Bâtis pour essuyer les raids vikings, ces gaillards bien charpentés ont les pieds plantés dans la terre et le regard tourné vers la grande mer.

L'aïeul, René Gaultier, vient au monde en 1635, dans la région d'Angers. Au XVIIe siècle, certaines fermes y portent des noms qui deviendront familiers au Canada français : la petite terre de Lavéranderie, une autre appelée du Tremblay et une autre encore nommée Varennes. Adulte, René Gaultier s'enrôle dans les armées du roi et se joint au régiment de Carignan-Salières, que Louis XIV envoie en renfort en Nouvelle-France pour combattre les Iroquois. De fait, la colonie est constamment attaquée et pillée, surtout par les Agniers, une nation iroquoise associée aux Anglais et aux Hollandais dans le commerce des fourrures.

En septembre 1665, le lieutenant René Gaultier débarque à Québec. Du même navire descendent les nouveaux dirigeants de la colonie : le gouverneur Rémi de Courcelles et l'intendant Jean Talon. Gaultier est aussitôt envoyé à Trois-Rivières où sera cantonnée sa compagnie. Pendant quelques années, il participe à de nombreuses expéditions militaires en pays agnier et se fait remarquer du gouverneur pour ses qualités de combattant. Une fois la paix établie et le régiment rappelé en France, René Gaultier, comme des centaines de militaires, choisit de demeurer au Canada. Difficile de résister : dans sa volonté obstinée de peupler la colonie et d'en assurer la défense, l'intendant Talon offre aux soldats de l'argent, des terres et la possibilité de fonder une famille avec des filles bien dotées qu'il fait venir de France. Aux officiers, il promet les plus belles seigneuries en bordure du fleuve. Gaultier saisit sa chance. Ici, l'espace et les ressources sont infinis, il y a une marge de liberté inconnue dans la vieille Europe.

Ici, surtout, on peut s'attribuer soi-même un titre : il se fera désormais appeler René Gaultier de Varennes.

Le récit continue : l'aïeul se lie d'amitié avec le célèbre Pierre Boucher, gouverneur de Trois-Rivières, dont il épouse la fille aînée en 1667. Marie a douze ans ; lui, trente-deux. Cette même année, son beau-père décide de se retirer pour se consacrer entièrement à sa seigneurie de Boucherville et, en accord avec les autorités à Québec, il lui offre son poste de gouverneur. Le champ des activités de René Gaultier, cependant, est bien plus vaste que son titre officiel ne le laisse supposer. En raison des services rendus à Sa Majesté des deux côtés de l'Atlantique, on lui concède trois terres : la belle seigneurie de Varennes, face au Saint-Laurent, où il fait construire une maison domaniale ; la seigneurie du Tremblay, jouxtant Varennes ; et la seigneurie de La Gabelle, dite aussi Sault-de-la-Véranderie, à une quinzaine de kilomètres au nord de Trois-Rivières où, de manière clandestine, il pratiquera la traite des fourrures avec les Algonquins et les Attikamègues. Le roi de France interdit ce commerce en dehors de Trois-Rivières ; René Gaultier est réprimandé à plusieurs reprises, mais on finit par fermer les yeux. Le nouveau gouverneur Denonville témoignera même en sa faveur : « C'est un très-bon gentilhomme qui n'a de vice que la pauvreté. »

Eh oui, malgré son titre et malgré ses domaines, le sieur de Varennes arrive difficilement à faire vivre sa famille qui compte maintenant huit enfants. Ses gages de gouverneur sont ridicules et ses seigneuries, du fait qu'elles sont à peine habitées, rapportent bien peu en espèces sonnantes et trébuchantes. Le commerce des fourrures ne suffit pas à soutenir son train de vie. Pour donner le change et sauver les apparences, il s'est endetté par-dessus la tête. En 1689, à l'âge prématuré de cinquante-cinq ans, il décède, laissant sa veuve dans une triste situation – et sans savoir qu'il deviendrait le grand-père de la première sainte canadienne.

Le navire est ballotté par les eaux noires alors que les vents de tous côtés font claquer ses voiles. Une pluie cinglante traverse les capots et glace le sang. Sur le pont, les hommes d'équipage manœuvrent tant bien que mal, et leurs commandements fusent à travers le tumulte. Ce voyage augure plutôt mal : dès le mouillage à l'île aux Coudres, une des ancres a été perdue.

Ensuite, trois incendies se sont déclarés coup sur coup dans la cambuse. Une grande partie des provisions s'est également trouvée gâtée. Et depuis que le navire est entré dans le golfe du Saint-Laurent, voilà qu'une formidable tempête fait rage. Le capitaine met le cap sur Terre-Neuve. Parmi les passagers, il y a de nombreuses gens de l'aristocratie française qui s'en retournent à la mère patrie afin de fuir le régime anglais. Ceux-là s'amusent en toute indolence, habitués qu'ils sont à se moquer des lois. Mais, à bord de *L'Auguste*, seules règnent les lois de la nature. Des cris retentissent : une vague gigantesque déferle sur le pont et le voilier gîte dangereusement. Il semble bien que la fête s'achève. À l'écart, Louis-Joseph se tient avec peine au bastingage. Il ferme les yeux. Les images passent en rafales dans sa tête… des mains vieillies… une tasse de lait chaud… l'encrier bleu en faïence… des pages remplies de petits chiffres alignés… Il revoit sa grand-mère penchée sur ses comptes. Sa grand-mère Marie.

À la mort de son époux, forcée de quitter Trois-Rivières par manque d'argent, Marie Boucher s'est installée avec ses enfants dans la maison seigneuriale de Varennes où ils vont vivre, tout seigneurs qu'ils sont, comme des paysans. Certes, René Gaultier a laissé des terres et des maisons, et même une résidence à Montréal, mais tout cela se trouve lourdement hypothéqué. Marie lui survivra longtemps et le reste de ses jours sera grevé par un long combat contre les créanciers ; elle essayera par tous les moyens de redresser les finances de la famille, sans jamais y parvenir.

Des treize enfants qu'elle a mis au monde, huit sont encore vivants. Le petit dernier, Pierre, n'a que quatre ans à la mort de son père. C'est lui, Pierre Gaultier de La Vérendrye, le seul membre de la famille dont l'histoire a retenu le nom.

À compter de maintenant, sur la mer déchaînée, les séquences deviennent plus nettes ; Louis-Joseph connaît en détail la vie de son père. Tandis que le navire tangue, il remonte le temps, remonte le fleuve large et tranquille jusqu'à Varennes, jusqu'à cet enfant soucieux, trop grave pour son âge…

De fait, bien qu'il grandisse dans un décor bucolique, le jeune Pierre vit constamment dans la crainte des attaques iroquoises et sous le joug d'un lourd sentiment d'impuissance face aux efforts surhumains de sa mère pour sauver les meubles et la réputation des Gaultier. Les problèmes d'argent ne l'empêchent pas de bénéficier d'une certaine éducation. À l'âge de onze ans, il entre au Séminaire de Québec, où il demeure trois ans – juste le temps qu'il faut pour acquérir les connaissances essentielles, mais pas suffisamment pour terminer ses études et faire partie de l'élite intellectuelle de la colonie. Il lui manquera toujours ce petit côté aristocrate, c'est-à-dire ce fin mélange de prétention, d'arrogance et d'effronterie qui aurait pu servir à son avancement.

De toute manière, il a choisi sa voie : il se fait cadet dans les troupes de la Marine. Ces militaires locaux n'ont peut-être guère de prestige, mais il reste que c'est une école. En tant que jeune soldat, Pierre aura à combattre les Iroquois et les Anglais. En 1704, il participe au célèbre raid de Deerfield, en Nouvelle-Angleterre – non loin de Wells, cet autre village de puritains qui a subi une attaque similaire, six mois plus tôt, au cours de laquelle la petite Esther Wheelright a été kidnappée[2]. Il prend part à plusieurs campagnes militaires, dont une à Terre-Neuve ; mais, sachant qu'il ne peut espérer ni les honneurs ni la gloire en tant que soldat canadien, il décide de suivre les traces de son frère Louis – à rebours de celles de leur père – et d'aller combattre en France. Le fait que Louis soit mort un an auparavant sur le champ de bataille ne l'en dissuade pas.

En 1708, Pierre rallie l'armée française comme sous-lieutenant. À cette époque, il signe Pierre de Boumois, du nom d'une autre ferme de la région d'Angers ; or, au décès de Louis, il reprend le patronyme que s'était

2. L'histoire d'Esther Wheelright est racontée dans *De remarquables oubliés*, t. I, Montréal, Lux, 2011, 448 p.

choisi son frère, c'est-à-dire La Vérendrye, et devient Pierre Gaultier de Varennes et de La Vérendrye. Cette manie de changer d'identité est vraiment un trait de famille : les Gaultier sont en mal de grades et de particules… D'ailleurs, Pierre assure ses arrières avant de s'embarquer : il se fiance avec Marie-Anne Dandonneau du Sablé, fille d'un personnage important de Trois-Rivières. Avec la future mariée viendront de riches propriétés terriennes sur l'île Dupas et sur l'île aux Vaches, situées en face de Berthierville, près de la rive nord du lac Saint-Pierre.

Le séjour de Pierre outre-Atlantique dure trois ans et est tout sauf une sinécure. Les souverains ayant peu de respect pour la vie des soldats, en Europe on se bat à découvert, et il se retrouve aux premières lignes des assauts meurtriers. En septembre 1709, lors de la fameuse bataille de Malplaquet, la plus sanglante de la guerre de Succession d'Espagne – plus de trente mille morts – il est transpercé d'une balle et frappé de huit coups de sabre. Fait prisonnier, il recouvre peu à peu la santé dans les infirmeries de l'ennemi. On le libère en 1710. En reconnaissance de ses services et de ses misères, la Cour lui accorde le titre de lieutenant. Mais le titre ne vient pas avec l'argent, bien au contraire : il en coûte cher de tenir son rang ! Sans le sou, affaibli par ses aventures militaires et ne pouvant espérer davantage du vieux pays, Pierre se résout à revenir au Canada. Il en obtient la permission, mais, au moment de s'embarquer, il apprend une mauvaise nouvelle : puisqu'il quitte la France, la hiérarchie lui retire son titre de lieutenant. Il en sera ainsi toute sa vie : il se verra souvent débouté, dégalonné, parfois carrément maltraité par les autorités aristocratiques françaises. Après tout, Pierre Gaultier de Varennes et de La Vérendrye n'est qu'un simple Canadien.

Dès son retour en 1712, comme promis, le jeune militaire épouse Marie-Anne Dandonneau. Ils s'établissent à l'île aux Vaches où, durant quinze ans, ils seront à la fois seigneurs et habitants ; ils défrichent une trentaine d'arpents qu'ils mettent en culture. Le couple aura six enfants, quatre garçons et deux filles.

Louis-Joseph, qui est le dernier des fils, s'y revoit… Surtout il arrive encore à sentir, aux derniers instants de sa vie, cette odeur indéfinissable, ce parfum aigrelet des battures mêlé aux relents familiers du crottin. Et il entend des voix, des pleurs, au bas de l'escalier. De son petit lit de chêne, le cou tendu, il perçoit distinctement ces deux mots qui reviennent sans cesse dans la bouche de son père : fourrures et fortune.

Le petit bonhomme a bien entendu. Comme son père avant lui, Pierre de La Vérendrye fait tout son possible pour subvenir aux besoins des siens, mais il parvient à peine à joindre les deux bouts. Outre les revenus de la terre, il reçoit de maigres rentes du fief du Tremblay, dont il a hérité, et profite de certains bénéfices de la traite des fourrures, le gouverneur lui permettant de commercer avec les Indiens quelques semaines par année à La Gabelle, le poste que tenait René Gaultier sur le Saint-Maurice. Mais il a beau morceler ses terres, vendre des lots, emprunter, tout cela suffit à peine. Durant la traite, néanmoins, il a beaucoup appris des Attikamègues et des Algonquins. Par l'entremise des interprètes, il a entendu parler des Pays-d'en-Haut. Il se rend compte à quel point le commerce des fourrures peut être lucratif pourvu que l'on sache s'y prendre.

Pierre de La Vérendrye se trouve à l'intersection de ces deux grandes tendances de l'économie coloniale – prendre racine ou courir les bois ? partir ou rester ? –, dualité qui habitera pendant longtemps la société de la Nouvelle-France. À quarante-deux ans, un âge où bien des hommes de terrain s'établissent, Pierre fait le choix de partir. La France ne répond pas à ses demandes de reconnaissance et la terre seigneuriale ne donne guère les fruits escomptés ; il n'y a plus de temps à perdre.

En 1726, le frère de Pierre, Jacques-René de Varennes, se voit justement confier le commandement des postes du lac Supérieur. Lui aussi est un militaire ; il a d'abord servi comme cadet et participé à la défense de Québec durant l'attaque de l'amiral Phipps, puis, de campagne en campagne, il est devenu lieutenant. Il invite Pierre à le rejoindre là-bas pour le seconder. L'année suivante, c'est chose faite : Pierre confie le développement de ses terres seigneuriales ainsi que les opérations de La Gabelle à son épouse Marie-Anne et rejoint son frère. Il fait ses classes à trois postes de traite : Nipigon, Michipicoten et Kaministiquia (Thunder Bay). Il apprend les rouages du commerce, le système des marchands équipeurs, le transport des marchandises pour le troc, l'importance stratégique des postes, la géopolitique des nations amérindiennes et tant de choses qui lui seront utiles dans cette nouvelle vie. À titre de commandant, Jacques-René de Varennes jouit du monopole de la traite sur son territoire ; bien qu'officieux, ce privilège lui permet de tirer son épingle du jeu. Pour Pierre, tout devient possible. Lui qui n'avait d'ambition, depuis des années, que de retourner en France pour tenter de se réapproprier son grade de lieutenant, voilà qu'il se met à rêver d'autres choses : non seulement il s'enrichira par le commerce du castor, mais ses explorations lui vaudront la gloire ! Le contexte prête effectivement à ce genre d'optimisme. Pierre de La Vérendrye se trouve à la frontière du monde connu, à un moment charnière de l'histoire où chacun s'interroge sur l'inconnu du Grand Ouest : découvrira-t-on des mines, des trésors, des fortunes ? Quels fleuves mènent donc à la fameuse, à la mystérieuse mer de l'Ouest ?

Le débat fait alors rage à propos des meilleures routes à suivre pour parvenir à l'autre bout du continent. Personne ne soupçonne la barrière des montagnes Rocheuses – que les premiers voyageurs nommeront les montagnes Luisantes. On imagine un fleuve coulant vers l'ouest, jusqu'à la mer. Ce fleuve est-il tributaire du Mississippi ? Du Missouri ? Ou est-ce un plan d'eau inconnu, au-delà de la chaîne de lacs – lac à la Pluie, lac des Bois, lac Ouinipigon (Winnipeg), lac Ouinipigocis – qui mène à la tête de la rivière Saskatchewan ? Pierre connaît le voyage de Jacques de Noyon, ce Canadien de Trois-Rivières qui s'était rendu une quarantaine d'années plus tôt au lac Tekamamiouen, dit plus tard le lac à la Pluie. Il connaît sans doute aussi les tribulations de ces autres coureurs des bois, Nicolas Perrot et bien sûr Radisson, qui ont « hanté » – comme on disait en ces temps-là – ces territoires avant tout le monde. Mais surtout, il reçoit les enseignements des Saulteux, ainsi que des Monsonis et des Cristinaux – ainsi que Radisson a nommé ces Indiens des décennies plus tôt, nom qu'on abrégera bientôt en « Cris » et que les

Anglais traduiront par « Cree ». Ces peuples circulent constamment entre la baie James et le lac Supérieur. Des personnages tels que Pako, Oshaga, Vieux-Crapaud et Petit-Jour lui indiquent la voie : ils dessinent pour lui, avec du charbon sur des morceaux d'écorce, les chemins vers l'inconnu.

Cinq ans plus tôt, en 1721, le père Charlevoix a réalisé son fameux voyage en Amérique. Nous parlons d'un jésuite érudit qui est devenu le premier historien de la Nouvelle-France. Le régent du royaume, Philippe d'Orléans, lui avait confié une mission aussi secrète que délicate. Il devait parcourir l'Amérique française, d'abord pour étudier les frontières de l'Acadie, lesquelles étaient constamment sujettes à des chicanes véhémentes entre la France et l'Angleterre ; ensuite, invisible dans sa robe noire, toujours sous couvert d'œuvrer pour les missions, il devait aller de Québec à La Nouvelle-Orléans, en passant par la vallée du Mississippi, afin de s'informer de la meilleure route d'exploration vers la mer de l'Ouest.

À cette époque, la France envisageait deux options pour gagner l'Ouest : le fleuve Missouri – le monde des Sioux – ou la rivière Saskatchewan – le monde des Cris. Au terme de son voyage, le père Charlevoix avait recommandé la voie du Missouri. Il avait aussi suggéré qu'on fonde une mission chez les Sioux du Wisconsin, histoire de préparer le terrain. C'est le père Degonnor qui fut envoyé là-bas, parmi les Ouinibagos, entreprise qui se solda par un échec. En 1727, nous le retrouvons à Michillimakinac où, par hasard, il rencontre Pierre de La Vérendrye. Fort de tout ce qu'il a appris auprès des Indiens du lac Supérieur, notre explorateur recommande plutôt la route des lacs, vers la Saskatchewan. Mais il faut faire vite. À l'instar de Louis Jolliet, puis de Pierre Le Moyne d'Iberville, qui, bien des années plus tôt, en avaient tour à tour alerté les autorités, La Vérendrye confirme que les Anglais de la baie d'Hudson drainent systématiquement les fourrures vers le nord et s'apprêtent à explorer l'Ouest pour en prendre possession. Degonnor se rend aux propos de La Vérendrye. Ensemble, ils rédigent un mémoire à l'intention des autorités, dans lequel ils mettent fermement de l'avant la voie de la rivière Saskatchewan.

Le nouveau gouverneur de la Nouvelle-France, Charles de Beauharnois, appuie ce mémoire auprès de Versailles. C'est ainsi que le comte de Maurepas, ministre de la Marine, confie à Pierre Gaultier de La Vérendrye, en 1730, une commission royale de découverte. La France, cependant, n'a guère modifié ses politiques depuis Louis Jolliet : pas question de payer pour ces explorations qui devront s'autofinancer à même le commerce des fourrures dans les nouveaux territoires. Certainement fier de sa commission, La Vérendrye ne s'emballe toutefois pas trop vite. Avant de faire le premier pas en direction de l'inconnu, il lui faut revenir à Montréal afin de mettre sur pied une compagnie qui soutiendra les coûts des voyages. Car, outre l'honneur d'être mandaté pour découvrir la route menant à la mer de l'Ouest, notre homme espère tirer grand profit du monopole des fourrures qui vient avec la charge officielle. Mais cette double entreprise, qui vise à la fois la fortune et la gloire, va créer bien des ennuis au clan La Vérendrye : il se trouvera trop souvent coincé entre les exigences de ses associés dans la traite des fourrures et les impatiences du ministre de la Marine.

Le fait de ne rien investir dans l'affaire – à part quelques écus symboliques et des présents pour les Indiens – n'est pas à l'honneur de la France. Cela démontre bien son désintérêt et l'amateurisme dont elle fait preuve dans toute l'entreprise nord-américaine. Soixante-dix ans plus tard, Thomas Jefferson, président de la jeune république américaine, n'allait-il pas appuyer sans condition l'expédition des explorateurs Lewis et Clark vers le Pacifique ? La Vérendrye, lui, n'a pas cette chance : en tant que Canadien il semble suspect aux yeux du pédant Maurepas, isolé dans ses bureaux de Versailles. N'empêche, il a l'autorisation de partir – et il partira.

La nouvelle association de traite des fourrures qu'il met sur pied pour financer le voyage regroupe des marchands équipeurs et des coureurs des bois de Montréal, notamment Louis Hamelin, les frères Eustache et Ignace Gamelin. La Vérendrye n'a pas d'argent ; il dirigera les opérations sur le terrain. L'objectif de l'association est de construire des postes de traite, depuis Kaministiquia, au fond du lac Supérieur, jusqu'au lac Ouinipigon, aux portes des Prairies, en détournant toutes les fourrures destinées aux Anglais de la baie d'Hudson. La compagnie nouvellement formée dispose de trois ans d'exclusivité sur les affaires.

La pluie s'est changée en neige ; des bourrasques fouettent violemment les voiles. Les matelots courent de-ci de-là, s'agitent, hurlent des consignes dérisoires. Sur le pont, plié en deux, Louis-Joseph cache entre ses mains son visage brûlé par le froid… Les images de sa vie défilent de plus belle… Il a treize ans… il crie… il tape des pieds… Il veut quitter cette île aux Vaches où il s'ennuie auprès de sa mère et de ses sœurs. Il veut suivre les hommes, au loin ; il est fort, il est vaillant, il en est capable. Oui, il veut accompagner son père et ses frères dans l'Ouest, courir les bois et les rivières sauvages, parler amérindien, foncer dans l'inconnu… Il voit déjà la plaque officielle coulée dans le bronze : « Louis-Joseph Gaultier de La Vérendrye, explorateur ».

Juin 1731. L'expédition quitte Montréal sans tambour… et sans Louis-Joseph, le plus jeune des quatre fils La Vérendrye, qui devra attendre encore quelques années. Ses trois frères, Jean-Baptiste, Pierre et François, ainsi que son cousin Christophe de Lajemmerais, sont du voyage. Cinquante engagés accompagnent le clan. En vérité, c'est plutôt le départ ordinaire d'un gros équipage de commerçants de fourrures. La flottille quitte Lachine pour parcourir le long chemin qui mène à Michillimakinac, à la jonction des lacs Huron, Michigan et Supérieur. Les voyageurs y font halte ; le jésuite Charles-Michel Mésaiger se joint à eux. Les canots filent ensuite le long de la rive nord du lac Supérieur, passent devant Kaministiquia en direction du sud-ouest, vers le fond du lac, à l'endroit dit du Grand Portage. Les explorateurs y arrivent à la fin du mois d'août, après un périple de trois mois. La Vérendrye fait alors face à la désobéissance de ses hommes. Épuisés, découragés par les distances et la topographie, ceux-ci refusent catégoriquement d'aborder le Grand Portage, qui est en effet un obstacle effrayant.

Impuissant à les y contraindre, La Vérendrye se résout à diviser les forces. Avec la majorité des engagés, il se replie vers Kaministiquia pour hiverner, tandis qu'il envoie de l'avant les plus braves, sous la gouverne de son neveu Lajemmerais et de son fils Jean-Baptiste. Ceux-ci franchissent le Grand Portage et rallient le lac à la Pluie où ils construisent un premier poste de traite qu'ils nomment le fort Saint-Pierre. À quarante-six ans, il va de soi que La Vérendrye n'a plus la vigueur de sa jeunesse. Il se réserve donc la direction des opérations, tandis qu'il délègue toujours ses fils et son neveu sur tous les fronts du danger et des plus gros efforts. A-t-il jamais appris à parler les langues algonquiennes ? Rien ne l'indique. Ses fils, par contre, ont assurément la fibre des vrais coureurs de bois : au fil du voyage, ils apprennent les langues crie et saulteuse, et un peu d'assiniboine.

Après avoir passé l'hiver au poste relativement confortable de Kaministiquia, Pierre de La Vérendrye et ses hommes reprennent la route au printemps et rejoignent les autres au lac à la Pluie. Ils ont maintenant franchi la ligne de partage des eaux ; désormais, les rivières coulent vers l'ouest. Accompagnés d'une centaine de Cris et d'Assiniboines répartis dans cinquante canots, les Canadiens suivent un long réseau de rivières et de portages, puis débouchent sur le grand lac des Bois – pour les Cris, ce lac s'appelait *Ministukwut*, c'est-à-dire le lac des Îles. Mais les Canadiens comprirent le mot *mestuk*, qui veut dire « bois » en algonquien. De toute façon, longtemps ils l'appelleront le lac des Assiniboines… La Vérendrye fait construire son poste principal dans les environs, qu'il nomme, en l'honneur bien sûr de Charles de Beauharnois, fort Saint-Charles. Occupés à la traite des fourrures et à la diplomatie, ils y passent leur deuxième hiver.

La Vérendrye se retrouve dans un univers amérindien aussi complexe qu'effervescent. La diversité des nations est grande. D'abord, il y a les Ojibwés saulteux, que les Canadiens connaissent si bien. Depuis 1680, des centaines et des centaines de jeunes hommes originaires de la vallée du Saint-Laurent ont essaimé dans les Grands Lacs, appris la langue, épousé des Saulteuses et fondé des familles métisses. Nous sommes aussi au pays des Cris et des Monsonis, dont les écrits de La Vérendrye font si souvent mention. Ces derniers sont des Cris de la rivière Monsoni (Moosonee), un des grands tributaires de la baie James. En outre, l'expédition traverse des territoires fréquentés par les Assiniboines, peuple apparenté aux cultures siouses mais allié des Cris. En fait, La Vérendrye s'engouffre dans un véritable panier de crabes. Les Saulteux se sont alliés aux Sioux du Minnesota et du Wisconsin afin de faire la guerre aux Assiniboines et aux Cris. Et toutes ces nations indiennes sont amies des Français, ce qui rend la position de La Vérendrye très inconfortable.

Pour les Indiens de ce pays, se rendre chaque année aux postes de la Compagnie de la Baie d'Hudson, à York Factory ou à Moosonee, s'avère long et pénible. L'arrivée des Canadiens dans le décor constitue une grande nouvelle : chacune des nations sollicite La Vérendrye pour qu'il leur construise un poste de traite facile d'accès. Celui-ci leur promet tout, à condition qu'elles s'engagent à garder la paix entre elles et à ne plus jamais porter leurs fourrures chez les Anglais. En fait, l'histoire se répète : La Vérendrye, comme Champlain avant lui, est aux prises avec les intérêts politiques et économiques de nations amérindiennes qui, loin de se montrer serviles comme on les a souvent décrites, dictent en vérité la marche des choses.

Afin de retenir l'attention des Canadiens – et là encore l'histoire se répète –, les Cris et les Assiniboines rivalisent dans l'invention de récits plus fantasmagoriques les uns que les autres, exactement comme le fit l'Iroquois Donnacona lorsque, présenté au roi François Ier, il l'entretint du royaume du Saguenay où l'on trouvait, prétendait-il, des mines d'or et d'argent, des épices rares en abondance et maintes merveilles, tels ces hommes munis d'ailes qui volaient des arbres jusqu'à terre. Maintenant, ces Indiens-ci racontent qu'il existe dans l'Ouest des Sioux qui vivent sous terre et qui ressemblent aux Français.

> Ces Caserniers sont de la plus haute taille, bien proportionnés, blancs, marchant les pieds en dehors, leurs cheveux sont blonds, chatins et rouges, peu les ont bien noirs. Ils ont de la barbe qu'ils coupent ou arrachent. Et quelques-uns la laissent croître ; ils sont caressans et affables aux étrangers qui viennent les voir, se tenant cependant toujours sur leurs gardes. [...] Ils ont une espece de Camisolle, des Culottes et bas de la même matière, il semble que le soulier tient avec les Bas.

Et ainsi va la description de ce peuple mystérieux que Pierre de La Vérendrye retranscrit mot à mot dans son journal. Les Indiens parlent aussi de montagnes luisantes, de lacs d'huile noire, de terres et de roches jaunes, et même de feuilles jaunes qui reluisent au soleil. « Ne seroit-ce pas la le metal que les Chimistes cherchent depuis si longtems sans pouvoir le trouver, ou ce metal qui est L'aimant du Cœur de L'homme [...] ? » interroge La Vérendrye. Ils disent qu'au-delà, plus loin encore, on trouve le pays des nains, petits hommes de trois pieds de haut, et bien des curiosités encore. La Vérendrye est dubitatif, mais il se montre intéressé. Il veut absolument rencontrer ces « Indiens blancs », les Mandanes – car en réalité ce sont eux les Caserniers, que les Indiens appellent aussi Achipoüanes. Il le veut d'autant plus que ces gens vivent supposément non loin de la mer de l'Ouest.

Au printemps 1733, choisissant de demeurer lui-même au lac des Bois, La Vérendrye envoie son fils Jean-Baptiste, son neveu Lajemmerais et quelques autres hommes au lac Ouinipigon afin qu'ils trouvent un endroit où bâtir un troisième poste de traite. Mais la débâcle est trop hâtive : le groupe reste bloqué en route. Jean-Baptiste attend sur place alors que Lajemmerais revient sur ses pas pour aviser son oncle du contretemps. La Vérendrye est accablé : voilà deux ans qu'ils sont partis et les difficultés s'accumulent. De Montréal, les marchandises tardent à arriver aux forts Saint-Pierre et Saint-Charles ; mécontents, de plus en plus dépendants des produits européens qu'ils reçoivent en échange de leurs peaux, les Indiens menacent de briser leur engagement et de retourner chez les Anglais à York Factory. Par ailleurs, les associés sont impatients : les profits de la traite déçoivent. Enfin, à Versailles, Maurepas fulmine dans ses salons. Il ne comprend pas que l'explorateur canadien fasse autant de surplace aux alentours du lac des Bois.

La Vérendrye prend donc la décision de dépêcher Lajemmerais à Québec. Sa mission : faire rapport au gouverneur Beauharnois des aléas de l'expédition et, par son intermédiaire, demander de l'argent à la Couronne afin que les explorateurs soient allégés de leurs obligations commerciales ; car s'ils sont moins pris par la traite, ils pourront mieux avancer. En septembre, après des mois de voyagements, Lajemmerais se présente chez le gouverneur. En plus de son rapport, il fait état avec grand enthousiasme de ce que les Cris et les Assiniboines racontent au sujet des Caserniers, ces Indiens extraordinaires qui vivent à proximité de la mer de l'Ouest. Une mer que l'on devine si proche, s'emballe-t-il, qu'on peut même la sentir dans les pluies abondantes qui tombent sur le lac… à la Pluie ! La belle humeur de Lajemmerais se répercute jusqu'à Versailles, où Maurepas croit que l'on touche enfin au but. Ironiquement, l'effet sera le contraire de celui recherché par La Vérendrye : la mer semble justement si proche et l'entreprise si aisée, que le ministre refuse encore une fois de lui accorder le soutien financier de la Couronne. Tout au plus, bien qu'il soupçonne La Vérendrye de s'intéresser davantage aux castors qu'à l'exploration, consent-il à lui allouer encore un peu de temps.

Dans l'intervalle, au lac des Bois, La Vérendrye tente de mettre de l'ordre dans le réseau de la traite. Le bon approvisionnement des forts en marchandises devient une question cruciale. S'assurer la collaboration des diverses nations amérindiennes demande aussi une attention constante. Car, en ces temps troublés, les Indiens font autant la guerre que la chasse. Tous ces mondes et pays subissent des transformations radicales : on assiste à des migrations de peuples entiers qui cherchent de nouveaux territoires ; et arrivent dans les Plaines des fusils et des chevaux, ce qui augmente d'autant la mobilité, les rapines et les violences. La carte géopolitique se redessine constamment. Les Cris et les Assiniboines intensifient leur guerre contre les Saulteux et les Sioux des Bois, c'est-à-dire ceux du Minnesota et du Wisconsin. Plus on avance vers l'ouest, plus les peuples sioux sont nombreux, puissants et divers.

Bien qu'il soit Canadien, à cause de son expérience militaire en Europe, La Vérendrye comprend mal les lois amérindiennes de la guerre. En mai 1734, quatre cents Monsonis se présentent au fort Saint-Charles et lui demandent de se joindre à eux dans leurs guérillas contre les Sioux des Bois. La Vérendrye refuse : non seulement la paix est nécessaire à ses entreprises de traite et d'exploration, mais la façon « hypocrite » qu'ont les Indiens de faire la guerre l'agace profondément. Dans son journal, il rapporte qu'il a tenté de leur expliquer la bonne façon : il faut combattre à découvert, en plein jour, dans un champ, une clairière, un espace ouvert. Il exhibe triomphalement ses propres blessures reçues à Malplaquet et fait tout un exposé sur la manière européenne de combattre, ridiculisant celle des Amérindiens dont la stratégie consiste à se cacher derrière les arbres. L'histoire ne dit pas combien les Monsonis ont pu rire devant pareille arrogance ! Néanmoins, La Vérendrye tente de ménager la chèvre et le chou. Impuissant à calmer les ardeurs guerrières de ses visiteurs, il les exhorte à attaquer les Sioux de l'Ouest, c'est-à-dire ceux des Prairies, que les Français n'ont pas encore rencontrés, mais à épargner les Sioux des Bois, leurs alliés. Belle tentative. Cependant, les Monsonis n'en démordent pas : ils feront comme ils l'entendent et, en plus, ils réclament Jean-Baptiste pour combattre à leurs côtés. La Vérendrye écrit : « J'etois agite il faut l'avoüer, de différentes pensées qui me tourmentoient cruellement, mais je faisois le brave et ne m'en vantois point, d'un côté comment mettre mon fils aisné entre les mains des Barbares que je ne connois pas et dont à peine sçay je le nom, pour aller en guerre contre d'autres barbares dont je ne Connois ni le nom ni les forces. Qui sçait si mon fils en reviendra, et s'il ne tombera pas entre les mains des Mascoutins Poänes ou Poüannes ennemis Jurés des Cris et Monsonis. » La Vérendrye accepte finalement que Jean-Baptiste les accompagne à la guerre, mais seulement à titre de conseiller – pas question qu'il se jette dans la mêlée.

Il est toujours difficile de suivre ce Jean-Baptiste dans ses tribulations. Que lui est-il arrivé l'année précédente, lorsqu'il est resté bloqué par les glaces, au-delà du lac des Bois ? A-t-il rebroussé chemin ? Nous savons seulement qu'après le dégel, il a envoyé deux de ses hommes en éclaireurs pour explorer les régions sauvages du lac Ouinipigon. Nous savons aussi qu'il n'a pas accompagné longtemps les Monsonis sur les sentiers de la guerre. Avant même que les hostilités ne débutent, il est revenu au fort Saint-Charles et, avec une quinzaine d'hommes, a repris la route du lac Ouinipigon afin de rejoindre ses deux engagés. Entretemps, c'est-à-dire durant toute l'année, ceux-ci avaient ratissé la région et trouvé l'endroit idéal pour bâtir un fort sur la rivière Rouge. Ce fort, le troisième des La Vérendrye, sera construit en juin 1734 et nommé fort Maurepas, en l'honneur du ministre de la Marine…

À la rivière Rouge, Jean-Baptiste et ses hommes accomplissent un travail colossal, non seulement à construire le poste, mais aussi à explorer les alentours, à s'informer, et surtout à créer un climat de confiance avec les Cris. Toutefois, c'est Lajemmerais, de retour de sa mission à Québec, qui s'y installera pour diriger les opérations de la traite, car Jean-Baptiste doit, lui, retourner prendre le commandement du fort Saint-Charles en l'absence de son père. De fait, La Vérendrye est parti précipitamment à Montréal, où il est confronté à une chicane d'associés. Louis Hamelin lui réclame une somme importante ; il veut même rompre l'association. Les marchands équipeurs n'ont plus la patience d'attendre les profits et mettent en doute les compétences de La Vérendrye sur le terrain. Celui-ci est proprement coincé : d'un côté, Maurepas lui reproche d'être un vulgaire commerçant plutôt qu'un illustre explorateur qui pourrait réaliser de prestigieuses découvertes pour la gloire de la France ; de l'autre, les financiers l'accusent de trop pousser vers l'ouest au détriment du commerce des fourrures. Cette fois encore, le gouverneur Beauharnois prend le parti de La Vérendrye. Il le tire des griffes des marchands et lui accorde le titre de gouverneur des nouveaux postes de l'Ouest, existants et à établir. Les marchands auront l'exclusivité du commerce des fourrures pour une durée de trois ans à condition de payer un salaire annuel au nouveau titulaire.

La tempête prend de l'intensité. Des lames de trente pieds soulèvent *L'Auguste* vers le ciel noir ; le navire pique et de nouveau se relève, la mer explose en bouillons et remous dans un fracas terrifiant. Voilà des jours que les vents se déchaînent. Le capitaine cherche désespérément une anse où s'abriter, mais que connaît-il de ces côtes rocheuses qu'il longe et dont il ne possède aucune carte ? Épuisés, n'y croyant plus du tout, les membres de l'équipage abandonnent leur poste ; on a beau de toutes parts les invectiver, même durement – tous ces nobles qu'on retrouve sur le navire ont l'habitude de commander et d'être entendus –, les matelots demeurent affalés dans les hamacs. Louis-Joseph se réfugie à l'intérieur. Les passagers sont pressés les uns contre les autres, en silence. Il échange un regard avec sa sœur Marie-Catherine, puis détourne les yeux… en lui, toujours ce poids… cette maudite impuissance qui l'accable… qui accable sa famille de père en fils. Les images de sa vie se bousculent, comme s'il ne lui restait plus assez de temps pour voir le film jusqu'au bout… Son père… Du bout du champ, il voit la silhouette de son père… Le grand explorateur est de retour… Il lui paraît las, comme affaissé… les défis insurmontables, les dettes, la tourmente…

Maintenant Louis-Joseph a dix-sept ans, et une seule idée en tête : repartir avec son père, découvrir la mer de l'Ouest, sauver l'honneur des La Vérendrye ! Mais d'abord, il lui faut se préparer. Pendant son séjour dans la colonie, La Vérendrye l'envoie passer l'hiver à Québec pour approfondir ses connaissances en mathématiques et apprendre les rudiments du dessin, de manière à pouvoir tracer une carte des pays qu'ensemble ils exploreront. Car cette fois, c'est vrai, le quatrième des fils La Vérendrye sera de l'équipée. Le 21 juin 1735, accompagnés d'une brigade d'engagés et du jésuite Jean-Pierre Aulneau – qui remplace Mésaiger, malade et retourné à Québec –, Louis-Joseph et son père prennent place dans les canots qui les conduiront aux Pays-d'en-Haut. Quatre mois plus tard, après un voyage sans histoire, ils atteignent le poste du lac des Bois.

L'hiver passe et la nouvelle leur parvient que Lajemmerais, là-bas au fort Maurepas, est gravement malade. La Vérendrye y envoie deux de ses fils, Pierre et François, afin qu'ils ramènent leur cousin au lac des Bois. Ceux-ci réussissent à maintenir Lajemmerais dans un état relativement stable, mais sur le chemin du retour, le 10 mai 1736, dans un lieu nommé Roseau, le jeune homme expire. Cette mort est accablante. Le brave n'avait que vingt-huit ans. C'était, avec Jean-Baptiste, le meilleur homme de la troupe.

Des jours sombres s'annoncent. En plus de ce malheur, La Vérendrye s'aperçoit qu'il est trahi. Il a beau recevoir son salaire de gouverneur, cela ne le dispense pas de ses obligations commerciales envers les Amérindiens. Or, si les approvisionnements de Montréal n'arrivent toujours pas, c'est que les marchands font à leur guise : ils en ont détourné une partie vers des postes de la baie Verte et jusqu'au Wisconsin, et une autre est restée bloquée à Kaministiquia. Les Indiens ne plaisantent pas avec la question des promesses et des engagements. Ils y vont d'un ultimatum : les marchandises doivent leur parvenir à temps, en bonne condition et en bonne quantité, sinon, ils iront tous chez les Anglais de la baie d'Hudson. Anxieux, La Vérendrye envoie son fils Jean-Baptiste, le père Aulneau et dix-neuf hommes à Kaministiquia – et jusqu'à Michillimakinac s'il le faut – pour récupérer les cargaisons. C'est une folle décision : les Cris ont averti les Canadiens que la route n'est pas sûre, on sait que des Sioux hostiles rôdent dans les parages. Mais La Vérendrye veut courir le risque, ou du moins son fils et ses hommes, confiants, acceptent de telles conditions.

On ne les reverra plus vivants. Le 8 juin 1736, un mois après la mort de Lajemmerais, Jean-Baptiste Gaultier de La Vérendrye rencontre son destin sur une île du lac des Bois. Lui et ses hommes sont tués, puis décapités ; aucun n'en réchappe. Les Sioux font une mise en scène très minutieuse. Les têtes sont placées une à une sur des peaux de castor qu'on a repliées et attachées, afin de former des sacs macabres soigneusement disposés en cercle. Les corps forment également un cercle, et celui de Jean-Baptiste, pour bien marquer son statut de chef, est hérissé sur toute sa longueur de piquants de porc-épic. Quant au cadavre du père Aulneau, on l'a fiché dans le sol sablonneux, dans la position dérisoire d'un chrétien agenouillé. L'endroit sera baptisé l'île du Massacre.

La Vérendrye a perdu son fils aîné, Jean-Baptiste, qui n'avait que vingt-trois ans, son *alter ego*, celui qui, depuis la mort de Lajemmerais, était devenu son second. Il a aussi perdu une bonne partie de sa troupe ainsi que son missionnaire jésuite. Il se retrouve au poste du lac des

Bois, défait, dépité, avec le reste de ses hommes et ses trois autres fils. Il s'est écrit peu de choses sur les états d'âme des La Vérendrye en cet été de 1736. On sait seulement qu'ils ont surmonté l'épreuve avec philosophie et que le patriarche s'est refusé à user de représailles, préférant la voie de la pacification… Mais en vérité, avait-il le choix ? Quel était son pouvoir ? La Vérendrye n'avait aucun moyen de se venger. D'ailleurs il n'est jamais arrivé à démêler l'imbroglio, ne sachant même pas exactement quelle nation siouse avait porté l'attaque contre les siens. Les Cris et les Assiniboines, qui savaient tout, sont restés muets. Certes, ils ont exprimé leur sympathie, mais ils n'avaient aucunement l'intention de s'en mêler. Au bout du compte, le bilan s'est révélé fort triste : les Canadiens se sont trouvés humiliés à la face des alliés et eurent à faire le deuil de vingt et un compagnons.

Pour Louis-Joseph, ces événements représentent tout un baptême du feu. Bien qu'affecté par ces pertes, le jeune homme a du courage à revendre ; il prend le relais de son frère aîné. Fidèle à sa manie des titres, son père le fait chevalier, marquant ainsi sa préséance sur ses deux autres fils, Pierre et François. Dès l'automne, Louis-Joseph est en poste au fort Maurepas, impatient à l'idée de se retrouver aux limites du monde connu. Devant lui : les prairies à perte de vue, les rivières et le Grand Ouest. Il désire aller au plus vite chez les Mandanes, mais, manquant toujours de marchandises pour traiter avec eux, il ronge son frein au fort. Finalement, son père le rejoint durant l'hiver. Ce dernier voudrait bien mener sa troupe vers le Missouri comme le recommande son fils mais, à cinquante-trois ans et après de telles épreuves, il est à bout de ressources – tout comme ses hommes, qui refusent de l'accompagner plus avant.

À l'automne 1737, La Vérendrye père revient à Québec pour plaider sa cause : les trois ans qui lui avaient été accordés sont arrivés à échéance. Il remet au gouverneur les premières esquisses d'une série de cartes qui révèlent toute l'hydrographie du centre du Canada. C'est Lajemmerais et Louis-Joseph qui les ont dessinées, suivant les directives de trois amis indiens, Oshaga, Tacchigis et La-Marte-Blanche. Malgré cet apport considérable aux connaissances de l'époque, il se heurte à une fort mauvaise humeur de la part des autorités, qui sous-estiment injustement le travail accompli. Il en va de même dans les salons de Versailles, où le ministre de la Marine trépigne de frustration. Passionné par la géographie et la science, Maurepas rêve de découvrir la mer de l'Ouest depuis des années, il n'en peut plus d'attendre. Or il ne devrait s'en prendre qu'à lui-même : il continue de réclamer des découvertes tout en refusant de financer la mission, s'étonnant ensuite de ce que les affaires de la traite, destinées à payer le voyage, prennent du temps. Ces dernières détournent évidemment l'énergie des explorations : malgré les mille et une contrariétés, les contraintes d'approvisionnement, les activités commerciales de La Vérendrye à l'ouest de Kaministiquia comptent pour la moitié des fourrures rapportées dans la vallée du Saint-Laurent. À Québec, on comprend l'importance économique de ce commerce pour la colonie, mais à Paris, beaucoup moins. Et mettons ici l'accent sur un point souvent occulté dans nos annales : La Vérendrye ne s'occupe pas que de pelleteries, il s'adonne aussi au trafic des esclaves amérindiens.

L'historien Marcel Trudel, qui n'a jamais craint ni la vérité ni la controverse, a écrit que La Vérendrye avait sans doute rapporté de l'Ouest autant d'esclaves que de peaux de castor. En 1744, l'explorateur lui-même s'est vanté de ses exploits, alléguant que ce commerce avait été l'une de ses activités les plus lucratives. Cet afflux d'esclaves tirait sa source des guerres indiennes. La coutume de réduire en esclavage les prisonniers était très répandue dans les nations de l'Ouest. Chaque fois que La Vérendrye participait à des réunions diplomatiques, les représentants amérindiens lui offraient des esclaves, en échange ou en cadeau, une façon de sceller les bons rapports. Celui-ci les faisait ramener à Montréal afin de les mettre en vente sur le marché des « panis » – comme on appelait les esclaves amérindiens, qui à l'origine étaient des Panis (nommés ensuite Pawnees par les Anglais), Sioux de la région de la rivière Platte.

On le voit bien, La Vérendrye brasse de grosses affaires. Or, on sait qu'il est constamment aux prises avec des difficultés financières, harcelé, houspillé par ses partenaires qui lui intentent même un procès. Il témoigne :

> [L]'envie et la jalousie de plusieurs personnes les ont engagés à en imposer à la Cour, insinuants dans leurs lettres que je ne pensais qu'à amasser de gros biens [...]. Si plus de quarante mille livres de dètes [...] que j'ai sur le corps sont un avantage, je puis me flatter d'être fort riche.

Puisque ses affaires sont si importantes, la question se pose : où va tout cet argent ? Les comptes sont en effet bien difficiles à rendre. Jusqu'à ce jour, la question demeure en suspens. La Vérendrye nous a laissé en héritage cet embrouillamini, que seule une étude rigoureuse pourrait parvenir à éclaircir.

Force est de constater que La Vérendrye énerve bien du monde. Dans les lettres qu'il adresse à Versailles, il est pour le moins maladroit. Il plaide, il quête, il veut de la reconnaissance, il espère même retrouver son titre de lieutenant perdu, invoquant ses anciennes blessures de Malplaquet. Ses demandes s'avèrent naïves, voire pathétiques, d'autant que Maurepas se fiche de lui comme d'une planche de bois. Cette fois, Beauharnois le réprimande : le temps passe, il faut satisfaire les exigences de Maurepas. En deux mots, on ne peut plus retarder l'exploration de l'Ouest. Le gouverneur hausse également le ton avec les marchands, leur ordonnant d'approvisionner La Vérendrye sans délai. Cet ordre est finalement respecté et provoque des changements bénéfiques : de nouveaux actionnaires, les frères Nolan, accompagnent La Vérendrye à son retour sur le théâtre des opérations. Ils arrivent au fort Maurepas de la rivière Rouge le 22 septembre 1738.

La Vérendrye est conscient qu'il ne peut plus tergiverser ; disposant de meilleurs moyens, il pousse vers l'ouest dès le début du mois d'octobre et rejoint Portage-la-Prairie, où il fait bâtir le fort La-Reine. Le 16 octobre, un convoi impressionnant se met en branle. Laissant Pierre fils derrière pour s'occuper des postes, La Vérendrye, Louis-Joseph et François, les frères Nolan, une quinzaine d'engagés ainsi que vingt-cinq Assiniboines s'en vont au pays des Mandanes. Les Assiniboines sont sur leurs terres et guident les Canadiens à travers les Prairies. En cours de route, ils entraînent des compatriotes et leur nombre grimpe à 600. Le 3 décembre, c'est une troupe impressionnante qui entre dans un grand village mandane de deux mille habitants. Enfin, ils sont chez les fameux Caserniers !

Le moment est historique : pour la première fois, les Mandanes voient des Blancs, ces Canadiens qu'ils attendent depuis des années. Et pour la première fois aussi, les Canadiens rencontrent ces « Indiens blancs » supposément civilisés dont leur ont tant parlé les Assiniboines. De toute évidence, ceux-ci ont l'imagination fertile ou un sens de l'humour aiguisé. Car les Mandanes ne sont pas un peuple de Blancs perdus au milieu des Sauvages, avec des cheveux blonds ou roux, portant la barbe et de drôles de culottes… Ce sont des Sioux sédentaires et prospères qui pratiquent l'agriculture et jouissent d'un territoire particulièrement giboyeux. Leur pays, aux environs de la rivière Couteau, dans le futur Dakota du Nord, constitue un point de rencontre entre plusieurs nations qui viennent échanger avec eux. Ils sont au confluent des économies amérindiennes du Sud et du Nord, de la forêt et des prairies.

Après des mois et des mois, des lieues et des lunes, après tant d'avancées et de reculs, d'espoirs et de désillusions, Pierre de La Vérendrye ne se rend même pas compte qu'il se trouve à un jet de pierre du Missouri. Voilà un homme déçu, probablement fatigué, certainement nerveux et apeuré, qui mesure mal l'importance de la rencontre avec les Mandanes. Il refuse de visiter lui-même le secteur et délègue ses deux fils et d'autres Canadiens pour le faire. Refusant également l'invitation généreuse de ses hôtes à hiverner parmi eux – c'est-à-dire à se faire entretenir et nourrir, lui et sa troupe, pendant des mois –, La Vérendrye reste au village trois petites semaines, puis se dépêche de revenir au fort La-Reine avec ses hommes. Ce sont là les gestes d'un homme découragé, que l'on dit par ailleurs très affecté par le froid et les distances. En effet, ces voyagements sont tout à fait surhumains : les températures extrêmes du centre du continent exigent une résistance exceptionnelle, l'espace est infini, les hommes évoluent dans des terres inconnues, constamment sur leurs gardes, pris en étau entre des nations en guerre. Sans compter que, dans un contexte où les approvisionnements font défaut, le spectre de la famine rôde. Pour justifier sa retraite, La Vérendrye évoque dans son journal l'impossibilité de communiquer avec les Mandanes, car ils parlent une langue inconnue. Or, la raison ne tient guère. Plusieurs Assiniboines parlent la langue mandane et l'explorateur peut certainement compter sur eux, comme il le fait depuis des années. D'une façon ou d'une autre, ce manque d'énergie et d'intérêt de la part de La Vérendrye fait de cette rencontre tant espérée un rendez-vous manqué.

Un autre fait curieux et mal documenté mérite notre attention : à la suite du départ de La Vérendrye et de sa troupe vers le fort La-Reine, deux Canadiens demeurent au village mandane et y passent une année entière à apprendre la langue. Il s'agit probablement de Louis Lalonde et d'un certain Amyot, que nous retrouverons plus tard dans les voyages de Louis-Joseph. Nul ne sait quelles régions inconnues ils ont explorées durant leur long séjour aux environs du Missouri, car les journaux des La Vérendrye restent muets à leur sujet. On présume que les deux hommes ont appris des choses nouvelles, des routes possibles et des informations précieuses qu'ils ont communiquées à La Vérendrye, puisque, en 1740, l'explorateur dépêche son fils Pierre parmi les Mandanes. Ce dernier réalise un périple extraordinaire qui, hélas, est resté inconnu. Les voyages du clan La Vérendrye, surtout à partir de ces années, entrent dans le brouillard des plus grandes imprécisions. Il a été prétendu que Pierre fils et sa brigade de découvreurs ont fait une grande boucle au sud du Missouri, à l'ouest du Mississippi, boucle qui les a probablement menés parmi les Utes et les Comanches, c'est-à-dire aux portes des établissements espagnols, dans le Colorado actuel. Mais de ce formidable itinéraire, il ne subsiste ni carte ni récit, rien.

En juin 1740, maintenant âgé de cinquante-cinq ans, La Vérendrye revient une autre fois à Montréal, où un malheur l'attend : sa femme est décédée. Depuis une décennie qu'il a quitté la seigneurie de l'île aux Vaches, c'était elle, Marie-Anne Dandonneau, qui défendait au jour le jour ses intérêts auprès des marchands équipeurs. L'explorateur vit à nouveau un grand deuil. Toujours aussi pauvre, démuni et impuissant, il n'a qu'une consolation : Beauharnois lui reste fidèle et va même jusqu'à l'héberger à Québec durant le triste hiver qui suit. Le gouverneur lui donne aussi une énième chance : il reconduit son monopole de traite pour les postes qu'il a fait construire à l'ouest de Kaministiquia. À l'été 1741, La Vérendrye repart en direction du fort La-Reine, qui deviendra son quartier général.

À partir d'ici, il va orchestrer le dernier chapitre de ses aventures dans l'Ouest. Du côté du commerce, il dépêche son fils Pierre et la majorité de ses engagés vers le nord et le nord-ouest du lac Ouinipigon, au pays des Cris, où ils bâtiront trois postes de traite : le fort Dauphin, le fort Bourbon et le fort Paskoya, en route vers la fourche des deux rivières Saskatchewan. Lentement, les Canadiens s'avancent sur la route de l'Athabasca, l'Eldorado des fourrures, au nord de l'actuelle Alberta. Du côté des explorations, il envoie de nouveau ses fils Louis-Joseph et François, ainsi que les dénommés Lalonde et Amyot et quelques Amérindiens, des Cris probablement, vers le Missouri.

Ce nouveau périple de Louis-Joseph est certainement le voyage d'exploration le plus sous-estimé et le plus étrangement méconnu de toute l'histoire de l'Amérique. Lui qui, en 1740, s'était rendu au nord du Manitoba, explorant le territoire boréal jusqu'à la région de Le Pas, s'attaque maintenant à la reconnaissance du Missouri. Ce voyage dure quinze mois : d'avril 1742 à juillet 1743. D'abord il va chez les Mandanes, dont il a su gagner la confiance. Ces derniers acceptent de le guider, lui et ses hommes, plus avant dans l'Ouest. Cette expédition prélude à celle que feront les explorateurs Lewis et Clark soixante ans plus tard, mais à présent Louis-Joseph et les siens sont les premiers Blancs à rencontrer les Sioux tetons et leurs nombreux peuples : les Sans-Arcs, les Brûlés, les Miniconjous, les Oglalas et les Hunkpapas. Ils entrent aussi en contact avec les Cheyennes algonquiens, les Sioux crows, les Arikaras, les Hidatsas, les Minataris, les Têtes-Plates et les Piégans (Pikunis). Ils atteignent le pays des Gens-du-Serpent (Shoshones), juste au sud du pays des Pieds-Noirs et des Gros-Ventres des Prairies (Atsinas). Dans son journal, Louis-Joseph nomme ces communautés de noms curieux et attachants: « gens des Chevaux, gens de l'Arc, gens de la Belle Rivière, gens de la Flèche collée, Beaux Hommes, clan de la Petite Cerise, Petits Renards, Grands Parleurs, Cerises pelées »...

Ils avancent à cheval dans l'inconnu, rencontrant une nation après l'autre, suivant les aléas de la guerre, du commerce et des explorations. Oui, Louis-Joseph et sa troupe font leur premier voyage à cheval! Maintenant, deux mille guerriers des Gens-de-l'Arc (Panis) les accompagnent, ils s'en vont combattre les Gens-du-Serpent. Tous ensemble ils parviennent à l'ouest de ce qui deviendra le Wyoming, à la rivière Roche Jaune (Yellowstone), à la rivière Big Horn, aux futurs Montana et peut-être Idaho... et enfin, ils aperçoivent ce que le patriarche Pierre Gaultier de La Vérendrye n'aura jamais vu: les montagnes Luisantes, contreforts des fameuses Rocheuses.

Soudain se fait entendre un terrible craquement: le grand mât s'est cassé en deux. Au milieu des cris, des mouvements désordonnés, le navire s'immobilise d'un coup sec. Silence. Puis cela recommence: les cris, les hurlements, auxquels s'ajoutent des pleurs d'enfants. Louis-Joseph serre ses deux nièces, toutes menues et tremblantes, contre lui. Le capitaine parle d'une voix blanche: le navire s'est échoué sur un haut-fond. Il est à la merci de la mer démontée. Des déferlantes. Chacun doit être conscient que... il est l'heure de prier. Louis-Joseph prie pour qu'on lui donne encore du temps. Du temps pour achever son travail. Sa percée vers l'ouest. Car ce mur de vagues qui approche, qui menace, celui qui risque d'engloutir *L'Auguste* pour de bon, ressemble à s'y méprendre, dans le noir de la nuit, à cette masse rocheuse qu'il a aperçue le 1er janvier 1743 et au-delà de laquelle se trouvait probablement la mer de l'Ouest.

La découverte des Rocheuses est un formidable exploit qui ne connaîtra pas le retentissement mérité. Car le récit de cette expédition apporte plus de mystères que d'éclaircissements. Le journal de Louis-Joseph est rédigé de façon impressionniste, presque sibylline: il est court, les cartes sont inexistantes – son astrolabe s'étant brisé dès le départ. De toute façon, les notes de l'explorateur sont demeurées enfouies dans les Archives nationales de France où, pendant plus d'un siècle, personne ne les a consultées. Lorsqu'on les a sorties finalement de l'oubli, les historiens ont entrepris un travail laborieux de reconstitution, essayant sans trop de succès de reproduire l'itinéraire de Louis-Joseph et de sa bande. Les premiers responsables de ce méli-mélo sont les La Vérendrye eux-mêmes : Louis-Joseph et Pierre fils n'ont pas laissé de traces claires de ces voyages. Ont-ils mêlé les pistes à dessein, comme le faisaient les anciens grands navigateurs, afin d'entourer de secret les routes qu'ils découvraient ? Nul ne le sait. Cependant, le résultat joue contre l'exploit : les La Vérendrye sont quasiment en disgrâce au moment de cette grande réalisation. Dans l'histoire des explorations de l'Amérique du Nord, ce qui aurait dû être un moment marquant passe au chapitre des faits divers – un peu comme la découverte du Mississippi par Louis Jolliet et le père Marquette. En vérité, d'un point de vue européen, ce n'est pas l'Amérique qui importe, mais ce passage tant convoité vers la Chine.

Louis-Joseph et ses hommes découvrent donc les Rocheuses, mais ils ne les franchissent pas. C'est qu'ils font face à une situation critique. S'ils s'attaquent à la traversée du formidable obstacle, ils devront le faire sans le secours des guides sioux qui connaissent les routes traîtresses : les Sioux tetons sont en guerre contre les Gens-du-Serpent et les contreforts des montagnes sont un véritable champ de mines. S'y risquer revient à mourir. Par prudence mais à regret, Louis-Joseph et son petit groupe ne tentent pas l'exploit. En compagnie des Gens-de-l'Arc, qui croient que les Gens-du-Serpent leur ont tendu un piège, ils rebroussent chemin. Revenant par étapes, ils aboutissent au pays des Panis et des Arikaras où ils enterrent la fameuse plaque de plomb indiquant leur passage – plaque qui sera retrouvée presque deux siècles plus tard, en 1913, en banlieue de Pierre, capitale de l'État du Dakota du Sud.

La bande valeureuse formée des deux Cris, de Louis Lalonde, d'Amyot, de François et de Louis-Joseph arrive au fort La-Reine en juillet

1743, après une absence de plus d'un an. Ils reviennent de loin, c'est le cas de le dire, mais ils sont tous sains et saufs. Le patriarche s'en réjouit, car il a appréhendé de ne plus revoir ses deux fils. Toutefois, le retour des héros se passe de façon bien ordinaire : ces hommes respirent l'aventure et ne semblent jamais faire grand cas de leurs exploits. Ils ne se « vantent » point de leurs sentiments, comme l'écrivait le vieux La Vérendrye quelques années plus tôt. Louis-Joseph rapporte en outre des nouvelles décevantes : il n'a pas trouvé la voie vers l'océan ni franchi la barrière des montagnes. Les distances s'avèrent beaucoup plus grandes que prévu, il faudra entreprendre d'autres missions. Malgré tout, les explorateurs ont réalisé une percée considérable dans l'Ouest. Un travail urgent et colossal de mise en forme des cartes et des informations est à présent nécessaire. Malheureusement, il n'y aura pas de suites ; l'étoile du clan La Vérendrye a pâli, tellement pâli que leur temps, désormais, est écoulé.

Le gouverneur Beauharnois prend l'ultime défense de La Vérendrye. Dans une lettre qu'il adresse à Maurepas, on peut lire ce plaidoyer :

> Quoy qu'il ne soit pas encore parvenû au but qu'il s'étoit proposé il ne paroît pas, Monseigneur, qu'il ait rien négligé sur la diligence qu'il devoit y apporter, et il ose se flatter que vous voudrés bien en juger ainsi, si vous avés la bonté d'attacher quelques considérations aux oppositions qu'il a eû à surmonter [...]. Que l'idée qu'on s'est faite des biens qu'il avoit ramassés dans ces endroits tombe d'elle même par l'indigence ou il est, pouvant vous assurer, Monseigneur, sans aucune complaisance ny aucune prédilection pour luy, que douze années qu'il a passé dans ces Postes ne luy produisent pas environ quatre mille livres, qui est tout ce qu'il a [...]. En effet, Monseigneur, six années de services en France, trente deux en cette colonie sans reproches du moins je n'en sache aucun à luy faire et neuf blessures sur le corps etoient des motifs qui ne m'ont pû faire balancer à vous le proposer pour remplir une des compagnies vacantes [...].

Rien n'y fait. À Versailles, Maurepas donne l'ordre de remplacer Pierre de La Vérendrye par un homme plus compétent. On le sait, le ministre se plaint depuis des années de cette famille qui, selon lui, n'accomplit rien. Désormais, il vit dans la certitude d'avoir été floué par des trafiquants qui n'ont jamais eu d'intérêt pour la découverte de la mer de l'Ouest. En 1745, afin d'éviter une humiliation officielle, La Vérendrye remet sa démission de gouverneur des postes, évoquant la fatigue et l'épuisement. À cinquante-huit ans, il revient pour de bon dans la vallée du Saint-Laurent, peu glorieux. Le gouverneur Beauharnois l'aide une nouvelle fois : il s'assure que ses fils seront en mesure de poursuivre la traite dans l'Ouest. Le clan a perdu sa commission de découvertes, mais les fils, Pierre, François et Louis-Joseph, resteront actifs dans le commerce des fourrures en exploitant pendant quelques années encore les postes de la famille.

Désormais, La Vérendrye père mène à Montréal une vie relativement agréable. Jusqu'au rappel de Beauharnois à Paris, en 1748, il est capitaine de sa garde personnelle. Sans être riche, il ne manque de rien. Il fréquente les salons coloniaux d'une Nouvelle-France qui vit ses dernières années. Veuf, on ne lui connaît qu'une brève liaison : la dame s'appelle Esther Sayward, elle est la veuve du puissant homme d'affaires Pierre de Lestage, avec qui notre vétéran explorateur a trafiqué des esclaves panis. Originaire de la Nouvelle-Angleterre, elle a été capturée à l'âge de sept ans par les Abénaquis, tout comme sa grande amie Esther Wheelright, supérieure des Ursulines – dont on parlait plus tôt dans ce récit.

En 1749, contre toute espérance et malgré le peu de cas qu'on fait de ses exploits passés, La Vérendrye reprend du galon. Ce revirement, qui semble incroyable, s'explique pourtant aisément : l'échiquier politique a changé, le comte de Maurepas n'est plus en poste, il est tombé en disgrâce et a été exilé à des lieues de Paris. Une dame de lettres, proche de Louis XV, écrit d'ailleurs ces lignes à son propos :

> C'est un homme faux, jaloux de tout, qui, n'ayant que de très petits moyens pour être en place, veut miner tout ce qui est autour de lui, pour n'avoir pas de rivaux à craindre. Il voudrait que ses collègues fussent encore plus ineptes que lui, pour paraître quelque chose. C'est un poltron [...].

Les effets de cette disgrâce se font sentir en Nouvelle-France : le gouverneur qui remplace Beauharnois redonne à La Vérendrye le commandement des postes de l'Ouest. Il lui décerne même le grade de capitaine et un immense honneur : la croix de Saint-Louis, la plus haute distinction accessible aux Canadiens. Et avec laquelle, ce qui n'est pas pour déplaire à notre homme, vient le titre de chevalier !

Sensible à ces marques de reconnaissance, le vieux La Vérendrye retrouve un peu de sa vigueur. Une fois de plus, il songe aux castors et à la gloire de nouvelles découvertes du côté de la rivière Saskatchewan. Il s'organise lentement, comme à son habitude, et annonce un nouveau départ pour l'année 1750. Mais il ne partira pas : subitement, le 5 décembre 1749, entre neuf heures et dix heures du soir, il meurt à Montréal, à l'âge de soixante-quatre ans, dans une chambre louée de la maison de la veuve Curot, rue Saint-Paul. La Vérendrye n'était pas malade, il avait même des projets ; c'est une mort si inattendue qu'on en a attribué la cause à une vilaine épidémie qui, cet hiver-là, frappa la petite ville de Montréal.

En toute discrétion, on enterre « un gentilhomme impécunieux » – selon l'expression de l'un de ses biographes –, ce que l'inventaire de ses biens confirme. À part quelques habits galonnés d'or, Pierre Gaultier de Varennes et de La Vérendrye, chevalier de Saint-Louis, laisse de vieux meubles, un portrait de Louis XV, des théières, une paire de pistolets, un dictionnaire de botanique, quatre barriques de vin rouge, une andouille de tabac de Hollande, une douzaine de mouchoirs et ainsi de suite… Mais pour la postérité, bien davantage. Ses voyages ont repoussé vers l'ouest le mur des terres inconnues et ouvert la voie aux futures exploitations qui mèneraient bien sûr à la mer de toutes les quêtes et de tous les orients… Par la douzaine de cartes que lui et les siens ont tracées, le mystère de la tête des trois grands réseaux hydrographiques (Mississippi, baie d'Hudson, Saint-Laurent) a été dénoué et, du Grand Portage jusqu'à la fourche de la rivière Saskatchewan, les chemins d'eau ont été reconnus. La Vérendrye a fait construire près d'une dizaine de forts qui sont devenus les sites de plusieurs villes dans les Prairies. Il a établi des relations amicales et fructueuses avec de nombreuses nations amérindiennes, jetant les bases d'une riche diplomatie. Il a identifié en outre nombre d'espèces animales et botaniques, ce qui a donné à ses voyages un caractère scientifique du plus grand intérêt. Surtout, il a perpétué la tradition canadienne des coureurs des bois qui, l'un après l'autre, balisèrent l'Amérique entière.

Une fois le patriarche en terre, ses fils Pierre, François et Louis-Joseph ne peuvent maintenir leur position dans l'Ouest, le seul pays qu'ils connaissent depuis vingt ans. Le clan de l'intendant Bigot les en chasse, occupé qu'il est à s'emparer des derniers profits des fourrures sous le régime français. Les postes de l'Ouest, établis par La Vérendrye et les siens, affichent encore un bon rendement. Mais d'autres traiteurs en profitent désormais, dans la foulée des magouilles pathétiques des derniers dirigeants de la Nouvelle-France. La guerre de Sept Ans s'annonce. Pierre fils quitte les Pays-d'en-Haut et revient au cœur de la colonie pour en découdre avec les Anglais. Il les combat à Saratoga, dans l'actuel État de New York. Puis on le retrouve, en 1755, toujours sur le front, à Beauséjour, en Acadie. Son voyage s'arrête là : il meurt de mauvaises fièvres, un peu comme son père. Il quitte ce monde à l'âge bien jeune de quarante et un ans, sans femme ni enfant, laissant derrière lui une vie dont nous ne pouvons qu'imaginer l'intensité, la dureté, mais aussi les plus grands émerveillements.

Pendant ce temps, Louis-Joseph et François retournent envers et contre tous au lac Supérieur. Là-bas, ils s'activent sur des terrains familiers, du poste de Chagouamigon sur la rive sud jusqu'à la Butte des Morts, au Wisconsin. Mais la grande époque est révolue. Après quelques années de petites affaires réalisées avec leur partenaire et grand ami Luc de La Corne, un aventurier canadien de renom, les deux frères reviennent à Montréal, au milieu des derniers combats de la Conquête. En fait, ils guident une coalition de huit nations amérindiennes des Grands Lacs venues faire la guerre aux côtés des Français dans la région du lac Champlain. Avec La Corne et Langlade, chef métis de la nation des Ottawas, Louis-Joseph joue un rôle crucial dans la mobilisation amérindienne. Malheureusement, les officiers français ne tiennent pas en haute estime les Canadiens et les Sauvages. Sur le front des opérations, les relations sont difficiles, humiliantes; de très nombreux Amérindiens se désintéressent et s'en retournent en leur pays, ne pouvant plus supporter l'arrogance et l'incompétence des commandants français.

La guerre est perdue, du moins pour les Français qui lâchent prise et abandonnent. L'Amérique sera anglaise. En ces premiers instants du nouveau régime, Louis-Joseph vit à Montréal où il possède une maison, rue Saint-Sulpice. À quarante ans, il ressent le besoin de s'établir. Les choses vont vite: il se marie, devient veuf en moins d'un an, puis se remarie. Il ressent cependant l'urgence de rétablir le lustre des La Vérendrye aux yeux de la Couronne française et de la colonie tout entière. Voyant que leur grande aventure est en train de tomber dans l'oubli, il est prêt même à se rendre jusqu'à Versailles pour que les services de la famille soient reconnus. Il y a justement un navire qui part de Québec le 15 octobre 1761. Lui et sa sœur Marie-Catherine, son beau-frère Jean LeBer, ses deux nièces ainsi que son dernier compagnon de fortune, Luc de La Corne, s'embarquent sur *L'Auguste*…

Qui témoignera de tout cela? Qui dira le fin mot de cette saga? Sur les cent vingt et un passagers de *L'Auguste*, il n'y a eu que sept survivants, dont Luc de La Corne. Après avoir gagné la côte dans une chaloupe, puis erré pendant huit jours dans les forêts et montagnes enneigées de l'île, celui-ci a été recueilli et sauvé par des Micmacs qui l'ont accompagné en raquettes jusqu'à Québec. Il a écrit le récit tragique du naufrage et de son improbable retour.

De toute cette histoire, il y a un autre témoin, que nous avons à peine évoqué au tout début de ce récit. C'est une religieuse. Elle a fondé la congrégation des Sœurs Grises et sera la première Canadienne à être canonisée: il s'agit de Marie-Marguerite d'Youville, née Lajemmerais. Elle a suivi les tribulations de son frère Christophe, tristement décédé à Roseau, entre le lac Ouinipigon et le lac des Bois; elle a aussi eu vent des explorations de son oncle Pierre de La Vérendrye et des siens.

En 1761, elle est occupée à soigner les blessés de la guerre de Sept Ans à l'Hôpital général de Montréal. Lorsqu'elle apprend le naufrage de *L'Auguste*, elle a un pincement au cœur. Elle joint les mains et demande à Dieu d'accueillir Louis-Joseph et Marie-Catherine, ses chers cousins dont elle a autrefois partagé les jeux dans les beaux champs de Varennes.

François sera le seul du clan à devenir vieux. Il meurt en 1794, à l'âge de soixante-dix-neuf ans, sans héritier; c'est le dernier descendant direct de Pierre de La Vérendrye. De son vivant, il aura été en mesure d'apprécier les effets de l'amnésie collective. Lui-même, qui avait vu les Rocheuses avec son frère Louis-Joseph, n'était plus rien dans la mémoire de personne. On aurait pu dire de lui ce qu'une liste militaire disait de Louis-Joseph en 1760: « Chevalier de La Vérendrye, fortune médiocre, connu de tous les Sauvages. »

*

En 1955, la Commission des monuments historiques du Québec a fait poser une plaque sur la façade orientale de l'église Notre-Dame donnant sur la rue Saint-Sulpice, à Montréal: « Ici se trouvait la maison de Pierre Gaultier de La Vérendrye, qui découvrit les montagnes Rocheuses en 1743. » En fait, non seulement il s'agissait de la maison de Louis-Joseph, acquise sept ans après la mort de son père, mais surtout – nous le savons maintenant – le patriarche La Vérendrye n'a pas découvert les Rocheuses. « L'histoire est une suite de mensonges sur lesquels on est d'accord », disait Napoléon Bonaparte.

Pour en savoir plus

Serge Bouchard (animateur), Rachel Verdon (réalisatrice), « 13. Le clan de La Vérendrye, découvreur des Rocheuses », *De remarquables oubliés*, Radio-Canada, 25 août 2011, 51 min.

Denis Combet, « La Vérendrye, ou l'archétype du voyageur idéal », *Encyclopédie du patrimoine culturel de l'Amérique française*, 2008 [en ligne].

David McLeod et Virginia Petch, « Les La Vérendrye et la recherche de la mer de l'Ouest », *Cap-aux-Diamants*, nº 66, été, 2001, p. 46-50.

Yves Monette *et al.*, « Les explorateurs. Pierre Gaultier de Varennes et de La Vérendrye 1732-1739 », Musée Virtuel de la Nouvelle-France, 1997 [en ligne].

Yves F. Zoltvany, « Gaultier de Varennes et de La Vérendrye, Pierre », *Dictionnaire biographique du Canada*, vol. 3, Université Laval/University of Toronto, 1974, p. 264-273.

« Dossier patrimoine la Vérendrye », *Encyclopédie du patrimoine culturel de l'Amérique française*, 2008 [en ligne].

VI

Marguerite d'Youville
(1701-1771)

par Dominique Laperle
historien

La vie de Marguerite d'Youville, la fondatrice de la congrégation des Sœurs de la Charité de l'Hôpital général de Montréal, mieux connues sous le nom usuel de Sœurs grises, témoigne de la capacité d'une femme, agente de sa propre vie, d'inscrire durablement un projet personnel dans l'histoire collective, à une époque où la chose n'était guère possible. La vie de celle qui sera surnommée la « mère de la charité universelle » par le pape Jean XXIII lors de sa béatification, le 3 mai 1959, est loin d'être un long fleuve tranquille. Au contraire, son projet fit l'objet d'attaques et de critiques au sein de la société civile, du moins dans ses premières années, et le contexte matériel et politique de la colonie ne lui laissa guère de répit par la suite pour le consolider. Pourtant, sa vision se pérennise après sa mort, car la congrégation des Sœurs grises connaîtra une croissance constante jusqu'aux années 1970. En 1960, elle groupe 1969 religieuses et 98 institutions réparties en six provinces canoniques au Canada, aux États-Unis ainsi qu'en terre de mission (Brésil, Nigéria, etc.), en plus d'être à l'origine de cinq autres congrégations dans autant de diocèses.

Pourtant, l'œuvre de la première sainte d'extraction canadienne (elle a été canonisée en 1990) fait maintenant l'objet de critiques, notamment sur la question de l'esclavagisme et du sort réservé aux Premières Nations. Ce réexamen est fait dans la mouvance de la critique du rôle de l'Église catholique dans l'expansion des empires européens, mais aussi, plus spécifiquement, de celui des congrégations religieuses dans la négation culturelle des Premières Nations et les sévices subis par les enfants dans les pensionnats autochtones. Il apparaît important de revenir sur cette figure majeure de notre histoire en la situant et en l'historicisant dans son temps et son milieu. Nous posons comme prémisse qu'elle témoigna d'une agentivité hors norme et d'une capacité de construire une œuvre inspirée par sa propre expérience de religion vécue, sa capacité de femme d'affaires et d'organisatrice d'un ouvrage de régulation sociale afin de répondre aux besoins des plus démunis. C'est ce que nous chercherons à faire, en dégageant de ce portrait les aspects lumineux, et ceux qui le sont moins.

Les sources

La vie et l'œuvre de Marguerite d'Youville et des Sœurs grises de Montréal ont fait l'objet de multiples publications. Parmi les sources conservées, on retrouve les manuscrits de Charles Dufrost, l'un des fils de Marguerite d'Youville. On connaît deux documents, *La Vie de madame Youville fondatrice des Sœurs de la Charité à Montréal* et *Mémoires pour servir à la vie de M^de^ Youville et tirés pour la plupart des dépositions des sœurs Despins, Lasource, Rinville et de M^de^ Gamelin*, et d'*une autre sœur*. Les deux textes ont fait l'objet d'une édition dans le *Rapport de l'archiviste de la province de Québec* (RAPQ) et sa version numérique est accessible sur le site de Bibliothèque et Archives nationales du Québec (BaNQ). Le sulpicien Antoine Sattin est par ailleurs l'auteur d'une autre biographie en 1828 qui est largement inspirée des propos recueillis auprès de la dernière religieuse ayant vécu avec la fondatrice, sœur Thérèse-Geneviève Coutlée. La *Vie de madame Youville, fondatrice et première supérieure des Sœurs de la Charité de l'Hôpital général de Montréal, communément nommées sœurs grises, dédiée à cette même communauté,* a aussi fait l'objet d'une édition dans RAPQ[1]. Une troisième biographie rédigée à partir des deux premiers textes identifiés est celle d'un autre sulpicien, Étienne-Michel Faillon : la *Vie de Mme d'Youville, fondatrice des Sœurs de la Charité de Ville-Marie, dans L'Île de Montréal, en Canada* (1852). Comme le rappelle Lucie Robert, en tant que genre littéraire, ces « vies » amalgament les réalisations humaines aux dimensions de sainteté du personnage par la construction d'un récit et sa mise en intrigue, à travers la sélection des faits, des gestes et des vertus favorables à la démonstration[2]. Les biographies publiées au xxe siècle par Albertine Ferland-Angers[3] et sœur Estelle Mitchell, quoique bien documentées, demeurent hagiographiques. Il faut attendre la notice de Claudette Lacelle dans le *Dictionnaire biographique du Canada* (1979) pour que la neutralité historienne prenne sa pleine mesure.

Une généalogie ancrée dans l'élite

Marguerite est née à Varennes (Québec) le 15 octobre 1701 et sa généalogie puise à la source des familles les plus importantes de la colonie. Sa mère, Marie-Renée Gaultier de Varennes, était la fille de René Gaultier de Varennes, officier du régiment de Carignan-Salières, gouverneur de Trois-Rivières, et de Marie Boucher, fille de Pierre Boucher de Boucherville, ancien gouverneur de la même ville et seigneur. Son père, François-Christophe Dufrost de La Jemmerais, issu de la petite noblesse bretonne, arrive dans la colonie en 1687. Elle est la première née d'une fratrie qui compte trois frères et deux autres sœurs. Le père de Marguerite décède alors qu'elle n'a pas encore sept ans, ce qui plonge sa famille dans une situation financière délicate. Le réseau familial soutiendra cette branche et permettra à Marguerite de recevoir une éducation chez les Ursulines de Québec de 1712 à 1714.

---

1. Antoine Sattin, *Vie de Mme d'Youville*, RAPQ, 1928-1929, p. 367-436.
2. Lucie Robert, « Sa vie n'est pas son œuvre. Figures féminines dans les vies québécoises », *Recherches sociographiques* 44, n° 3, 2003, p. 435.
3. Albertine Ferland-Angers, *Mère d'Youville. Première fondatrice canadienne*, Montréal, Centre Marguerite-d'Youville, 1977 [1945], 385 p.

De retour à Varennes, elle partage avec sa mère les lourdes responsabilités familiales jusqu'en 1720, année où sa mère se remariera.

Malgré certaines protections financières propres à la Coutume de Paris, les rapports de genre sont à l'avantage des hommes à l'époque moderne, une ère où l'on présumait que les femmes leur étaient par nature inférieures. Toutefois, les spécialistes ont démontré que les conditions de vie et d'activité réelles des hommes et des femmes sont sujettes à certaines nuances[4], et des cas de réussites de femmes d'affaires comme Marie-Anne Barbel, ou de gestion efficace du patrimoine collectif par des religieuses comme celles de la congrégation de Notre-Dame, témoignent de la possibilité, pour certaines femmes, de s'accomplir dans des sphères qui ne leur étaient pas traditionnellement réservées. Néanmoins, dans la métropole comme dans ses colonies, la reproduction sociale reste fondamentalement patriarcale, et la conclusion d'une alliance matrimoniale favorable demeure capitale pour les femmes. Comme le rappelle Karlee Sapoznik-Evans, selon les normes de l'époque, « presque tout le monde sauf le clergé se mariait, et les veufs et veuves se remariaient peu après la mort du premier époux, de sorte que le fait d'être une femme adulte signifiait, dans la grande majorité des cas, être mariée[5] ».

Le remariage de Marie Gaultier de Varennes, veuve Dufrost

Le second mariage de la veuve Dufrost apparaîtra comme une mésalliance pour la noblesse de l'époque et causera des problèmes à ses enfants, et plus particulièrement à Marguerite[6]. Il convient d'abord de rappeler que la jeune veuve se trouvait dans une situation précaire. Le gouverneur de Vaudreuil et l'intendant Raudot s'étaient commis dans

4. Josette Brun, *Vie et mort du couple en Nouvelle-France. Québec et Louisbourg au XVIIIe siècle*, Montréal et Kingston, McGill-Queen's University Press, 2006, 200 p.
5. Karlee A. Sapoznik-Evans, « Des lacunes en historiographie : La Vérendrye dans une perspective de relations homme-femme, de relations raciales et d'esclavage au début du Canada français, 1731-1749 », *Cahiers franco-canadiens de l'Ouest*, vol. 29, n° 2, 2017, p. 471.
6. Un projet d'union avec une famille de la noblesse échouera d'ailleurs pour Marguerite. Voir Lorraine Gadoury, *La noblesse en Nouvelle-France, familles et alliances*, Montréal, Hurtubise HMH, 1992, 208 p.

quelques lettres au ministre de la Marine afin que lui soit octroyée la pension de cinquante écus dévolue aux veuves d'officiers, ce qui ne sera fait qu'en 1714[7]. Malgré son nom et ses ascendances, sa situation financière ainsi que sa nombreuse progéniture n'attirent pas les candidats au mariage. Marie Gaultier semble s'être rapprochée d'un médecin d'origine irlandaise, Timothy Sullivan, vers 1718. Ils convolent discrètement le 24 janvier 1720, à la paroisse Saint-François-de-Sales de la Pointe-aux-Trembles (Neuville, Québec). Normalement, le mariage aurait dû être célébré à Varennes, chef-lieu de sa famille, mais le clan n'approuve pas l'union et n'y assiste pas. Sullivan a vingt-quatre ans, elle en a quatorze de plus, mais ce n'est pas un cas de figure rare chez les veuves[8]. Difficile de croire qu'il n'y a pas un calcul chez le médecin. Grâce au réseau social de sa femme et à ses liens avec les autorités coloniales, il reçoit (d'ailleurs rapidement) ses lettres de naturalisation et un brevet qui lui permettent de pratiquer la médecine. Du côté de la veuve, il y a aussi une stratégie. Le veuvage est synonyme d'une plongée certaine dans la vulnérabilité et la pauvreté que la maigre pension ne saurait empêcher. Ici, comme l'historienne Josette Brun l'a bien démontré, l'âge des enfants a certainement joué. Cela dit, on parle ici d'une union plutôt malheureuse, soumise à de la violence conjugale sur une base régulière. La chose prend même une tournure dramatique au soir de Noël de 1737, lorsque Pierre Gaultier de la Vérendrye, oncle de Marie, et son frère Jacques-René Gaultier de Varennes, l'enlèvent de sa maison par la force et intentent contre Sullivan une action en séparation de corps et de biens, qui se soldera finalement par un non-lieu[9]. Dans cette affaire, les questions d'honneur et de réputation jouèrent beaucoup, et le beau-frère irlandais continuera de se retrouver au cœur de nombreux litiges avec des citoyens et des représentants de l'État, ce

---

7. Lettres au Ministre de la Marine de 1708 et 1709 citées dans Ægidius Fauteux, « Un médecin irlandais à Montréal avant la Cession », *Bulletin de Recherche Historique*, XXIII, nº 10, 1917, p. 308.
8. Josette Brun, dans *Vie et mort des couples en Nouvelle-France*, souligne que 54 % des veuves de Québec et de Louisbourg sont plus âgées que leur seconds époux, dont 81 % sont des célibataires, et non des veufs (p. 81-91).
9. Ægidius Fauteux, *loc. cit.*, p. 303-311; nº 11, p. 333-338; nº 12, p. 356-372.

qui aura des conséquences néfastes pour les familles La Jemmerais, Varennes et La Vérendrye.

Le mariage avec François d'Youville

C'est dans le contexte du remariage de sa mère que Marguerite rencontre François-Madeleine d'Youville, fils du marchand Pierre You de La Découverte, décédé en 1718. On célèbre le mariage le 12 août 1722, devant un important aréopage colonial. Le contrat de mariage assure théoriquement à Marguerite une excellente sécurité financière. Le couple partage sa vie entre une maison à Montréal et une ferme aménagée à Sainte-Anne-de-Bellevue. Le manque de documents ne permet pas de se faire une idée précise de ces années de vie commune, mais Albertine Ferland-Angers identifie deux phases. La première va de 1722 à 1726. C'est la période où quatre enfants naissent, dont un seul survit. L'historienne note des rapports distants et difficiles entre Marguerite et sa belle-mère, et une ambigüité de sa relation avec son époux, marquée par des absences prolongées, des infidélités sous-entendues, mais surtout, des comportements d'affaires peu honnêtes, selon certaines pétitions adressées aux autorités[10]. Les activités commerciales de Youville, notamment celles tenues à l'Île-aux-Tourtes, font l'objet de critiques. Comme son père, François-Madeleine y échange de l'eau-de-vie contre des fourrures avec les Autochtones, allant à l'encontre des ordonnances de l'époque. Il participe aussi à la traite d'esclaves sur laquelle nous reviendrons plus loin, mais il dilapide ses gains rapidement. L'abbé Faillon le rappelle :

> Pour tout dire en un mot, ayant bientôt dissipé tout son bien et celui qu'elle lui avait apporté, il la réduisit à se livrer, pour soutenir sa famille, à un travail pénible et quelquefois même à manquer de l'honnête nécessaire, sans toutefois qu'elle lui fit les moindres reproches sur sa conduite, ou qu'elle ne diminuât en rien de ses attentions pour lui[11].

10. Ferland-Angers, *op. cit.*, p. 35-37.
11. Faillon, *op. cit.*, p. 10.

La deuxième phase de la vie du couple va de 1727-1730. Elle est marquée, selon ses biographes, par une crise morale chez Marguerite d'Youville. On peut se demander si la multiplication des pratiques de dévotion chez elle, durant la période, n'est pas liée à un besoin profond de stabilité émotive et une quête de sens dans sa vie. Les sources gardent une certaine pudeur, mais les insatisfactions et le désarroi de sa vie de couple sont évoqués. Les événements précipiteront pourtant les changements dans la vie de la jeune femme; le 4 juillet 1730, François-Madeleine décède, après une courte maladie, d'une fausse pleurésie.

Une veuve en quête de sens

L'histoire se répète. Comme sa mère, Marguerite d'Youville devient veuve à un très jeune âge et se retrouve chargée des dettes de son époux, des soins de deux jeunes garçons, en plus d'attendre un sixième enfant, qui ne survivra pas. Comme son fils Charles le résumera plus tard:

> Sa piété depuis son veuvage s'étant augmentée, il n'y avait point de mauvais temps qui l'empêchât chaque jour d'aller à la messe, et dans l'après-midi, elle allait adorer le Saint Sacrement, lorsque ses occupations le lui permettaient, approchait souvent des sacrements de pénitence et d'eucharistie; sa dévotion était solide et sans affectation, n'ayant rien d'austère, de farouche, ni de singulier. [...] Ceux qui ont connu particulièrement Madame Youville savent que ses confessions se faisaient en bien peu de temps, ils l'ont connue pour une conscience timorée, mais non pas pour une de ces scrupuleuses qui croient voir du crime partout, qui ne sont jamais contentes ni du confesseur ni d'elles-mêmes qui après des heures entières de préparation ne se croient jamais assez examinées, ni suffisamment contrites [...]. Celle dont nous écrivons la vie, cherchait Dieu dans toute la sincérité de son âme, et allait à Dieu avec une confiance vraiment filiale[12].

12. Charles Marie-Magdeleine Dufrost, *La Vie de Madame d'Youville, fondatrice des soeurs de la Charité à Montréal* [s.d.], Québec, Rapport de l'Archiviste de la Province de Québec, 1924-1925, p., 364-365.

Marguerite trouve auprès des sulpiciens Jean-Gabriel-Marie Le Pape Du Lescöat, qui est son conseiller depuis 1727, et Louis Normant du Faradon, après 1733, des guides qui canalisent sa piété à travers différentes dévotions réparatrices. Les Sulpiciens, tout comme le clergé en général, soutenaient les dévotions afin de renforcer l'encadrement religieux et moral de la population. Marguerite inscrivait certaines pratiques dans sa vie depuis longtemps. Pensons notamment à la dévotion au Sacré-Cœur depuis son passage chez les Ursulines[13]. Celle de la Sainte-Famille lui devient régulière après 1727. Enfin, notons au passage que le secours des malades, l'aumône et les visites aux pauvres, qui sont des actes obligatoires pour les membres de cette confrérie, seront repris au sein des œuvres des Sœurs grises. Enfin, si l'appartenance à la confrérie de la Bonne-Mort peut être rattachée à son souci du bien-être des âmes de ses proches décédés, c'est bien à celle du Père Éternel qu'elle revient le plus souvent.

> Vers cette époque, harassée de soucis, en proie à de grandes perplexités, cherchant dans la prière force et lumière, elle éprouva un attrait marqué pour la première personne de la Sainte Trinité, Dieu le Père [...]. Le Père Éternel, dont la miséricordieuse bonté s'exerce par sa divine Providence, devint dès lors l'objet sa grande confiance. Cette confiance, fruit de sa foi, détermina un climat d'âme dont l'empreinte se retrouvera en toutes ses actions[14].

C'est dans ce contexte que l'œuvre de charité prend forme. Les pratiques religieuses au sein des femmes de la noblesse coloniale et métropolitaine se présentent comme des expériences tournées vers l'altérité, dans le contexte des réformes du concile de Trente. Comme le souligne Pauline Ferrier, les pratiques de charité tournées vers les malades et les pauvres forment une dyade normale, pour les croyants qui désirent matérialiser leurs devoirs au quotidien. Pour la France,

13. Elle sera officialisée à l'Hôpital général en 1749 par monsieur Normant. Pour saisir le poids des dévotions, voir Marie-Aimé Cliche, « Les confréries dans le gouvernement de Québec sous le Régime français », *Revue d'histoire de l'Amérique française*, vol. 39, n° 4, printemps 1986, p. 499.
14. Lettre adressée à l'abbé de l'Isle-Dieu citée dans Ferland-Angers, *op. cit.*, p. 44.

Barbara Diefendorf mentionne que ce sont les femmes bourgeoises ou nobles, souvent des veuves, qui soutiennent les œuvres de religieuses comme celle des Filles de la Charité, fondée par Vincent-de-Paul, en fournissant les sommes les plus importantes pour l'érection d'institutions charitables et en assument généralement, pour partie ou totalement, la gestion[15]. L'appartenance de Marguerite à la noblesse coloniale lui permet donc d'aider les plus démunis, mais le fait qu'elle désire s'investir totalement, de manière personnelle, va à l'encontre des comportements attendus. Elle le fait sans discrétion, et surtout sans maintenir un certain mode de vie, ce qui relève d'une cassure dans l'ordre social. En d'autres mots, c'est une régression sociale librement consentie qui n'allait pas être acceptée facilement, car « la noblesse était une expérience intersubjective réservée aux membres de l'ordre, tous érigés en gardiens de ses frontières sociales[16] ».

On peut dater cette entrée en charité de 1737, lorsque Marguerite décide d'accueillir chez elle Françoise Auzon, une sexagénaire aveugle[17]. Sous la gouverne des Sulpiciens, trois autres femmes se joignent à elle. Il s'agit de Marie-Louise Thaumur de La Source, Catherine Cusson et Marie-Catherine Demers Dessermont. L'hagiographie braque les projecteurs sur la fondatrice, mais il faut garder en mémoire qu'il s'agit bien d'un regroupement de femmes, et que les conditions de la réussite de cette expérience de religion vécue et de service social ne sauraient se matérialiser sans une solidarité de tous les instants et une vision commune[18]. Elles en auront bien besoin, car leur action charitable ne sera pas perçue positivement par une portion des habitants de la ville. En effet, dans les mois qui suivront, une pétition d'opposition

15. Pauline Ferrier, « Les actions de charité de Marie de Maupeou (années 1690-années 1710) : miroirs des capacités juridiques, économiques et sociales des femmes nobles du XVIIe siècle », *Circé*, vol. 6, nº 1, 2015.
16. Larin, *op. cit.*, p. 70.
17. La charité est synonyme de miséricorde envers le prochain. Elle se veut le miroir de l'amour de Dieu envers tous, ce qui doit amener chaque croyant à se préoccuper des plus pauvres en faisant l'aumône. Ce don devient un moyen de racheter ses péchés et ainsi d'accéder après sa mort au paradis.
18. Suzanne Gousse, « Marie Catherine Demers Dessermon (1698-1785), cofondatrice oubliée : interrogations sur le pouvoir d'effacement d'une religieuse montréalaise », *Revue d'histoire de l'Amérique française*, vol. 63, nº 2-3 (2009).

à ce regroupement séculier de femmes circulera bientôt afin de bloquer ce que certains verront comme une scandaleuse élimination des frères de l'Hôpital général.

L'Hôpital général avant Marguerite d'Youville

Comme le rappelle Serge Lambert, il existe une distinction importante entre l'Hôtel-Dieu et l'Hôpital général à l'époque moderne. Le premier est le véritable lieu où l'on soigne le corps et l'âme, tandis que le second, même s'il porte le nom d'hôpital, est administré avec l'idée de contrôle et d'enfermement des populations déviantes et en marge. Ce type d'institution s'inspire de l'Hôpital général de Paris créé sur ordre de Louis XIV en 1656. L'Hôpital général de Montréal, fondé en 1692 par les Frères Hospitaliers de la Croix et de Saint-Joseph sous la gouverne de François Charon de la Barre, se retrouve en difficulté à la mort du fondateur. Avec une dette de près de 40 000 livres et, selon le propos de Claudette Lacelle, un bâtiment dans un état lamentable, la situation est critique. Les Sulpiciens désirent placer Marguerite d'Youville à la tête de l'établissement, mais l'opposition civile est forte. On pétitionne contre le projet. Les biographes notent parmi les signataires d'importance le gouverneur de Montréal, des officiers militaires et de justice ainsi que des marchands, dont les beaux-frères de Marguerite d'Youville. Une telle action peut s'enraciner dans la crainte de voir un autre scandale frapper la famille après celui de la mésalliance de la veuve Dufrost et une désapprobation de l'investissement personnel total de Marguerite d'Youville dans un projet jugé fantasque qui, à leurs yeux, n'est pas sans menacer le patrimoine *maternel* des enfants et celui plus symbolique de la famille.

La pétition du 1er novembre 1738[19] s'attaque aussi à ce groupe de femmes en sous-entendant qu'elles mènent une mauvaise vie. L'expression « sœurs grises » y apparaît pour la première fois, connotée négativement. Les différents biographes y voient d'abord les

19. Voir le fac-similé et la traduction de la lettre dans Ferland-Angers, *op. cit.*, p. 63-74.

conséquences des actions funestes de la famille You de la Découverte, avec notamment une allusion à peine voilée au commerce de l'eau-de-vie mené auprès des Premières Nations, puisqu'être « gris » relève de l'ivresse. J'émettrais également l'idée que la population coloniale n'avait pas encore intégré la complémentarité des nouvelles formes de consécration à vœux simples qui se multipliaient à l'époque en France et réunissaient des femmes seules et autonomes qui vivaient leurs expériences religieuses et sociales comme elles l'entendaient. Le combat de Marguerite Bourgeoys et de la congrégation de Notre-Dame s'inscrit dans cette logique. Ces femmes se distinguent des autres ordres, car elles ne font pas de vœux solennels et ne se soumettent pas à la clôture monastique ni à la séparation avec le reste de la société[20]. De plus, si les Filles de la Charité peuvent compter sur le charisme et les relations de Vincent-de-Paul à la cour pour imposer en France ce nouveau modèle de filles séculières, les Sœurs grises ne jouissent pas de tels avantages. Les Sulpiciens sont au cœur de tensions récurrentes avec le reste du clergé, séculier et régulier, et avec les habitants de l'île, à titre de seigneurs de Montréal et comme groupe homogène fermé à toute canadianisation de son corps. C'est donc dans un climat délétère, parfois sous les jets de pierres et les quolibets[21], que le petit groupe de femmes s'implante dans la ville. Pendant quelques années, la communauté accueille quelques pauvres au sein de résidences louées, finançant le tout en exécutant différents travaux manuels. À cette traversée du désert à la fois sociale, matérielle et économique s'ajoutera la maladie de la fondatrice.

Le genou de madame d'Youville

De 1738 à 1744, Marguerite d'Youville est affligée d'un mal à un genou et elle éprouve de grandes difficultés à se déplacer :

---

20. Marie Claude Dinet-Lecomte, « Du "bon usage" de la clôture et de l'enfermement dans les établissements charitables aux XVIIe et XVIIIe siècles », *Histoire, économie & société*, vol. 24, n° 3, 2005, p. 355-372.
21. Sattin, *op. cit.*, p. 396 ; Dufrost, *op. cit.*, p. 366.

> Madame d'Youville avait commencé à souffrir quelques douleurs dans un genou avant de former sa société, douleurs qui provenaient probablement du froid qu'elle avait enduré en marchant dans les neiges pour se rendre chaque jour, et de grand matin, à la paroisse pour y entendre la sainte messe. Ce mal devint plus considérable et plus douloureux en 1738, et même il s'y forma deux plaies. M. Benoît, chirurgien-major de Montréal lui fit une incision pour rejoindre les deux plaies, ce qui lui causa une douleur si vive qu'elle se trouva mal. La maladie, loin de diminuer, augmenta […]. Elle eut recours à un autre chirurgien qui employa des simples pour la guérir, mais ce fut en vain, le mal devint ensuite beaucoup plus douloureux, mais pénétrée de sa religion, elle le souffrait avec courage et avec une patience vraiment chrétienne. Le nombre de ses plaies augmenta. M. Feltz, nouveau chirurgien, […] entreprit de la guérir, mais en vain ; on employa des remèdes violents qui lui causèrent des douleurs extrêmement aiguës pendant quatre semaines, et ce que peu de personnes auraient le courage de faire, elle souffrit qu'on mît sur son genou des crapauds vivants qui léchaient ses plaies, ce que l'on entendait même à plusieurs pas ; on lui en mettait même plusieurs à la fois qui la faisaient souffrir beaucoup dans les commencements parce qu'alors on n'avait pas eu l'attention d'envelopper les pattes de ces reptiles dont la seule vue fait horreur. Ce remède […] fut aussi inutile que les autres[22].

Dans *Les Cahiers des Dix*, Sylvio Leblond s'est penché sur cette question. L'hypothèse qu'il soumet serait une monoarthrite du genou d'origine gonococcique, c'est-à-dire causée par la bactérie de la gonorrhée. Les agissements de son ex-mari étaient connus et comme l'écrit Leblond :

> S'il a pu lui faire six enfants, il eut aussi toutes les chances de lui transmettre quelques gonocoques. Il est bien connu dans les milieux médicaux que chez la femme la maladie peut rester longtemps latente et ne se manifester plutôt par une complication que par les caractères génito-urinaires habituels. Dans les cas […] latents, elle peut apparaître

22. Dufrost, p. 367-368.

> beaucoup plus tard, même vingt ans après la transmission de l'agent microbien. La fatigue, le surmenage, un choc intempestif, chirurgical ou autre, toute cause contribuant à diminuer la résistance, peuvent provoquer l'éveil de la maladie qui sommeille[23].

Le contexte de la mise en place de l'œuvre et le surmenage lié aux travaux nécessaires à sa survie, l'avenir de ses garçons, les problèmes conjugaux de sa mère, la santé de son guide spirituel, monsieur Normant, pouvaient alimenter sa maladie[24]. Cela dit, cette atteinte est perçue comme une épreuve purificatrice pour Marguerite et la communauté, car la solidarité témoignée par ses compagnes lui démontre la profondeur de leur engagement[25]. Elle est convaincue que cette épreuve lui permet de communier aux souffrances du Christ et cette « croix » supplémentaire devient une expérience de religion vécue. Après sa guérison, alors que tout semble rentrer dans l'ordre, un violent incendie détruit la maison, le 31 janvier 1745. Les biographes parlent d'une ultime épreuve de dépouillement. Marguerite éprouve maintes difficultés à loger les pensionnaires et ses compagnes, mais le soutien que lui témoignent certains habitants de Montréal dénote enfin la lente modification des opinions à propos de son œuvre. Cette nouvelle épreuve suscite chez elle une plongée plus profonde encore dans les dimensions spirituelles, et ancre sa volonté de mener jusqu'au bout une désappropriation personnelle des biens matériels et d'unir le groupe de manière plus ferme vers cette vie donnée.

Les engagements primitifs

Deux jours après le brasier, le petit groupe de femmes signe un acte, qu'elles voient, comme le rappelle Ferland-Angers, comme un

23. Sylvio LeBlond, « Le genou malade de Madame D'Youville », *Les Cahiers des Dix*, vol. 41, 1976, p. 52.
24. Pour ce dernier, elle fit d'ailleurs la promesse de faire peindre le fameux tableau figurant le Père Éternel, œuvre devenue emblématique du patrimoine artistique des Sœurs grises.
25. « Et des soins et peines qu'elles ont prises auprès de la testatrice [Marguerite d'Youville] pendant sept années qu'elle a été obligée de garder la chambre par une maladie qu'elle a eue à un genouïl », extrait de son testament du 8 octobre 1757 cité dans Ferland-Angers, *op. cit.*, p. 334.

« échelon de vertu supplémentaire ». Le document du 2 février 1745, rédigé par le sulpicien Normant, est intitulé « Engagements primitifs »[26]. Claudette Lacelle souligne qu'elles promettent formellement de vivre et de mourir ensemble dans la soumission, le dépouillement et l'obéissance, et de se consacrer sans réserve au bien-être des pauvres. La signature de ces vœux religieux informels marque une nouvelle étape dans la consolidation de la vision de la charité et du mode de vie désiré par Marguerite d'Youville. L'opinion publique se mue en une lente approbation. La table est mise pour la prise en charge de l'Hôpital général par Marguerite d'Youville et les Sœurs grises.

L'Hôpital général

Lorsqu'elle accepte la gestion de l'institution en 1747, le bâtiment est dans un tel état qu'il lui faut emprunter pour effectuer les réparations les plus urgentes. Elle y trouve les deux derniers frères hospitaliers, assez avancés en âge, ainsi que quatre autres malades. Certaines limites sociales ne peuvent être franchies et les Sœurs grises recrutent très rapidement un infirmier pour s'occuper des hommes[27]. L'autonomie de Marguerite et des Sœurs grises se manifeste dans la modification de la mission de l'Hôpital général par l'élargissement de ses services aux femmes. À la demande de l'administration coloniale, elles établissent au dernier étage de l'édifice une section appelée « Jéricho » dédiée aux filles perdues. Charles Dufrost présente la chose de la manière suivante et rapporte une anecdote qui en dit long sur le caractère de sa mère.

> Outre les pauvres, nos sœurs avaient un logement considérable dans le haut de leur maison, et que le public appelait « le Jéricho », où elles recevaient par charité des folles et des filles de mauvaise vie. Un soldat, un jour au désespoir de ce que l'on avait enfermé sa maîtresse dans ce Jéricho, vint armé d'un pistolet, aux portes de la communauté, dans le

---

26. *Ibid.* p. 86-88. Le document sera incorporé dans les constitutions de 1781 et fait partie intégrante des constitutions actuelles. Il est signé comme contrat par chaque sœur qui joint les rangs de la congrégation.
27. Maison de Mère d'Youville, Archives des Sœurs Grises de Montréal, *Ancien Journal*, vol. 1, 1688-1857, p. 41.

> dessein d'assassiner Madame Youville, laquelle avertie du danger dont elle était menacée non seulement n'en fut point émue, [mais parvint même à convaincre] cet homme de se retirer[28].

Marguerite d'Youville témoigne de véritables capacités de gestion. L'observation des activités économiques au sein de sa famille, mais aussi ses propres pratiques commerciales dans les premières années de son veuvage lui confèrent une expérience indéniable. Comme le souligne Dominique Deslandres :

> Dans ce monde hiérarchique et patriarcal qu'est l'espace français d'Ancien Régime, les femmes [...] jouent un rôle non négligeable dans le développement colonial. Par-là, elles jouissent d'une relative autonomie [et toutes ces actions et décisions] témoignent de l'exercice des pouvoirs féminins reconnus par la société de leur époque[29].

Bigot et l'Hôpital

En trois ans, Marguerite relève l'institution de sa situation moribonde, couvre une partie de ses dettes et élargit sa mission. En plus des filles du Jéricho, elle recrute désormais des pensionnaires issues des classes aisées qui trouvent au sein de l'hôpital un havre spirituel. Toutefois, à travers les changements des administrateurs coloniaux, avec l'arrivée de l'intendant François Bigot en 1750, de nouveaux défis émergent. Bigot deviendra par la suite l'archétype du « politicien » corrompu, ce que confirmera le procès dit de « l'affaire du Canada », où il sera mis en cause avec d'autres administrateurs coloniaux, en 1761. Dix ans plus tôt, sa réputation ne souffre pas encore. Dans la foulée de son interprétation des consignes royales, il évite d'accorder une reconnaissance officielle à la congrégation. Il n'est pas le seul à penser de cette façon dans la haute administration. On ne désire pas assister à un second échec pour l'Hôpital général et bien que, si l'on en juge par les

28. Dufrost, *op. cit.*, p. 374.
29. Dominique Deslandres, « Femmes de Nouvelle-France », *Les Cahiers des Dix*, vol. 75, 2021, p. 341.

aumônes reçues, la réputation de Marguerite d'Youville se soit grandement améliorée dans la population, son appartenance au réseau sulpicien lui maintient des inimités, particulièrement à Québec.

Le 15 octobre 1750, l'intendant Bigot, soutenu par l'évêque Pontbriand – clairement mal informé – révoque l'administration de l'Hôpital accordée à Marguerite d'Youville et aux Sœurs grises et ordonne la fusion des deux hôpitaux généraux de Montréal et de Québec. Les hospitalières sont appelées à « prendre soin comme des biens appartenant aux pauvres de leur communauté [et] à la charge par les religieuses d'acquitter autant que faire se pourra les obligations […] notamment nourrir et entretenir les infirmes, vieillards, estropiés, orphelins du gouvernement de Montréal[30] ». L'ordonnance sème le désarroi dans la région montréalaise. Les Sœurs grises et les Sulpiciens organisent la résistance. Une campagne d'information destinée au ministre de la Marine culmine avec l'envoi d'une supplique aux autorités politiques et religieuses de la colonie et de la métropole[31].

Marguerite d'Youville et ses filles rédigent aussi une lettre dans laquelle elles décrivent les améliorations apportées à l'Hôpital général depuis qu'elles l'ont pris en main et démontrent le tort qui serait causé aux plus démunis de Montréal par une fusion et un changement de mandat. Enfin, elles offrent de liquider le reste des dettes contractées par les frères hospitaliers si on leur transfère les lettres patentes de l'institution. À travers les allers-retours entre Montréal et Québec et la production d'une volumineuse correspondance, on perçoit les jeux de pouvoir, mais aussi la personnalité de Marguerite d'Youville qui défend bec et ongles son projet, confrontant même l'intendant à ses contradictions. Dans cette affaire, est-il possible que Bigot ait eu l'œil sur un bien matériel sans savoir que le contrat d'origine laissait tous les droits au Séminaire Saint-Sulpice de Paris ? La chose est possible. Toutefois, les représentations faites à la Cour par le supérieur général du Séminaire, Jean Cousturier, convainquent le secrétaire

---

30. « Révocation de Madame d'Youville en 1750 », dans Ferland-Angers, p. 313.
31. « Supplique des citoyens en 1751 », citée dans Ferland-Angers, p. 314-319.

d'État à la Marine Antoine-Louis Rouillé de bloquer tout le processus enclenché par l'intendant. Le 14 décembre 1751, Bigot n'a pas le choix de révoquer l'union des deux hôpitaux généraux et de rétablir Marguerite d'Youville et les Sœurs grises dans leurs droits. Les lettres patentes, datées du 3 juin 1753, dans lesquelles le roi reconnaît l'existence légale de la communauté et officialise Marguerite d'Youville et ses compagnes dans l'administration de l'Hôpital général, mettent un terme à seize ans de combat. Comme le souligne bien Ferland-Angers, « les tortueuses stratégies politiques avaient abouti à un imprévisible résultat : la sanction royale d'une nouvelle communauté de religieuses[32] ». Moins de deux ans plus tard, l'évêque visite la communauté et approuve officiellement le règlement rédigé au début de leur vie en commun par Normant :

> M. de Pontbriand [...] s'empressa de lui demander des règles pour la direction spirituelle de la maison. Jusque alors sa communauté n'avait eu pour tout règlement que trois feuilles volantes écrites de la main de M. Normant, dont l'une [...] exprimait la nature des engagements que Mme d'Youville et ses compagnes avaient contractés en se vouant au service des pauvres ; une autre leur marquait le détail des occupations de la journée, et la troisième, les dispositions dans lesquelles elles devaient s'efforcer de vivre. Comme ces règles leur avaient suffi jusqu'alors pour la conduite de la maison et pour leur sanctification personnelle, et qu'on ne pouvait guère rédiger un corps de règlement détaillé qu'à mesure que l'expérience en ferait sentir le besoin, M. de Pontbriand voulut qu'en attendant elles suivissent à la lettre ce qui était contenu dans ces trois feuilles ; il les revêtit de sa signature, pour les sanctionner par-là de son autorité et ce furent les seules règles à l'usage de la communauté pendant plus de trente ans[33].

Sans vœux solennels, les Sœurs grises inscrivent dans la vie de la colonie une nouvelle forme de vie consacrée. Dans un monde

32. Ferland-Angers, *op. cit.*, p. 137.
33. Faillon, *op. cit.*, p. 108-109.

fortement ségrégué sur le plan sexuel, les vêtements des religieuses remplacent les murs du couvent[34]. Comme on l'a dit, la séparation symbolique d'avec le monde est, pour les religieuses à vœux simples, moins stricte, mais l'habit rend la clôture « portative ». Les tenues sont réglées de manière à convenir à l'activité religieuse et médicale. Ainsi, le règlement des Sœurs grises, responsables de l'Hôpital général de Montréal, dans la colonie canadienne, précise ceci :

> Les habits n'auront rien de particulier ni d'uniforme quant à présent et on pourra se servir et porter ceux que l'on fait dans le monde, à la réserve néanmoins de ceux d'étoffe de soie qui ne conviendraient point à des personnes qui font profession de vivre dans la pauvreté et qui ont renoncé à tous les vains ornements du monde ; ainsi on veillera exactement pour entretenir cet esprit de pauvreté, que les habits soient très simples, d'étoffe commune, de couleur modeste et sans aucun ajustement ni façon mondaine et avec une ceinture[35].

Croître dans la tourmente

La guerre de Sept Ans vient modifier le rôle de l'Hôpital général. La situation sanitaire générale impose un élargissement de ses mandats. À titre d'exemple, en 1755, une épidémie de variole le transforme en véritable hôpital, et des soldats y sont soignés tout au long du conflit. Bigot ne subventionne guère ces nouvelles charges. Afin d'équilibrer le budget, la communauté tente d'élargir par tous les moyens ses sources de financement. Outre les travaux d'aiguille et la location de chambres à des personnes issues de l'élite, Faillon rapporte que les Sœurs grises acceptaient n'importe quel travail « quelque désagréable qu'il pût être, et [que leur] indifférence à cet égard était si bien connue dans le pays, que lorsque quelqu'un avait à faire faire quelque ouvrage pénible ou

---

34. Claire Garnier, « Comment une religieuse soigne-t-elle le corps d'un homme ? Clôture religieuse et action hospitalière dans l'espace français aux XVIIe-XVIIIe siècles », dans Isabelle Heullant-Donat *et al.*, *Enfermements. Volume III : Le genre enfermé. Hommes et femmes en milieux clos*, Paris, éd. de la Sorbonne, 2017.
35. Archives des Sœurs Grises de Montréal, *Feuilles volantes, dispositions avec lesquelles on doit se comporter*, art. 14, 1755.

peu attrayant, on ne manquait pas de dire : "Allez aux sœurs grises, elles ne refusent jamais rien"[36] ». Cela comprenait notamment divers ouvrages destinés aux troupes du roi (habits, pavillons de guerre, etc.). Les marchands de fourrure leur commandaient également des habillements et des ornements pour les chefs des nations, comme des ceintures enrichies de broderies et « mille autres objets de fantaisie, que ces marchands allaient échanger pour des pelleteries. Ces marchands fournissaient ordinairement les étoffes sur lesquelles les sœurs travaillaient, et ces étoffes étaient en si grande quantité qu'on voyait quelquefois les salles destinées aux usages de la communauté, remplies de pièces de drap, d'indienne, de calmante et autres[37] ». La communauté entreprit aussi de travailler pour les églises :

> L'un des prêtres du séminaire, qui portait un vif intérêt à l'œuvre de Mme d'Youville, M. Poncin, et qui avait une aptitude spéciale pour les arts mécaniques, apprit aux sœurs à faire des hosties pour les églises, comme aussi à fabriquer, pour remplacer les cierges, qu'on ne pouvait se procurer alors que difficilement, des souches à ressort qui n'étaient point encore connues dans le pays ; et par son zèle et son application il les mit en état d'en fournir à toutes les paroisses[38].

D'autres productions artisanales et agricoles lui fournissaient des revenus, tout comme son implication dans les transports :

> Une brasserie que les frères hospitaliers avaient fait construire demeurait fonctionnelle. Elle y fit fabriquer de la bière. Elle achetait des feuilles de tabac, pour le préparer ensuite [...]. Elle faisait faire aussi de la chaux qu'elle vendait. Elle vendait encore de la pierre pour bâtir, du sable, des cercles et une multitude d'autres objets, afin d'augmenter par-là les ressources de l'hôpital et d'assister un plus grand nombre de pauvres. En un mot, tous les moyens lui étaient bons, pourvu qu'ils ne blessassent ni la charité, ni la justice. Ainsi, elle [...] recevait des animaux en pacage, elle louait une glacière, qui était dans l'établissement, comme aussi une

36. Faillon, *op. cit.*, p. 123.
37. *Ibid.*, p. 126.
38. *Ibid.*, p. 128.

cour et d'autres dépendances ; l'hôpital avait alors un bateau dont elle tirait un revenu en faisant faire des voyages pour le public ; elle faisait faire aussi des charrois[39].

L'autre dimension fondamentale dans le maintien de l'institution demeure la contribution individuelle de chaque personne qui se trouve au cœur de l'Hôpital, qu'elle soit religieuse, pensionnaire noble, malade doté de certaines expertises, soldat français, prisonnier anglais… ou esclave.

La question des esclaves de Marguerite d'Youville et de l'Hôpital général[40]

Marguerite d'Youville appartient par ses origines à la noblesse coloniale et, par son mariage, à la bourgeoisie d'affaires. Parmi ses proches, les La Vérendrye, les Boucher de Boucherville ou de Niverville, les Varennes (le côté maternel), les You (son époux et sa famille) et les Gamelin (ses deux beaux-frères) s'affichaient comme propriétaires d'esclaves. Aucun d'eux ne s'insère pourtant dans la liste des trente plus grands propriétaires d'esclaves (dix à trente esclaves) identifiés par Marcel Trudel[41]. Cela dit, les réseaux commerciaux de la famille You et de la famille La Vérendrye se sont retrouvés impliqués dans des alliances avec des nations autochtones comme les Illinois ou les Assiniboines, reconnus pour leur implication dans ce genre de trafic. À partir des déclarations faites par les marchands de la famille et des documents notariés quant au nombre d'esclaves obtenus par les entreprises pour la colonie, on peut déduire qu'ils ont contribué à alimenter le commerce des esclaves. Même s'il est clair que l'esclave est une figure coutumière dans l'environnement de Marguerite

---

39. *Ibid.*, p. 128-129. Le mot *charroi* désigne le transport par chariot ou par charrette.
40. Cette section reprend des éléments développés dans Dominique Laperle, « La question des esclaves de mère Marguerite d'Youville et de l'Hôpital général de Montréal dans les notices de Wikipédia », Société canadienne d'histoire de l'Église catholique, 14 mars 2022, schec.ca.
41. Marcel Trudel, *Deux siècles d'esclavage au Québec* suivi du *Dictionnaire des esclaves et leurs propriétaires au Canada français (sur CD-ROM)*, Montréal, Hurtubise HMH, 2004, p. 140-141.

d'Youville, rien ne témoigne de son implication personnelle dans ce commerce. Les sources sont muettes à ce sujet. Elle hérite, à la mort de son époux, de trois esclaves. Les documents ne disent rien du sort de ces individus. Son fils Charles les a certainement côtoyés, mais il n'en fait aucune mention dans ses textes. Comme en témoigne leur place au sein de l'inventaire après-décès de François d'Youville, ils étaient considérés comme des biens meubles. Toutefois, on leur concédait certains « privilèges ». Catéchisés, ils pouvaient être baptisés. Les propriétaires se réservaient souvent l'honneur de servir de parrain lors de l'événement, auquel assistaient plusieurs témoins, ce qui dit quelque chose sur l'intégration de ces personnes dans les cercles familiaux. On leur attribuait le nom de famille du propriétaire, le mariage leur était permis, et ils avaient droit aux rites catholiques et à une sépulture dans un cimetière. Ils pouvaient être témoins lors de mariages ou dans des procès. En revanche, en fin de vie ou lorsqu'ils étaient malades, ils se retrouvaient placés à l'Hôpital général. Malgré une toute relative intégration sociale et familiale, à moins d'être affranchis, ils demeuraient au bas de l'échelle sociale. Un esclave reste un esclave.

Les sources d'époque de l'Hôpital général permettent d'identifier les individus et leur statut au sein de l'institution, qu'ils soient libres ou esclaves[42]. Il n'y a aucune difficulté à suivre les registres et à y reconnaître des personnes soignées, tout comme les trois donations d'esclaves identifiées par Trudel. Leurs mentions sont claires. On ne retrouve aucune trace d'un marché d'esclaves à grande échelle impliquant l'Hôpital général dans ces sources. Or il s'agit d'une transaction bien trop importante pour ne pas apparaître dans les registres comptables.

La question se pose à nous : comment une femme qui se consacre à une œuvre de charité n'a-t-elle pas fait un geste d'éclat en libérant ces personnes ? Dans l'état actuel des sources, on ne peut pas savoir si les esclaves de Marguerite d'Youville étaient mieux traités que ceux qui se

42. Archives des Sœurs Grises de Montréal (désormais ASGM), G02,B,1,06 *Registre de l'entrée des Pauvres à l'Hôpital général de Ville-Marie*, 1694-1796.; G02,B,1,21 *Registre des Pauvres Décédez Dans L'hôpital Gnal De Montréal A Ville Marie*, 1725-1795 ; G02,B,8,02 *Registre des sépultures*, 1759-1776 ; G04,C,2,1,01 *Recettes et dépenses*, 1747-1779 ; *Ancien Journal, n° I*, 1688-1857.

trouvaient en dehors de l'Hôpital général. Toutefois, en tenant compte des années difficiles traversées entre 1730 et la reconnaissance de son œuvre en 1755, il y a fort à parier que des comportements délinquants à leur endroit auraient été dénoncés.

La question des prisonniers anglais dans la colonie et l'Hôpital général est aussi documentée par de nombreux travaux d'historiens[43]. Contrairement à ce que certains affirment[44], peu importe où ces personnes sont logées, « il n'existe aucune ambiguïté quant à la propriété des prisonniers de guerre au milieu du xviiie siècle ; ils étaient incontestablement sous la responsabilité de l'État[45] ». Comme le rappelle Louise Dechêne, les récits de captivité de nombreux prisonniers ne révèlent pas de comportements graves chez les Français[46]. Rien ne distingue le traitement des prisonniers anglais en Nouvelle-France de celui des miliciens canadiens ou des réguliers français dans les colonies de la Nouvelle-Angleterre. D'ailleurs, des écarts graves à ce titre auraient immanquablement entraîné des conséquences. Si Marguerite d'Youville s'était livrée à une exploitation éhontée des prisonniers britanniques, comment alors expliquer que le gouverneur militaire du district de Montréal, Thomas Gage, lui ait fait un don de 288 livres durant le régime militaire[47] ? Le traitement des prisonniers de guerre à l'Hôpital général de Montréal s'inscrit dans une trame qui se répète

43. Entre autres, Guy Frégault, *La Guerre de la Conquête 1754-1760*, Montréal, Fides, 1975 ; Karine Bellerose, *Les captifs britanniques en temps de guerre en Nouvelle-France aux XVIIe et XVIIIe siècles : Étude socio-politique et militaire*, m.a. (histoire), Ottawa, Université d'Ottawa, 2006 ; Louise Dechêne, *Le peuple, l'État et la guerre au Canada sous le Régime français*, Boréal, 2008, 666 p.
44. Voir l'exemple de la thèse farfelue développée par William Henry Foster dans son livre *The Captors' Narrative: Catholic Women and Their Puritan Men on the Early American Frontier*, Ithaca, Cornell University Press, 2003. Le troisième chapitre intitulé "The Hospital: Paradoxes of the Grey Sisters" témoigne d'une méconnaissance de l'idéologie de l'époque derrière les pratiques d'enfermement et du travail exigé des pensionnaires des hôpitaux généraux au sein de la métropole ou des colonies.
45. René Laliberté, « Prisonnier de guerre et captivité militaire à l'époque de la guerre de Sept Ans. Perspectives historiques et éléments de compréhension », dans Chloé Chevarie-Poirier *et al.* (dir.), *Actes du 18e colloque international étudiant du département des sciences historiques de l'Université Laval, 21 au 23 février 2018*, Québec, Artefact, 2019, p. 121.
46. Dechêne, *op. cit.*, p. 446.
47. Marcel Trudel, « Le destin de l'Église sous le régime militaire », *Revue d'histoire de l'Amérique française*, vol. 11, n° 1, 1957, p. 17.

de conflit en conflit, en Amérique française ou anglaise. On prenait en charge ces prisonniers et on les rachetait aux Premières Nations. Les congrégations religieuses le faisaient principalement afin de se procurer de la main-d'œuvre durant cette période difficile[48].

Le 18 mai 1765, le feu détruit le bâtiment de l'Hôpital, jetant 114 personnes à la rue. Grâce au soutien des Sulpiciens, qui avancent l'argent nécessaire à la reconstruction, pensionnaires, religieuses, pauvres et enfants abandonnés peuvent regagner leur logis un peu plus de six mois après l'évènement. Comme Micheline Dumont le souligne, les femmes consacrées témoignent d'une grande capacité à surmonter les périodes de crise[49]. Marguerite profite même de la situation pour acheter la seigneurie de Châteauguay à une de ses pensionnaires, Marie-Anne Robutel de La Noue. L'île Saint-Bernard devient alors le cœur du domaine agricole de la congrégation, et permettra de pourvoir à un financement régulier de l'Hôpital.

La fin

L'année 1771 est marquée par un déclin notable de la santé de la fondatrice, qui mènera à deux arrêts cardiovasculaires successifs, les 9 et 13 décembre. Comme Sattin l'écrit :

> Sa langue, lors même que l'usage de la parole lui revint, demeura toujours embarrassée, tellement qu'elle avait quelquefois de la peine à articuler et à se faire entendre. Lorsqu'il lui fut donné de s'exprimer plus librement on n'oubliera jamais la réflexion suivante qui lui était auparavant si familière, et qu'elle fit à ses sœurs qui l'environnaient « C'est la volonté de Dieu, mes chères sœurs, et il faut s'y soumettre ; soumettez-vous-y vous-mêmes à cette divine volonté, c'est Dieu qui exige de vous ce "sacrifice". » La paralysie s'attacha plus particulièrement au côté gauche qui, comme nous l'avons dit, était déjà affecté. De ce moment, elle ne quitta plus le lit. [...] On peut dire que rien n'égala la consolation qu'éprouvèrent ses sœurs à recueillir de ses lèvres mourantes, le peu de paroles qu'elle leur

48. Bellerose, *op. cit.*, p. 149-150.
49. Micheline Dumont-Johnson, « Les communautés religieuses et la condition féminine », *Recherches sociographiques* 19, n° 1 (1978), p. 83.

adressa, et qu'elles reçurent comme ses derniers adieux. « Soyez, leur dit-elle, mes chères sœurs, constamment fidèles aux devoirs de l'état que vous avez embrassé. Marchez toujours "dans les voies de la régularité, de l'obéissance et de la mortification" ; mais, surtout, "faites en sorte que l'union la plus parfaite règne parmi vous". »[50]

Marguerite d'Youville meurt le 23 décembre 1771. La suite appartient à sa congrégation et relève d'une autre histoire.

*

Tous les témoins de l'époque et les analystes confirment le talent d'administratrice de Marguerite d'Youville. Alors qu'elle appartenait à l'élite de la colonie, son désintérêt pour son enrichissement personnel était également reconnu. Le courage certain qui lui permit de traverser les épreuves et de défendre son œuvre s'enracine dans une foi profonde, ancrée à son tour dans des dévotions qui lui apportaient un réel réconfort[51]. Ainsi eut-elle toujours un attachement particulier pour la fête de la Sainte-Croix héritée des frères hospitaliers, que l'on célébrait dans la chapelle de l'Hôpital, tout comme pour la dévotion au Sacré-Cœur, legs de ses années de couventine chez les Ursulines. Toutefois, son attachement à la miséricorde du Père Éternel demeurait le fondement de toutes ses actions. Son expérience religieuse de femme ne peut se comprendre que si l'on considère toutes les étapes de sa vie et l'amalgame qui s'est fait entre leurs dimensions familiale, professionnelle et spirituelle. Elle a su compter sur l'indéfectible soutien des Sulpiciens et du noyau dur de ses compagnes de vie. En un sens, elle illustre la capacité d'une femme d'affirmer son propre destin malgré les écueils persistants au sein de la société d'alors. En promouvant un modèle de charité centré sur les individus en marge, elle s'inscrit dans la lignée de ces dévots qui voyaient le Christ souffrant en chacun d'eux. Grâce

50. Sattin, *op. cit.*, p. 433.
51. Dominique Laperle, « Lived Religion among Montreal's Grey Nuns during the Vatican II Era: A Subject of Debate », *Religions,* vol. 12, nº 4 : 226.

à des décisions audacieuses et à un sens des affaires qui s'est maintenu jusqu'à la toute fin, elle a su donner des assises à l'Hôpital général et aux Sœurs grises, qui connaîtront ensuite une expansion notable. Les historiens qui se penchent aujourd'hui sur le sujet tentent de nuancer la dimension hagiographique des récits qui entourent l'expansion de l'organisation, la hausse du recrutement des religieuses et la multiplication des œuvres. Certes, comme groupe inséré dans l'Église catholique, les filles de Marguerite d'Youville participeront à un mouvement de conversion et de « civilisation » qui sera lourd de conséquences pour les populations issues des Premières Nations. De plus, dans les siècles qui suivront, l'affirmation d'une Église triomphaliste dans les actions et décisions de membres de la congrégation auront des effets délétères sur certains groupes, notamment les orphelins. Néanmoins, des centaines de femmes se sont épanouies au sein de la congrégation et ont réellement contribué au bien-être des patients[52]. Pour citer l'historienne Louise Bienvenue, dans cet univers particulier de la régulation sociale, il est facile de condamner des comportements et des modes de pensée du passé à la lumière de nos catégories d'analyse actuelles, mais nous avons un « devoir d'intelligence qui nous force à épouser une vision historique plus nuancée et circonstanciée qui rendrait justice à la complexité des choses. C'est dans cet effort peut-être que se situe la voie de l'apaisement de la conscience[53] ».

Pour en savoir plus

Louise Dechêne, *Le peuple, l'État et la guerre au Canada sous le Régime français*, Montréal, Boréal, 2008, 664 p.

Charles Marie-Magdeleine Dufrost, *La Vie de Madame d'Youville, fondatrice des sœurs de la Charité à Montréal* [s.d.], Québec, Rapport de l'Archiviste de la Province de Québec, 1924-1925, p. 361-376.

52. Dominique Laperle, « Le destin d'une sœur grise de Montréal dans la Prairie : contribution d'une "vie" anonyme au débat sur l'approche biographique en histoire », *Études d'histoire religieuse*, vol. 85, 2019, p. 39-58.
53. Louise Bienvenue, « Pierres grises et mauvaise conscience. Essai historiographique sur le rôle de l'Église catholique dans l'assistance au Québec », *Études d'histoire religieuse*, vol. 69, p. 9-28.

Albertine Ferland-Angers, *Mère d'Youville. Première fondatrice canadienne*, Montréal, Centre Marguerite-d'Youville, 1977 [1945], 385 p.

Guy Frégault, *La Guerre de la Conquête, 1754-1760,* Montréal, Fides, 1975, n. éd. 2009, 520 p.

Dominique Laperle, « La question des esclaves de mère Marguerite d'Youville et de l'Hôpital général de Montréal dans les notices de Wikipédia », Société canadienne d'histoire de l'Église catholique, 14 mars 2022, schec.ca.

Marcel Trudel, *Deux siècles d'esclavage au Québec*, suivi du *Dictionnaire des esclaves et leurs propriétaires au Canada français* [sur CD-ROM], Montréal, Hurtubise HMH, 2004.

VII

Ignace Bourget
(1799-1885)

par Lucia Ferretti
historienne

Pourquoi s'intéresser de nos jours à Ignace Bourget ? Pour trois raisons.

D'abord, parce que cet évêque a beaucoup contribué à renforcer l'Église catholique du Québec. Il lui a donné une armature et un élan qui ont survécu pratiquement jusqu'au concile Vatican II. Il vaut la peine, je crois, d'en connaître un peu plus sur la dynamique de cette institution.

Ensuite, parce qu'en faisant occuper par l'Église les secteurs de l'éducation, de la santé, des services sociaux et de l'aménagement du territoire à une époque où les gouvernements du Canada-Uni se désintéressaient totalement ou presque de ces questions, Bourget a préparé, sur le terrain, l'attribution de ces juridictions à l'État québécois créé par la Confédération. Ce furent même des juridictions exclusives pendant plus d'un siècle, jusqu'à ce que l'État fédéral se mette à y pénétrer dans la seconde moitié du xxe siècle.

Enfin, parce que l'épiscopat de Mgr Bourget permet de réfléchir à un phénomène capital : celui des moyens dont un peuple dominé dispose pour affirmer son droit d'exister, et d'exister à sa façon, quand l'État auquel il appartient (ici le Canada-Uni) est constitué précisément pour favoriser sa disparition.

Ces moyens sont peu nombreux. Au XIXe siècle, plusieurs peuples catholiques dominés (en Belgique, en Irlande, en Pologne) se sont appuyés sur la religion et sur l'Église pour affirmer et fortifier leur appartenance à une nation différente de celles qui les dominaient. La religion catholique est alors devenue la composante essentielle de leur identité nationale. Comme ici.

Sur ce point, Mgr Bourget et les Canadiens français ont joué la même partition. Le peuple s'est reconnu dans son Église et lui a donné en abondance les ouvriers (prêtres, religieuses et religieux) qu'il lui fallait pour façonner la société et la nation. En convergence, Bourget a travaillé à insérer profondément l'Église dans la nation, à insérer aussi la religion dans la culture.

Pourtant, si Bourget était incontestablement un patriote au sens où il aimait son peuple et son pays, il n'était pas nationaliste. Chez lui, c'est le catholicisme qui prenait toute la place. Il raisonnait en catholique, et ce qu'il voulait pour chaque catholique, c'était le salut éternel. Sauf qu'en organisant un catholicisme très public, très démonstratif et très associatif, il a donné aux Canadiens français une grande visibilité, une identité distincte, une force collective. Ceux-ci se sont emparés de ce type de catholicisme. Ils y ont trouvé le moyen de s'affirmer comme nation distincte. Et ils l'ont fait – le souligner est crucial – toujours pacifiquement. Mais résolument. Leur salut était assuré, ou du moins, celui d'une nation qui allait se rendre ainsi jusqu'à la Révolution tranquille.

Panorama d'une vie

Ignace Bourget naît le 30 octobre 1799 dans une famille de cultivateurs installée dans un des rangs du village de Lévis. Issu du peuple, il sera toujours très proche de lui.

Il est ordonné prêtre en 1822, à l'âge de vingt-deux ans. Il avait été envoyé à Montréal un an auparavant pour travailler auprès de Mgr Lartigue, à qui il succéderait en 1840 sur le trône épiscopal. Deuxième évêque de Montréal, il exercera sa charge jusqu'en 1876, année où Rome accepte sa démission.

Dans son premier mandement à ses diocésains, en date du 3 mai 1840, Bourget écrit : « Nous savons que le Souverain Pasteur [le Christ] nous impose le strict devoir de veiller sur vos âmes, comme devant en rendre un compte rigoureux ; et que, s'Il en perd une seule par notre négligence, il nous faudra donner âme pour âme et vie pour vie[1]. » Bourget se sent au plus haut degré la responsabilité personnelle d'assurer le salut de tous et de chacun de ses diocésains ; s'il ne réussit pas, ce sera, croit-il, au risque de sa propre damnation. Voilà qui explique son engagement absolu envers sa mission.

Tout au long de son épiscopat, Bourget agit sur trois fronts : stimuler la foi et la pratique religieuse des fidèles ; mieux institutionnaliser l'Église canadienne et assurer son indépendance face à l'État ; et faire de l'Église une actrice indispensable de la vie sociale et nationale.

Pour parvenir à ses fins, l'évêque de Montréal doit affronter bien des adversaires. Dans les années 1840, il veut déjouer les missionnaires protestants, financés par Londres et par de riches Églises américaines pour convertir les Canadiens français. Puis, dans les années 1850 et 1860, Bourget entreprend une lutte féroce contre les Rouges, parce que ceux-ci sont des libéraux politiques et, surtout, des anticléricaux déterminés. Ses adversaires les plus puissants, c'est toutefois au sein de l'Église elle-même que Bourget les trouve, dans les années 1860 et jusqu'à la fin de son épiscopat. Ce sont d'une part les Sulpiciens, seigneurs de l'île de Montréal et curés de la paroisse Notre-Dame depuis l'époque du régime français, résolus à ne pas céder un pouce de leurs « privilèges romains », qu'ils interprètent comme les autorisant à se soustraire à l'autorité de l'évêque ; et, d'autre part, le Séminaire de Québec, institution fondatrice de l'Université Laval, ainsi que Mgr Elzéar-Alexandre Taschereau, archevêque de Québec, qui partagent une opposition énergique à l'ouverture d'une autre université catholique de langue française, à Montréal.

1. *Fioretti vescovili ou Extraits des mandements, lettres pastorales et circulaires de Monseigneur Ignace Bourget, second évêque de Montréal, offerts à Sa Grandeur, pour célébrer les noces d'or de sa prêtrise, par trois anciens camarades du régiment des zouaves pontificaux*, Montréal, Imprimerie le Franc-Parleur, 1872, p. 1.

Bourget est un homme toujours malade, et les maux qui l'affligent nécessitent des séjours prolongés à l'Hôtel-Dieu. En conséquence, il y installe son second bureau. Il travaille vingt heures par jour. Ce labeur est interrompu par les exercices religieux et par les très nombreux visiteurs impromptus, qu'il reçoit à toute heure sans s'en formaliser, qu'il s'agisse de mendiants ou de notables. C'est un homme chaleureux et affable, surtout avec les fidèles sans pouvoir. Mais il est très autoritaire aussi, particulièrement à l'égard des religieuses et de tous ceux qui ne pensent pas comme lui. Si, après avoir largement consulté et beaucoup prié (ce qui signifie aussi réfléchir devant Dieu), il finit par se persuader que ses projets correspondent à la volonté de Dieu, il ne lâche plus le morceau. Sa patience, sa persévérance et son entêtement sont légendaires.

Mgr Bourget meurt le 8 juin 1885 au Sault-au-Récollet, où il résidait depuis sa retraite.

Un jeune homme issu d'une famille pieuse, attiré et repéré par l'Église

On ne sait presque rien de l'enfance et de la jeunesse d'Ignace Bourget. Il est le onzième de treize enfants, nés de parents cultivateurs qui ne se distinguent en rien, sauf par deux aspects. Le premier est leur souci d'éducation : le petit Ignace va à la classe de monsieur Gingras, dans la paroisse voisine de Beaumont. Le second est leur piété : en effet, alors que le nombre de vocations est très bas au Québec dans le premier tiers du XIXe siècle[2], Ignace est le deuxième garçon de sa famille à devenir prêtre, après son frère Pierre.

Entre 1811 et 1818, il fréquente le Séminaire de Québec puis le Grand Séminaire pour faire son cours classique, et ensuite sa théologie. Il continue sa théologie par lui-même entre 1818 et 1821, alors que, jeune ecclésiastique, il est envoyé au Collège de Nicolet pour enseigner le latin dans les premières classes du secondaire.

2. Serge Gagnon, *Quand le Québec manquait de prêtres. La charge pastorale au Bas-Canada*, Québec, PUL, 2006, p. 3.

Le diocèse de Québec, dirigé par Mgr Joseph-Octave Plessis, couvre alors l'Amérique du Nord britannique au complet, sauf les Maritimes et le Haut-Canada. Pour l'assister dans les différentes parties de ce diocèse qui est alors peut-être le plus étendu du monde, Plessis a besoin d'auxiliaires[3]. À Montréal, il s'agit de Mgr Jean-Jacques Lartigue. En 1821, quelques mois avant d'être ordonné prêtre, Bourget est envoyé à Montréal pour être le secrétaire de Lartigue. Commencent alors ce que le biographe principal de Bourget, le jésuite Léon Pouliot, a appelé « les années de préparation ».

Au service de l'Église de Montréal

Secrétaire de Mgr Lartigue : la préparation à l'administration

Bourget reste seize ans secrétaire de Mgr Lartigue, de 1821 à 1837. À ce titre, il est chargé de rédiger la correspondance de l'évêque. Lartigue est en contact avec un grand nombre d'acteurs : l'évêque de Québec ; les prêtres du district ; les Sulpiciens ; les notables catholiques ; les députés canadiens ; et les autorités politiques angloprotestantes. C'est une formation précieuse pour le jeune prêtre.

Mais sa charge est plus large : levée de fonds et supervision de la construction de l'église Saint-Jacques, qui servira de cathédrale ; organisation du culte lorsqu'elle ouvre ses portes en 1825 ; enseignement aux séminaristes dans l'école de théologie implantée par Lartigue à l'évêché ; surveillance des comptes de la mission de la rivière Rouge, dans le futur Manitoba, qui relève alors de Lartigue dans son rôle d'auxiliaire de l'archevêque de Québec. Dans les années 1830, Bourget est chargé entre autres d'obtenir les lettres patentes pour le nouveau collège de Saint-Hyacinthe. Il se familiarise ainsi avec quantité de dossiers.

3. Jean LeBlanc, « Québec », *Dictionnaire biographique des évêques catholiques du Canada*, Montréal, Wilson et Lafleur, collection Gratianus, 2e édition, 2012, p. 91.

Le contexte : une Église et une nation dominées, et divisées

Tout cela se déroule dans un contexte de plus en plus difficile[4]. Le pouvoir britannique bloque depuis des décennies tout développement de l'Église catholique. Les Sulpiciens refusent de se soumettre à Lartigue, un Canadien, même s'il est l'évêque, et sulpicien lui-même : dans les années 1820, les « messieurs », comme on les appelle, vont jusqu'à menacer de quitter la ville en remettant tous leurs biens aux autorités coloniales protestantes et britanniques en échange d'une rente. La chose ne se fera pas, mais elle fait voir aux Canadiens à qui va la loyauté des Sulpiciens, encore presque tous des Français à l'esprit très colonial, hautains vis-à-vis d'eux. Finalement, ce n'est qu'en 1836 que Mgr Lartigue passera du statut d'évêque à Montréal à celui d'évêque *de* Montréal.

Mais ce n'est pas tout. La grande famine des années 1830 pousse les Irlandais à l'exil. Des dizaines et des dizaines de milliers d'entre eux arrivent au Bas-Canada. En trois ou quatre ans à peine, Montréal devient une ville majoritairement anglophone. En outre, le choléra débarque avec ces immigrants, il fait des centaines de morts en 1832 puis 1834[5].

Enfin, dernier élément de contexte, la solidarité entre l'Église canadienne et les députés canadiens, qui a permis d'éviter le pire dans ce qu'on appella « l'affaire des Sulpiciens », s'effrite à la fin des années 1820. C'est que le Parti patriote a surgi du Parti canadien et fait voter coup sur coup deux lois qui ont pour effet de limiter le pouvoir du curé dans sa paroisse. Mgr Lartigue en est très irrité. Puis, à partir de 1834, les chefs patriotes les plus radicaux louent publiquement les institutions américaines que sont la république, la démocratie et la séparation de l'Église et de l'État.

Devant la perspective d'un soulèvement armé, Mgr Lartigue publie en octobre 1837 un mandement dans lequel il condamne l'action des chefs patriotes et appelle le peuple à la loyauté envers les autorités

4. Pour cette section : Lucia Ferretti, *Brève histoire de l'Église catholique au Québec*, Montréal, Boréal, 1999, ch. 2.
5. Paul-André Linteau, « Montréal », *L'Encyclopédie canadienne*, 23 septembre 2021, Historica Canada [en ligne].

civiles légitimes. Certes, Lartigue veut protéger les intérêts de l'Église ; certes, il est viscéralement antirépublicain. Mais il est aussi convaincu que le soulèvement va déchaîner la fureur de Londres et il en craint les conséquences. C'est pourquoi il tente d'empêcher les Rébellions.

Coadjuteur de Mgr Lartigue : la préparation à la mission pastorale

Entretemps, Ignace Bourget est sacré évêque, en juillet 1837. Pas évêque de Montréal, non, pas encore. Pour l'instant, il devient le coadjuteur de Lartigue, c'est-à-dire son adjoint non seulement pour les tâches administratives, mais également pour les tâches pastorales. Et Rome a aussi décidé qu'il serait son successeur.

Jusqu'à la mort de Lartigue, survenue en 1840, Mgr Bourget est d'une fidélité et d'une obéissance absolues à son supérieur. Mais son comportement révèle qu'il ne partage pas toujours sa lecture de la situation. Selon Bourget, en effet, les coupables ne sont pas les troupes patriotes mais les chefs qui leur ont monté la tête, dont il remarque que plusieurs d'entre eux ne sont pas des catholiques[6]. Pour ramener l'unité entre les Canadiens français, qu'il juge essentielle alors que la violence britannique est à son comble, il occupe un terrain que personne ne peut lui contester, celui de la religion : miséricorde, charité, compassion. Il visite les prisonniers. Il passe leur dernière nuit en prison avec les condamnés à mort. Il se soucie du sort des exilés en Australie – d'ailleurs, après 1840, il réussira à les faire rapatrier. Bref, Bourget ne conteste pas Lartigue sur le terrain politique, diviseur ; il se concentre entièrement sur le religieux pour ramener l'unité. On a essayé le loyalisme, écrira-t-il plus tard en substance à son vicaire général, et pourtant les troupes anglaises ont incendié les églises et fait fi des requêtes de l'Église de ne pas imposer l'Union[7]. Bourget va s'en souvenir. Jamais il ne sera un « courtisan, c'est à [s]on avis le plus

---

6. Mgr Bourget, lettre à Mgr Pierre-Flavien Turgeon, auxiliaire de Québec, Montréal, 28 novembre 1837, citée dans Adélard-Marie, s.g., *Monseigneur Bourget. Premières années d'épiscopat, 1837-1842*, Université de Montréal, mémoire de maîtrise ès arts, 1952, p. 26.
7. Mgr Bourget à Antoine Manseau, vicaire général du diocèse de Montréal, 2 avril 1840, lettre citée dans Adélard-Marie, *op. cit.*, p. 67. La citation qui suit est tirée de cette lettre.

honteux métier pour un évêque». Dans les années 1870, il manifestera d'ailleurs aussi sa sympathie à Louis Riel dans quelques lettres personnelles qu'il lui adressera[8].

En tant que coadjuteur, Mgr Bourget s'initie à la dimension proprement pastorale du travail d'un évêque: visite de la moitié des paroisses du diocèse en 1838 et 1839, et organisation d'une première retraite pour les prêtres afin de leur permettre de prier ensemble, d'entendre des conférences, de fortifier leur esprit de corps.

Mgr Jean-Jacques Lartigue meurt le 19 avril 1840. Bourget entre en fonction quatre jours plus tard, le 23 avril. Il connaît déjà parfaitement son diocèse et ses diocésains, la situation interne de l'Église, et les rapports de force qui s'exercent à la fois sur celle-ci et sur la nation canadienne-française.

Les grandes réalisations

Le contexte: une nation menacée, une société en mutation

En 1840, le diocèse comprend la région de Montréal, la Montérégie, les Cantons-de-l'Est, Lanaudière, les Laurentides, l'Outaouais et, au nord, il s'étend jusqu'à la baie d'Hudson[9]. Au fil du temps, d'autres diocèses seront découpés à même celui de Montréal. Mais, même dans ces limites rétrécies, la population catholique ne cessera de croître, passant de 274 000 à 359 000 âmes durant l'épiscopat de Mgr Bourget. La ville même de Montréal passe de 40 000 habitants en 1844, majoritairement anglophones, à 170 000 habitants en 1881, majoritairement canadiens-français. Dans les années 1840, à cause de la forte présence des Irlandais, la ville est déjà principalement catholique, mais de peu; à la mort de Bourget, elle sera catholique à près de 80 %[10].

8. Léon Pouliot, s.j., «Correspondance Louis Riel – Mgr Bourget», *Revue d'histoire de l'Amérique française*, vol. 15, nº 3, décembre 1961, p. 430-442; Lewis H. Thomas, «Riel, Louis (1844-1885)», dans *Dictionnaire biographique du Canada*, vol. 11 [en ligne].
9. Pour cette section, celle sur l'ultramontanisme et celle sur la fin de l'union du trône et de l'autel: Lucia Ferretti, *op. cit.*, ch. 3.
10. Roberto Perin, *Ignace de Montréal, artisan d'une identité nationale*, Montréal, Boréal, 2008, 312 p.

Les défis aussi sont immenses. Londres et le pouvoir colonial veulent la disparition des Canadiens français en tant que nation. Les missionnaires protestants financés par Londres et par certaines églises américaines veulent les convertir au protestantisme. L'immigration irlandaise massive déstabilise l'équilibre ethnique. L'exode rural et l'émigration des Canadiens français aux États-Unis ont commencé, et vont en s'amplifiant.

Ceux qui s'installent en ville deviennent des prolétaires, des ouvriers misérables, car la révolution industrielle est en marche ; leurs liens familiaux et sociaux ont été fragilisés par leur déplacement. Les années de Bourget, ce sont aussi les épidémies de typhus en 1847, de choléra en 1849, 1851, 1852 et en 1854, et de variole en 1885, chacune d'elles tuant beaucoup de monde. Et il faut encore évoquer le grand incendie de Montréal de 1852, qui détruit des quartiers entiers, la cathédrale et l'évêché, et jette à la rue 10 000 personnes. Voilà le contexte dans lequel doit travailler le deuxième évêque de Montréal.

L'ultramontanisme comme pastorale de la réconciliation et de la sollicitude

Des bouleversements semblables marquent tout l'Occident. Et partout ils font naître de nouveaux mouvements religieux. La résurgence religieuse touche les protestants, et parmi eux surtout les courants évangéliques, mais aussi, et massivement, les catholiques.

Elle commence ici par la tournée que fait en 1840-1841 un prélat français flamboyant, Mgr de Forbin-Janson. Celui-ci passe quinze mois au Québec à prêcher des missions très suivies, et spectaculaires. Il prêche sur un radeau sur le lac de Saint-Hilaire, il fait ériger au mont Saint-Hilaire une immense croix de pèlerinage, il demande que les églises soient illuminées de centaines de cierges et de lampions, il célèbre des messes grandioses et organise d'imposantes manifestations de masse. Tout cela excite chez les fidèles la contrition et l'enthousiasme, réveille leur ferveur.

Le mouvement est lancé. Dans les années suivantes, Mgr Bourget réussit à nourrir cet élan de piété populaire retrouvée.

Il fait organiser des retraites paroissiales périodiques de dix à vingt jours, et établit des confréries de dévotion à la cathédrale et dans les paroisses. Sont rétablies aussi de nombreuses et impressionnantes cérémonies, qui scandent chacun des mois du calendrier catholique : Quarante-Heures (au temps pascal), neuvaine à saint Joseph (en mars), mois de Marie (en mai), mois du Rosaire (en octobre), Avent. Bourget ranime en outre la popularité du culte des saints : il rapporte des reliques de chacun de ses voyages en Europe, il encourage les fidèles à prier les saints, tout particulièrement la Vierge. Dieu lui-même n'est plus tellement présenté comme un juge sévère, prompt au châtiment, mais plutôt comme un père miséricordieux, capable de comprendre et de pardonner la faiblesse humaine. Les curés sont invités à proposer la communion non plus comme une récompense méritée après une longue lutte contre le péché, mais comme un accompagnement, une source de force et de guérison.

Trois exemples seulement. Contrairement aux jansénistes, qui voient le mal partout, Bourget veut permettre aux jeunes de danser sans compromettre leur salut : dans les débuts de son épiscopat, il fait donc lire par les curés deux circulaires sur les bals, dans lesquelles il autorise les danses lors des fêtes familiales en présence des parents. Il favorise aussi partout l'implantation de la Société de tempérance, sorte d'Alcooliques Anonymes du temps : les hommes s'y encouragent, avec l'aide d'un aumônier, à boire moins, voire plus du tout[11]. Enfin, en 1851, à l'avant-veille de la mort de l'ancien Patriote presbytérien William Henry Scott, Bourget célèbre son mariage avec la mère catholique de ses cinq enfants, une union que par deux fois, des prêtres catholiques avaient refusé de bénir[12].

La population a soif de Dieu. Elle implore son secours dans les épreuves personnelles et collectives. Elle participe aux grands rassemblements religieux. Elle les réclame. Elle apprécie l'entraide

---

11. *Fioretti vescovili* : sur les bals : circulaires du 21 décembre 1840 et du 16 février 1843, p. 5-6 et 16 ; sur la tempérance : circulaire du 23 septembre 1841 et mandement du 25 janvier 1842, p. 8 et 14-15.
12. Jacques Gouin, « Scott, William Henry », dans *Dictionnaire biographique du Canada*, vol. 8 [en ligne].

pratiquée au sein des confréries pieuses, et la charité en train de s'organiser dans les quartiers pauvres de Montréal. L'époque devient profondément religieuse.

L'ultramontanisme est une pastorale de la réconciliation avec Dieu et de la sollicitude les uns pour les autres. Il répond non seulement aux besoins religieux et sociaux des Canadiens français, mais aussi, incidemment, à leurs aspirations nationales. Notamment, la piété ultramontaine leur donne une manière pacifique de s'imposer dans l'espace public et de dire, sans confrontation mais avec puissance : nous sommes là, nous ne disparaîtrons pas. Une telle pastorale éteint rapidement les espoirs des missionnaires protestants. En même temps, les rassemblements qu'elle suscite envoient à Londres et au pouvoir colonial le signal que le Canada français, quand il est uni, peut devenir une force.

Le renforcement de l'Église : objectif religieux, corollaire national

Dès le début de son épiscopat, Bourget veut donner des assises solides à l'Église : davantage de personnel et davantage d'unité.

En 1841, puis en 1846-1847, il se rend en Europe. En France, il cherche des renforts. Il invite les Jésuites à revenir. Il convainc les Oblats de Marie Immaculée, les religieux de Sainte-Croix, les Clercs de Saint-Viateur, les Dames du Sacré-Cœur et les Sœurs du Bon-Pasteur de venir s'implanter dans son diocèse. Par ailleurs, il persuade, parfois en exerçant une vive pression, quelques jeunes femmes et quelques veuves de fonder de nouvelles congrégations : c'est ainsi que naissent les Sœurs de la Providence (Émilie Gamelin), les Sœurs des Saints Noms de Jésus et de Marie (Eulalie Durocher), les Sœurs de Miséricorde (Rosalie Cadron-Jetté) et les Sœurs de Sainte-Anne (Esther Blondin). Rapidement, les vocations se font nombreuses, très nombreuses. On compte, sur trente ans, des centaines de prêtres et de religieux supplémentaires, et des milliers de religieuses. L'Église ultramontaine attire la jeunesse. Elle attire aussi des bienfaiteurs : par exemple les Berthelet, frère et sœur, qui dotent les quatorze congrégations implantées dans le diocèse entre 1841 et 1866 d'un nombre impressionnant de terrains et d'immeubles pour soutenir leur installation et leurs œuvres[13]. Bourget souhaite aussi que l'Église canadienne parle d'une seule voix, et qu'elle affiche plus d'uniformité d'un diocèse à l'autre. Pour cela, il faut que les évêques soient regroupés dans cette structure de concertation qu'est une province ecclésiastique. Malgré les craintes et l'apathie de l'évêque de Québec, Mgr Joseph Signay, Bourget fonce. Il obtient que Londres laisse faire. Et il convainc Rome. En 1844, Signay devient malgré lui archevêque de la nouvelle province ecclésiastique.

Les évêques du Canada-Uni se réunissent six fois en conciles provinciaux du vivant de Bourget. De ces conciles émergent beaucoup de réalisations : un catéchisme commun par exemple (sauf une « brèche[14] » pour les Irlandais, qui conservent le leur), le projet de fondation de l'Université Laval, ou encore des demandes au Saint-Siège pour la création d'une dizaine de diocèses au Québec et dans l'Ouest. Il en résulte aussi une romanisation accrue de l'Église canadienne : col romain pour les prêtres, cérémonial et rituel romains pour la liturgie, prédilection pour le style néobaroque dans l'architecture et la décoration des églises. Le symbole de la romanisation voulue par Bourget, c'est sans contredit la nouvelle cathédrale qu'il met en chantier dans l'ouest de la ville et qui sera bâtie sur les plans, réduits, de la basilique Saint-Pierre (cathédrale Marie-Reine-du-Monde, mise en chantier en 1870, achevée en 1894).

Par l'action de Bourget, l'Église catholique se dote des structures solides nécessaires à son expansion pastorale qui vont faire d'elle, en corollaire, l'institution dominante de la nation canadienne-française, la seule à pouvoir tenir tête aux pouvoirs qui s'exercent sur et contre celle-ci.

L'affranchissement de l'Église

On a beaucoup dit que si l'Église était plus libre après les Rébellions, c'est parce qu'elle avait récolté les fruits de son loyalisme envers le

13. Voir, dans le *Dictionnaire biographique du Canada*, les notices sur ces fondatrices et ces bienfaiteurs.
14. Raymond Brodeur (dir.), *Les catéchismes au Québec : 1702-1963*, Québec, PUL, 1990, p. 39.

pouvoir colonial. Cette explication est très insuffisante. En pleine époque de libéralisme économique, l'État du Canada-Uni se construit lui-même, en ne s'intéressant qu'aux affaires qu'il juge importantes : mise en place d'infrastructures de transport, aide à l'enrichissement de la bourgeoisie coloniale, création de municipalités, renforcement de la loi et de l'ordre, répression des délits. Ce genre d'État libéral laisse à l'initiative privée, dont celle des Églises, de s'occuper des services aux individus[15].

En 1848, Londres concède enfin le gouvernement responsable avec l'assermentation du ministère LaFontaine-Baldwin, le 11 mars. Dès lors, la donne change. Dans la gestion des affaires internes de la colonie, le vrai pouvoir n'est plus dans les mains de Londres ou du gouverneur général, mais dans celles du parti ou de la coalition de partis qui gagne les élections et donc, ultimement, dans celles des électeurs.

C'est pourquoi, dans les années 1840, Bourget cultive le rapprochement avec les Réformistes de Louis-Hippolyte LaFontaine : tout ce que l'évêque demande, c'est d'avoir le champ libre. Et comme l'Union finit par fonctionner à peu près comme une confédération, l'Église obtient en effet beaucoup de latitude dans le Canada-Est, y compris après le départ de LaFontaine.

D'ailleurs, en 1851 et 1854, les députés du Canada-Uni votent justement deux lois, d'abord pour donner toute liberté aux divers cultes, puis pour mettre fin aux liens privilégiés entre l'État et l'Église anglicane. Ça n'est pas la séparation entre l'Église et l'État. Mais ça n'est plus l'union du trône et de l'autel. On entre dans un régime d'association entre l'État et les organisations religieuses, tel que celles-ci y jouissent d'une grande liberté et de grandes possibilités d'action. Les nombreuses Églises protestantes y voient une opportunité. Bourget aussi.

---

15. Jean-Marie Fecteau, *La liberté du pauvre. Sur la régulation du crime et de la pauvreté au XIXe siècle québécois*, Montréal, VLB éditeur, 2004, 460 p.

Une Église plantée profondément dans la société et la nation

Considérons les missions indiennes, qui reprennent dans les années 1840 après soixante ans d'interruption. Ce n'est pas Bourget qui les relance, plutôt les Sulpiciens. Mais le mouvement s'accélère avec l'arrivée des Oblats. En 1844, l'évêque leur confie les missions de Haute-Mauricie, du Témiscamingue et du Saguenay. En 1845, les Oblats s'implantent dans le Nord-Ouest, accompagnés des Sœurs grises. Auprès des Premières Nations, la concurrence avec les protestants est vive.

Un autre ministère naît dans la tête de Bourget, celui des chantiers : des missionnaires se déplacent désormais même en hiver et au printemps ; ils vont en raquette à la rencontre des bûcherons, à qui ils font des sermons contre le blasphème, et donnent la confession et la communion.

Pour contrer l'exode des Canadiens français vers les usines de Nouvelle-Angleterre, l'évêque s'occupe de colonisation. Il siège pour un temps dans la même société de colonisation que Louis-Joseph Papineau. Celle-ci, puis celle du diocèse, encouragent l'installation de colons dans les Cantons-de-l'Est puis autour de Saint-Jérôme, et stimulent la réorientation agricole vers des productions plus rentables que le blé. À toutes ces populations, Bourget s'arrange pour donner un curé dans les meilleurs délais.

À Montréal, la misère s'abat sur des milliers de familles et d'individus isolés. Le gouvernement et l'administration municipale ne font pas grand-chose. La bourgeoisie anglophone a beau faire sa fortune sur le dos de tous les ouvriers, elle réserve sa philanthropie aux anglo-protestants pauvres[16]. Du côté catholique, Bourget soutient le développement de services de proximité : visite à domicile et distribution de combustibles et de vivres par une première conférence de Saint-Vincent-de-Paul à partir de 1848, ouverture d'un bureau de placement pour aider les chômeurs, appel aux fidèles pour soutenir,

16. Janice Harvey, « Les Églises protestantes et l'assistance aux pauvres à Montréal au XIXe siècle », *Études d'histoire religieuse*, n° 69, 2003, p. 51-67.

un sou à la fois, les religieuses qui ouvrent des établissements spécialisés tels que des orphelinats, des hospices, des asiles et un refuge pour mères célibataires. C'est d'ailleurs le moment de dire que l'expansion des Églises, à l'époque, ne s'explique pas seulement par la place que leur laisse l'État libéral, mais aussi par l'engagement personnel de milliers de croyantes et de croyants scandalisés par l'étendue d'une misère qu'ils désirent soulager. L'Église catholique accueille ces jeunes dans des associations laïques et plus encore dans la vie consacrée, et elle sait donner un sens à leur vie.

Enfin, il faut dire un mot de la confessionnalisation de l'éducation. À peine énoncé par Durham, le projet d'un seul système public d'éducation pour l'ensemble du Canada-Uni, anglophone évidemment, fait long feu. Plutôt, les députés canadiens-français réclament vivement que le Canada-Est dispose de son propre surintendant et de son propre système scolaire – leur front commun leur vaudra de les obtenir en 1842. La riche minorité anglo-protestante réussit néanmoins à bâtir un système scolaire complètement séparé, dont elle fera garantir l'existence par un article de la constitution de 1867 : la confessionnalisation de l'éducation au Québec, c'est d'abord et avant tout l'œuvre de ce groupe ethno-confessionnel, même si bien sûr les catholiques ne s'y opposent pas. Du côté catholique, justement, la pauvreté générale des Canadiens français et des Irlandais les conduit à devoir compter de plus en plus sur les religieuses pour l'éducation primaire de leurs enfants, surtout de leurs filles. En l'absence presque totale de financement par l'État, ce sont en effet les congrégations de femmes qui, en fondant des écoles privées, prennent la responsabilité de l'éducation des filles ; même dans les écoles publiques mixtes des villages, les sœurs sont souvent préférées aux institutrices laïques, car elles coûtent encore moins cher. L'État se désintéressant par ailleurs entièrement de l'enseignement secondaire et de l'enseignement supérieur : c'est donc l'Église qui s'en charge.

On le voit, sous Bourget, l'Église de Montréal, et plus largement toute l'Église catholique, prend une très grande place dans la nation et dans la société. Mais si l'évêque réussit plutôt bien à fortifier son institution et à en faire un instrument social et national incontournable, il a des adversaires. Les Rouges résistent à la montée de l'Église dans le Canada français, tandis que des groupes anciens et puissants au sein même du clergé s'en prennent au remodelage que Bourget lui imprime.

Trois longs et difficiles combats

Une Église à défendre contre l'anticléricalisme des Rouges[17]

L'ultramontanisme, on l'a vu, c'est d'abord une pastorale de la réconciliation avec Dieu et de la sollicitude envers les pauvres. Mais c'est aussi une doctrine. Sous la plume de certains de ses idéateurs, il faudrait que l'État et la société civile, chez les peuples catholiques, s'en remettent docilement aux directives de l'Église. Et encore davantage quand le peuple en question forme une nation dominée par un pouvoir hostile, doté d'une autre langue et d'une autre foi. Dans le Canada français du milieu du XIXe siècle, cette vision n'est pas partagée par tous.

En 1844 est fondé à Montréal l'Institut canadien, à la fois lieu de conférences, bibliothèque et salle de journaux ; en 1847 naît le journal *L'Avenir* ; et en 1848, Papineau revient après plus de dix ans passés aux États-Unis et en France. Tous ces Rouges, comme ils se revendiquent, ont un autre projet pour les Canadiens français : les faire vivre dans une république où l'Église catholique serait autant que possible cantonnée dans ses églises.

Un tel projet peut avoir une saveur libératrice. Mais dans le contexte colonial d'ici, il conduit les Rouges vers d'improbables amis. En 1849, par exemple, ils deviennent en quelque sorte les alliés de circonstance d'une partie de la bourgeoisie anglophone de Montréal. Si celle-ci souhaite l'annexion de la colonie aux États-Unis parce qu'elle y voit le moyen d'accroître encore sa prospérité, pour

17. Pour une vue plus complète et une interprétation un peu différente : Yvan Lamonde, *Louis-Antoine Dessaulles, 1818-1895. Un seigneur libéral et anticlérical*, Montréal, Fides, 1994, 425 p.

les Rouges, l'annexion signifierait vivre enfin en République. Et tant pis si cela entraîne la disparition à terme des Canadiens français en tant que nation. Autre exemple : les Rouges sont les alliés politiques des radicaux *Clear Grits* du Canada-Ouest, qui ne cessent pourtant de déverser sur les Canadiens français leur racisme et leur haine du catholicisme.

Mgr Bourget étant patriote, de telles positions politiques le rebutent. Mais ce qui l'enflamme à vrai dire, c'est l'anticléricalisme des Rouges. Ceux-ci semblent en effet n'avoir qu'un ennemi, l'Église catholique. Ils ridiculisent ses croyances, qualifiées de superstitions. Ils veulent abolir ses sources de revenus (la dîme et les redevances seigneuriales). Ils s'en prennent à ses alliés politiques, à savoir le parti réformiste de Louis-Hippolyte LaFontaine. Bref, ils veulent limiter sa portée.

C'est le début d'un long affrontement. L'Église se mobilise par ses journaux (diocésains ou laïques), et l'action des Sulpiciens, des Jésuites. Bien sûr, Mgr Bourget n'est pas en reste.

L'évêque se concentre sur la bibliothèque de l'Institut, qui donne à lire quelques livres à l'Index et des journaux protestants pratiquant la polémique religieuse. Entre 1855 et 1859, il harcèle littéralement l'Institut canadien pour que celui-ci expurge sa bibliothèque de telles publications. Il condamne ses membres, si bien que 200 d'entre eux (sur 700) démissionnent. Mais l'Institut résiste. Louis-Antoine Dessaulles, neveu de Papineau, va jusqu'à demander à Rome de contenir Bourget. Or, Rome, à sa manière, prend son temps.

Joseph Guibord, typographe sans histoire, s'éteint en novembre 1869. Il a toutefois eu le temps, sur son lit de mort, de refuser de démissionner de l'Institut canadien. Bourget le prive, pour cette raison, d'une sépulture catholique. Sa veuve, soutenue par Joseph Doutre et Louis-Antoine Dessaulles, conteste cette décision devant la justice. De procès en appel, l'affaire se rend à Londres jusqu'au Conseil privé qui, en 1874, ordonne qu'on enterre Guibord dans le cimetière catholique. Sa dépouille, qui repose depuis cinq ans au cimetière protestant, est alors transférée sous bonne garde. Pour avoir le dernier mot, Bourget a pris soin de désacraliser la parcelle avant la mise en terre. Mais officiellement, il a perdu. Néanmoins, après trente ans de polémique, les Rouges sont épuisés, et ne se relèveront plus.

Mais pourquoi Bourget s'est-il entêté il à ce point dans une affaire qui est loin de le révéler sous son meilleur jour[18] ?

C'est que dans les années 1860, alors que le libéralisme politique est déjà en déclin partout en Europe, il est encore bien vivant en Italie. Il y inspire le Risorgimento, qui est un mouvement pour l'unification du pays, au nom du droit des peuples à disposer d'eux-mêmes. Le problème, c'est que pour unifier l'Italie, il faut conquérir les États pontificaux et Rome elle-même. Et cela, pour l'Église universelle et pour Bourget, c'est une horreur. Le Royaume d'Italie est proclamé en 1861. L'unification s'achève en 1870 par l'annexion de Rome. Pour tenter d'empêcher cela, Bourget réussit, à partir de 1868, à recruter plus de 500 zouaves canadiens-français qui volent au secours du pape !

C'est à l'aune de ce qui se passe en Italie que Bourget lit le libéralisme des Rouges. Les deux mouvements sont pourtant très différents, l'italien est national et s'accommode de la monarchie ; le canadien-français n'est pas national et il est farouchement républicain. Mais tous deux sont anticléricaux, et cela suffit à l'évêque.

Une Église de proximité à bâtir, contre les Sulpiciens : le démembrement de la paroisse Notre-Dame

Un autre long combat de Mgr Bourget, cette fois contre les Sulpiciens, est celui du démembrement de la paroisse Notre-Dame. Rappelons-nous que les Sulpiciens sont installés à Montréal depuis 1657, qu'ils sont très riches, et qu'ils ont une claire conscience de leurs intérêts. Ils considèrent les privilèges romains qui leur ont été concédés sous le régime français, époque où le siège épiscopal était à Québec et les communications difficiles, comme la marque de leur indépendance de l'évêque.

18. Je reprendrai ici l'explication donnée par Jean LeBlanc dans son *Dictionnaire biographique des évêques catholiques du Canada* : « Bourget, Ignace, 1799-1885 ».

Et justement, même si Montréal ne cesse de se peupler et de s'étendre, les Sulpiciens ne veulent rien entendre du projet de Bourget de créer des paroisses dans les faubourgs. Il faut dire qu'autour de l'église Notre-Dame ne réside plus qu'une population déclinante, poussée hors du quartier par la multiplication des hôtels, des boutiques et des entrepôts[19] : il n'y a pas là de quoi faire vivre un curé ni nourrir une vie associative florissante. Les Sulpiciens ne veulent pas d'une paroisse au territoire si contracté. C'est pourquoi tout ce à quoi ils consentent, c'est ouvrir des chapelles de secours, comme ils l'ont fait dans le quartier irlandais, dans l'ouest, en faisant construire la chapelle (future basilique) Saint-Patrick. Cette solution ne suffit évidemment pas à assurer aux fidèles des services religieux de proximité ; en plus, elle ne correspond pas du tout au droit canon. Bourget veut changer cela.

Pendant une vingtaine d'années, il insiste, et les Sulpiciens refusent. En 1864, l'affaire est à Rome pour la énième fois. Or, cette fois, les Sulpiciens font une erreur : ils annoncent à nouveau, comme dans les années 1820, qu'en cas de démembrement de la paroisse, ils partiront de Montréal avec tout leur clergé, soit 57 prêtres, et que leurs biens iront à l'État colonial, en majorité protestant. Ce chantage, Rome ne l'accepte pas. Habituée à se faire obéir, elle interdit aux Sulpiciens de quitter la ville et autorise le démembrement. Bourget peut fonder autant de paroisses qu'il le juge bon dans les limites de celle de Notre-Dame. Pour ménager les messieurs, Rome impose toutefois une condition : que toutes les nouvelles paroisses leur soient d'abord offertes ; s'ils refusent, Bourget pourra en choisir le curé.

Une précision, ici. Une paroisse, c'est une double réalité. Selon le droit canon, il s'agit d'une subdivision territoriale d'un diocèse, pourvue d'une église et d'un curé qui y offre des services religieux complets, et met sur pied des associations pieuses ou charitables. Toutefois, selon le droit civil du Québec, c'est seulement si une telle

19. Gilles Lauzon, « Visages historiques du Vieux-Montréal : une cité du Nouveau Monde », *Continuité*, n° 72, 1997, p. 16-23.

organisation obtient la reconnaissance de l'État qu'elle devient une corporation avec tous les droits afférents, notamment ceux d'acquérir et de posséder des biens, et d'emprunter de l'argent.

Donc, de nouvelles paroisses sont créées. Mais les puissants Sulpiciens attendent Bourget au détour : avec l'aide de leur avocat et ami George-Étienne Cartier et d'autres laïcs influents auprès des députés de l'Assemblée législative, ils réussissent pendant presque dix ans à faire que celle-ci ne vote pas la loi leur accordant la reconnaissance civile. Elles ne peuvent donc pas emprunter pour construire leur église, leur presbytère ni aucun bâtiment pour loger leurs associations ou leurs œuvres. Le diocèse est obligé de garantir toutes leurs dettes, ce qui va bientôt le conduire au bord de la faillite. Ce n'est qu'en 1874 que les nouvelles paroisses seront reconnues par le droit civil.

Cette victoire de l'Église de proximité voulue par Bourget a néanmoins un coût qu'il n'a pas pu prévoir et qui ne dépend pas de lui. C'est que dans la foulée du démembrement de Notre-Dame, Montréal est devenu le lieu d'une innovation catholique mondiale, la paroisse ethnique. Les Irlandais, qui fréquentaient la chapelle sulpicienne Saint-Patrick, ont refusé de former paroisse commune avec les Canadiens français établis sur le même territoire. C'est un autre père de la Confédération, Thomas D'Arcy McGee, qui les défend. Celui-ci va plaider leur cause à Rome, disposée en faveur des Irlandais parce qu'avant d'être désillusionnée sur ce point, c'est encore sur eux qu'elle compte pour convertir au catholicisme l'ensemble de l'Amérique du Nord. En 1872, Bourget reçoit l'ordre de superposer deux paroisses sur le même territoire, l'une irlandaise et l'autre commune aux autres catholiques. Plus tard, Montréal deviendra la ville catholique comptant dans le monde le plus de paroisses ethniques, en place de paroisses communes[20]. Les immigrants catholiques évolueront donc dans des structures religieuses à part de celles des Canadiens français, ce qui aura pour effet de faciliter leur anglicisation.

20. Julien Harvey, s.j., « L'Église catholique de Montréal et l'accueil des immigrants au xxe siècle », *Études d'histoire religieuse*, n° 59, 1993, p. 89-103 ; Roberto Perin, *op. cit.*, p. 173-174.

Une université de langue française pour Montréal

À l'époque du Canada-Uni et dans les premières décennies de la Confédération, l'État ne s'occupe pas de l'enseignement supérieur. Tout ce qu'il fixe, ce sont les conditions pour obtenir les titres professionnels. Les initiatives en enseignement supérieur sont toutes privées : philanthropiques du côté anglo-protestant, et ecclésiastique du côté catholique.

L'idée de fonder une université catholique au Canada-Uni revient à Mgr Bourget. Il souhaite que cet établissement soit situé à Québec parce que c'est là qu'est le siège de la province ecclésiastique, et que la présence d'une université est propre à en rehausser le prestige. Il aurait voulu une université qui relève de la province (ecclésiastique) et donc de tous les évêques, mais finalement Rome cède aux instances du Séminaire de Québec, qui fournit l'essentiel des fonds, et donne à l'Université Laval une charte diocésaine. L'établissement ouvre ses portes en 1852.

À noter ici une chose très importante : comme les Sulpiciens, le Séminaire de Québec est ancien, il est présent depuis presque les tout débuts de la colonie, il est puissant, il est très riche, et il pense d'abord à ses intérêts.

Dans le souci de se fixer de hauts standards, et à l'instar de ce qui se fait en Europe, la nouvelle université crée des programmes longs, notamment en médecine et en droit. Mais dans le contexte du Québec, cela pose immédiatement problème.

En effet, les programmes de Laval vont bien au-delà des exigences qu'impose l'État pour reconnaître les titres de médecin et d'avocat. L'Université McGill, de son côté, se contente d'offrir les formations courtes suffisantes pour obtenir le titre professionnel. C'est aussi ce que font, en français, l'École de droit et l'École de médecine de Montréal : leurs programmes conduisent au titre professionnel, mais pas au grade universitaire puisque ce ne sont pas des universités. Les jeunes Montréalais canadiens-français et catholiques qui convoitent le grade étudient donc à McGill. Bourget voudrait que Laval reconnaisse la formation courte qui correspond aux exigences de la loi, de manière à réorienter ces étudiants vers les deux écoles professionnelles. Mais pour Laval, il n'en est pas question : s'ils veulent un grade, que les Montréalais viennent à Québec !

Évidemment, ils n'y vont pas, puisque McGill leur offre déjà ce qu'ils désirent. En 1865, Mgr Bourget fait les comptes : en treize ans, Laval a accueilli moins d'étudiants de la région de Montréal que McGill ne l'a fait en cette seule année 1865 (50 contre 71) ! On comprend pourquoi l'évêque commence à penser fonder une université francophone et catholique à Montréal. Dès lors, Laval prend tous les moyens pour faire échouer ce projet. Et ces moyens s'appellent Rome, où Mgr Taschereau et le Séminaire de Québec ont des appuis de poids.

Coupons court aux détails de cette interminable affaire, empoisonnée encore par des oppositions idéologiques et politiques entre clercs[21]. Un de ces détails, toutefois, est important. Victime de la concurrence inégale de McGill, l'École de droit de Montréal meurt dans les années 1860. C'est l'Institut canadien en personne qui se charge alors d'offrir une formation professionnelle en droit ; et pour couronner le tout, il obtient d'une université protestante anglophone d'Ontario qu'elle décerne un grade à ses diplômés. On imagine sans peine l'émoi de Mgr Bourget ! Puis un mouvement s'organise quand il devient évident que l'Institut canadien ne pourra soutenir bien longtemps un tel effort : en 1872, 82 avocats réclament la fondation d'une université catholique à Montréal.

Comme à son habitude, Rome cherche à ménager la chèvre et le chou. Mais à la fin, en 1876, elle penche entièrement du côté de Mgr Taschereau, qui craint que le Canada français ne puisse soutenir deux universités et que le Séminaire de Québec pâtisse de la concurrence. Rome est trop loin pour anticiper les développements de la métropole. Pas d'université à Montréal, seulement une succursale de Laval. Aucun droit de regard des Montréalais sur la gestion, les programmes, les admissions, et à charge pour eux de payer tous les coûts. La décision n'apparaît pas équilibrée, en tout cas, de l'avis de Bourget.

---

21. Sonia Chassé, « Pâquet, Benjamin », dans *Dictionnaire biographique du Canada*, vol. 12 [en ligne].

Les divisions entre les évêques minent Bourget

Contrairement à ses confrères, Bourget s'est abstenu d'approuver publiquement l'Acte de l'Amérique du Nord britannique tant que celui-ci n'est pas entré en vigueur : c'est que, pour soustraire la puissante minorité protestante du Québec à l'autorité de l'Assemblée législative de la province dans les matières, pourtant civiles, de mariage et de divorce, cette loi constitutionnelle en réserve la juridiction au Parlement fédéral, où les catholiques sont destinés à être toujours minoritaires ; cela, Bourget ne peut l'accepter. Néanmoins, en bonne partie grâce au travail qu'il a effectué depuis le début de son épiscopat, l'Église catholique du Québec trouve largement son compte dans la nouvelle constitution. En effet, la plupart des champs dans lesquels elle est engagée relèvent désormais de l'État provincial, à majorité catholique. La Confédération remodèle les relations entre l'Église et l'État.

Un groupe de laïcs ultramontains se met alors à rêver d'une sorte de nouvelle union des pouvoirs civil et religieux. Ils publient un *Programme catholique* en vue des élections québécoises de 1871, programme qui encourage les électeurs à soutenir les candidats appuyant clairement les projets de l'Église. Bourget et Mgr Louis-François Laflèche, à Trois-Rivières, approuvent l'initiative, mais pas les autres évêques. Le jour du scrutin, un seul candidat programmiste est élu. C'est une cuisante défaite pour les ultramontains. Après quoi, les divisions entre les évêques du Québec apparaissent de plus en plus au grand jour[22].

C'était déjà le cas à propos de l'Université Laval, on l'a vu. Ça l'est aussi à propos du libéralisme catholique. Alors que les évêques ultramontains penchent, au fédéral, du côté du Parti conservateur, l'archevêque de Québec, Mgr Taschereau, n'a pas des opinions aussi tranchées. Après avoir condamné le libéralisme catholique au milieu des années 1870, il serait prêt à des compromis, mais il est dénoncé à Rome par ses confrères.

---

22. Paul-André Linteau, « Desjardins, Alphonse (1841-1912) », dans *Dictionnaire biographique du Canada*, vol. 14 [en ligne].

Au même moment, les évêques anglophones veulent échapper à l'autorité de l'archevêque de Québec et limiter l'influence des évêques canadiens-français au pays. En 1870, l'évêque de Toronto obtient de Rome l'élévation de la ville en province ecclésiastique, pour regrouper les évêques de langue anglaise. Ceux-ci sont de plus en plus nombreux, car hors du Québec, pour ne pas déplaire au pouvoir politique protestant, Rome a pour principe de nommer des Canadiens irlandais comme pasteurs, même si les catholiques, partout au pays, sont encore très majoritairement des Canadiens français. Les clivages nationaux sont aussi profonds au sein de l'Église qu'au sein du pays.

Bourget, qui a tant travaillé pour l'unité de l'Église, voit les divisions qui se dessinent. Il sait qu'il en est l'une des causes. À partir de 1870, il demande plusieurs fois à Rome de le laisser quitter sa charge. En 1876, se sentant incapable de mettre en œuvre la décision sur l'Université Laval, il réitère sa demande, et cette fois, elle est acceptée.

C'est la fin d'une époque. Sous l'Union, l'Église ultramontaine a su apporter une réponse religieuse, sociale et même nationale aux difficiles problèmes du temps. Le remplacement de l'Union par la Confédération, puis l'avènement de Léon XIII, un pape plus politicien et plus libéral que son prédécesseur, ont créé un nouveau contexte.

Une retraite discrète

Quand il prend sa retraite, Mgr Bourget est malade, épuisé. Bientôt, son cas s'aggrave. On met alors à sa disposition une vaste maison au Sault-au-Récollet. Il s'y installe en juin 1877. Il n'a pour tout bien que ses vêtements, car il n'a jamais rien accumulé. Ce sont les Sœurs de la Providence qui assument les dépenses relatives à sa pension et à ses soins. Mgr Bourget mène tout de même au Sault une vie assez active, notamment parce que plusieurs visiteurs s'y rendent pour lui demander des conseils ou des avis.

Jusqu'à sa mort, il ne sort publiquement qu'à deux occasions. La première, entre 1880 et 1882, c'est pour quêter de porte en porte dans toutes les paroisses de Montréal et des campagnes, afin de réduire l'immense dette du diocèse. Dans son journal intime, la jeune Joséphine Marchand écrit : « Nous avons eu aujourd'hui la visite de Mgr Bourget qui demande de l'aide pour son évêché. Malgré tout ce que j'ai entendu de critiques contre lui, à cause de son immixtion dans la politique, cette belle tête blanche de quatre-vingt-trois ans attire nos sympathies. Il a fort grand air dans ses habits sacerdotaux. Ce vieillard chancelant, vêtu de pourpre et d'or, qui tend la main, a quelque chose de majestueux[23] ». La seconde sortie de l'évêque retraité, à l'automne de 1881, c'est pour aller à Rome, dans l'espoir, vain, d'obtenir plus d'autonomie pour la succursale montréalaise de l'Université Laval.

Mgr Bourget meurt le 8 juin 1885. Des centaines de voitures suivent le cortège, des milliers de personnes se pressent sur son parcours entre le Sault et la basilique Notre-Dame. Un contemporain, Laurent-Olivier David, précise : « Lorsque les bourdons et les cloches de Notre-Dame appelèrent les fidèles à ses funérailles, toute la population, à ce qu'il sembla, se mit en marche ; le plus grand nombre, ne pouvant trouver place dans l'église envahie longtemps avant l'heure, assista de la rue à l'office des morts et s'agenouilla dans la poussière du chemin[24]. » La célébration se déroule devant un parterre de personnalités politiques et d'évêques canadiens-français venus de partout au pays et même des États-Unis ; seul Mgr Taschereau, semble-t-il, n'a pas trouvé le moyen d'interrompre ses travaux. Dans son oraison, le sulpicien Louis Colin dit que Mgr Bourget « fut sans contredit, pour l'Église du Canada, l'homme le plus considérable et le plus prodigieux de son siècle » et il souligne la part prise par le défunt dans la sauvegarde de la nationalité canadienne-française vigoureusement appuyée sur la religion catholique. Le lendemain, dans la cathédrale inachevée où Mgr Bourget reposera bientôt avec Mgr Lartigue, dont on a déplacé les restes mortels, Mgr Alexandre Taché, archevêque de Saint-Boniface au Manitoba, unit les deux prélats dans une oraison

23. Joséphine Marchand, *Journal intime 1879-1900*, édité et annoté par Edmond Robillard, Montréal, Éditions de la pleine Lune, 2000, p. 23. Merci à Marie Lavigne.
24. Laurent-Olivier David, *Mgr Ignace Bourget et Mgr Alexandre Taché*, Montréal, Librairie Beauchemin Ltée, 1912, p. 35.

émue sur les développements du diocèse de Montréal et la consolidation de l'Église au pays[25].

*

Dans les biographies dont il a fait l'objet, Ignace Bourget a toujours été considéré pour ce qu'il fut : une figure immense. Mais son apport a été apprécié diversement. Ses premiers biographes, particulièrement Léon Pouliot, en ont pratiquement fait un saint. À l'inverse, des historiens des années 1960 à 1980, tels Philippe Sylvain, ont brossé de lui un portrait très négatif, par trop axé sur ses défauts personnels. Il revient notamment à Roberto Perin d'avoir rendu meilleure justice à l'évêque en soulignant sa place, exceptionnelle et si déterminante, dans l'histoire de l'Église catholique au Canada, et dans celle du Canada français et du Québec.

Sources biographiques sur Ignace Bourget

Adélard-Marie, s.g., *Monseigneur Bourget. Premières années d'épiscopat. 1837-1842*, Université de Montréal, mémoire de maîtrise ès arts, 1952, 100 p.

Laurent Olivier David, *Mgr Ignace Bourget et Mgr Alexandre Taché*, Montréal, Librairie Beauchemin Ltée, 1912, 141 p.

Frédéric Langevin, s.j., *Mgr Ignace Bourget, deuxième évêque de Montréal*, Montréal, Imprimerie du Messager, 1931, 298 p.

Jean LeBlanc, « Bourget, Ignace, 1799-1885 », dans *Id.*, *Dictionnaire biographique des évêques catholiques du Canada*, Montréal, Wilson et Lafleur, collection Gratianus, 2e édition, 2012, p. 278-293.

Adrien Leblond de Brumath, *Monseigneur Ignace Bourget, archevêque de Martianopolis (ancien évêque de Montréal)*, Montréal, Librairie Saint-Joseph, 1885, 110 p., suivi de *Oraisons funèbres de Mgr Bourget prononcées dans l'église Notre-Dame le 12 juin 1885*

25. Les deux oraisons sont reprises *in extenso* dans Adrien Leblond de Brumath, *Monseigneur Ignace Bourget, archevêque de Martianopolis*, Montréal, Librairie Saint-Joseph, 1885. La citation de Louis Colin est à la p. 7.

par M. Colin, supérieur du Séminaire et à l'évêché le lendemain par S. G. Mgr Taché, Montréal, Librairie Saint-Joseph, Cadieux et Derôme, 1885, 42 p.

Roberto Perin, *Ignace de Montréal, artisan d'une identité nationale*, Montréal, Boréal, 2008, 303 p.

Léon Pouliot, s.j., *Monseigneur Bourget et son temps*, Montréal, Beauchemin puis Bellarmin, 5 tomes entre 1955 et 1977.

Léon Pouliot, s.j., *Les dernières années (1876-1885) et la survie de Mgr Bourget*, Montréal, Beauchemin, 1960, 63 p.

Philippe Sylvain, « Bourget, Ignace », dans *Dictionnaire biographique du Canada*, vol. 11, Université Laval/University of Toronto [en ligne ; année d'écriture de l'article : 1982].

VIII

Lionel Groulx
(1878-1967)

par Charles-Philippe Courtois
historien et professeur

> Je suis de ceux qui espèrent. [...] J'espère avec tous les ancêtres qui ont espéré; j'espère avec tous les espérants d'aujourd'hui; j'espère par-dessus mon temps, par-dessus tous les découragés. Qu'on le veuille ou qu'on ne le veuille pas, notre État français, nous l'aurons.
>
> Lionel Groulx

Lionel Groulx est aujourd'hui un personnage mal connu, dont certains feraient même un repoussoir. En quoi a-t-il été une figure marquante du XXe siècle au Québec? Fait notable, il est le seul historien québécois à avoir eu l'honneur de funérailles nationales. Était-il rétrograde ou progressiste? Indépendantiste ou fédéraliste? Historien amateur ou professionnel? Penseur cohérent ou non? Toutes ces questions ont fait débat.

Prêtre, professeur, organisateur de mouvements de jeunesse, historien, romancier, essayiste, conférencier, intellectuel engagé, Lionel Groulx fut aussi un penseur nationaliste parmi les plus influents du

XXe siècle. Il a écrit pendant plus de sept décennies et a été membre, et bien souvent au centre, d'un nombre impressionnant d'associations intellectuelles canadiennes-françaises.

Lionel Groulx a joué un rôle déterminant dans la professionnalisation de l'histoire au Québec : détenteur de la première chaire d'histoire du Canada à l'université, il a contribué à la fondation du premier département d'histoire au Québec (enseignée en français) à l'Université de Montréal, et est responsable de la fondation de l'Institut d'histoire de l'Amérique française et de sa revue, qui demeurent les plus importants dans le domaine de l'histoire savante au Québec. Il a aussi été le premier historien canadien-français à obtenir un doctorat dans cette discipline.

Son travail colossal a eu des répercussions profondes sur notre culture et notre évolution collective. Il était reconnu comme l'un des maîtres à penser du nationalisme québécois, et plusieurs de ses idées de réformes ont été adoptées durant la Révolution tranquille. Visionnaire, il affirmait dans les années 1920 que les Québécois seraient mûrs pour l'indépendance dans cinquante ans, s'ils prenaient le contrôle de leur économie.

Le futur chanoine Groulx a été impliqué dans les mouvements nationalistes les plus marquants de la première moitié du XXe siècle. Il a aussi été consulté par les fondateurs des premiers partis nationalistes et progressistes modernes, avec lesquels il entretenait des liens. Des regroupements de jeunes intellectuels dans les années 1930 et 1940 feront également appel à lui.

Historien, professeur, intellectuel nationaliste influent, Groulx a été tout cela et plus encore. Celui qui allait devenir un des intellectuels québécois les plus connus de son temps a pourtant eu des origines très modestes.

Des origines rurales

Lionel Groulx naît en 1878 à Vaudreuil, alors un petit village, sur le rang des Chenaux, juste à l'ouest de Montréal. Les Groulx sont une famille nombreuse et modeste dont les épreuves communes vont le marquer profondément. Son père Léon était un « orphelin donné ». Son grand-père avait été chassé de la terre familiale parce que, veuf inconsolable, il s'était montré incapable de s'occuper de sa progéniture, sombrant dans l'alcool. Il avait donc donné, par acte notarié, ses enfants à charge de cultivateurs de la région.

Léon, qui faisait des emplois salariés pour s'acheter une terre, avait épousé en 1872 Philomène Portelance, issue comme lui d'un milieu très modeste. Le couple a déjà trois enfants quand, le 13 janvier 1878, Lionel naît. Le mois suivant, la variole s'abat sur la maisonnée. Philomène et les enfants y survivront, mais le grand gaillard de Léon, robuste draveur, y succombe. Lionel Groulx a à peine six semaines.

Heureusement pour la famille, après un an de veuvage, Philomène se remaria avec Guillaume Émond, et l'unité se fit immédiatement entre les enfants du premier et du second lit, comme on disait à l'époque. Chaque membre de la famille, nombreuse – jusqu'à onze enfants vivants habiteront sur la ferme –, travaillera d'arrache-pied pour assurer la subsistance du clan.

Le petit Lionel est très attaché à la fois à cette solidarité familiale et au cycle des travaux saisonniers. Et pourtant, un désir le tenaille, qui va fatalement l'entraîner loin de cette vie rustique : il a la piqûre des lettres et du savoir. À l'école primaire des garçons de Vaudreuil, tenue par les Clercs de Saint-Viateur, il dévore tous les livres sur lesquels il peut mettre la main, tout comme les deux journaux auquels son beau-père est abonné, soit *La Minerve*, alors un quotidien conservateur, et *L'Étendard*, journal ultramontain, critique du parti conservateur. Il fait vite le tour de la maigre bibliothèque scolaire.

Lionel Groulx envie les paroissiens qui ont la chance de poursuivre des études après le primaire, fiers de parader dans leurs uniformes de collégiens l'été. Mais cette éducation collégiale (secondaire et tertiaire) n'est pas gratuite. Comment imaginer que sa famille sera en mesure de financer de telles études ? Dans un élan mystique, Groulx se rend à l'église Saint-Michel de son village et prie pour qu'on lui permette d'effectuer ces études, en échange de quoi il se vouerait à la prêtrise. Il ne cache pas ses aspirations à ses parents et ceux-ci accepteront de lui payer des études collégiales. Le choix est fait d'inscrire Lionel à Sainte-Thérèse, dans les basses Laurentides.

Lionel Groulx est ravi : son rêve se réalise. Et pourtant, sa première année sera très dure : il a le plus grand mal à s'adapter à la vie recluse alors imposée dans les collèges classiques.

Ce n'est qu'après quelques années, grâce à des amitiés solides et un mentor, l'enseignant Sylvio Corbeil, qu'il commence à véritablement s'épanouir. Il peut donner libre cours à sa boulimie de lecture. Il finira premier de classe.

Le choix de la prêtrise

En dépit de tout cela, Groulx est de moins en moins certain de son choix de carrière. Il ne se sent pas une vocation de curé de paroisse. Ce qui l'attire, c'est une vie plus engagée sur le plan intellectuel, lui permettant de défendre les deux idéaux qui l'animent : la foi catholique et la nationalité canadienne-française. Sylvio Corbeil lui fait envisager une autre option : le métier de prêtre-enseignant.

Un nouveau collège vient d'être fondé dans sa région natale, à Salaberry-de-Valleyfield. Il n'en faudra pas plus pour dissiper ses doutes.

Les études au Grand Séminaire, à Montréal s'avèrent difficiles, et il dépérit. Mgr Émard, l'évêque de Valleyfield, décide de l'amener à Valleyfield, quitte à lui faire faire une grande partie de ses études de séminariste en étudiant autonome. Sa santé se rétablit.

Mgr Émard lui fait lire l'œuvre de saint Thomas d'Aquin, centrale dans la théologie catholique de l'époque[1], pour guider ses études. Cependant, l'élève et son maître constatent qu'ils n'ont pas de sympathies communes en manière de courants de pensée catholique – et de politique canadienne. Groulx est alors impressionné par les défenseurs ultramontains de la foi catholique, alors que Mgr Émard est plus libéral.

1. Depuis la fin du XIXe siècle et en particulier le règne du pape Léon XIII (ce qui sera renforcé par Pie X, qui deviendra pape en 1903), la philosophie de Thomas d'Aquin est le fondement officiel de la doctrine et de la théologie catholiques pour contrer le modernisme.

À la fin du semestre d'hiver 1900, Mgr Émard envoie son protégé enseigner au séminaire de Valleyfield pour enseigner. Groulx y tisse des liens forts avec plusieurs de ses élèves et tente d'innover dans son enseignement et dans la direction des jeunes.

Lionel Groulx, l'insubordonné

Groulx est animé d'une volonté de réforme : il veut s'éloigner du par cœur et de l'enseignement qui s'appuie lourdement sur des manuels. Il veut aussi stimuler la valorisation de certains idéaux, comme la défense de la nationalité et de la foi.

Avec quelques collègues, il crée même une « action catholique ». Ce nouveau concept vient d'initiatives prises en France et en Belgiquc, où des laïcs s'associent pour exercer un certain leadership aux côtés du clergé.

Cette innovation n'est pas, au départ, bien vue de la hiérarchie catholique du Québec, qui y voit une certaine usurpation des responsabilités du clergé. Son approche du mentorat des élèves ne trouve pas grâce non plus aux yeux de Mgr Émard : il y voit un excès de zèle.

Groulx va ainsi se précipiter dans un conflit prolongé avec la direction du collège et son évêque. C'est encore une fois son ancien mentor Sylvio Corbeil qui lui servira de guide pour s'en sortir.

Lionel Groulx complétera finalement ses études pour la prêtrise, et sera ordonné prêtre par Mgr Émard à la cathédrale de Valleyfield, en juin 1903. L'accalmie n'est toutefois que temporaire.

La fondation de l'ACJC

Groulx va poursuivre l'enseignement à Valleyfield pendant une douzaine d'années, sans jamais parvenir à rétablir une bonne entente avec Mgr Émard. Dès 1903, enhardi par son nouveau titre, il relance une « action catholique » dont la devise est : « Pour la patrie et pour la religion, pour la jeunesse et par les jeunes ». Ce cercle se fait un avide lecteur des écrits de Jules-Paul Tardivel, ultramontain, auteur du roman d'anticipation *Pour la patrie* (1895) qui imagine un Québec indépendant en 1945. Le cercle s'anime de discussions vives sur plusieurs sujets patriotiques, dont l'indépendance du Québec.

Des enseignants et étudiants impliqués dans les actions catholiques de divers collèges forment une « Ligue intercollégiale du drapeau », qui fait la promotion du fleurdelisé (qui deviendra le drapeau du Québec un demi-siècle plus tard, en 1948). Ce regroupement entraînera bientôt la fondation de l'ACJC (Action catholique de la jeunesse catholique canadienne-française), en 1904.

L'ACJC va rapidement devenir un des plus grands groupes de la jeunesse canadienne-française, et ce, au moins jusque dans les années 1930, où une nouvelle forme d'action catholique la remplacera graduellement : celle des regroupements de jeunesse catholique par secteur d'activité[2], séparant dorénavant catholicisme et patriotisme, ce que déplorera Groulx.

L'ACJC recrute essentiellement parmi les collèges classiques. Son importance est telle qu'elle a pu contribuer à faire adopter la loi sur le bilinguisme dans les services d'utilité publique, proposée par Armand Lavergne au Parlement de Québec en 1910.

En dépit de ces développements, Groulx se sent limité à Valleyfield. Il estime qu'il lui manque des études doctorales pour bien défendre ses idées, à l'instar de Mgr Émard. À l'époque, l'évêque sélectionne, en fonction de leur potentiel, les prêtres canadiens-français qui compléteront, aux frais de l'évêché, leurs études doctorales en philosophie et théologie à Rome.

Études doctorales en Europe

Groulx savait bien qu'il ne pouvait espérer ce soutien de la part de Mgr Émard. Son salaire d'une quarantaine de dollars par an ne lui permettrait jamais d'épargner suffisamment pour atteindre cet objectif. Heureusement, Sylvio Corbeil, maintenant à Ottawa, va coordonner une cotisation de fonds impliquant d'anciens amis de Groulx du

---

2. JEC, JOC, JIC, JAC : Jeunesses catholiques *étudiantes*, *ouvrières*, *indépendantes* et *agricoles*, respectivement.

collège de Sainte-Thérèse, devenus curés ou vicaires dans des paroisses francophones ontariennes ou américaines; ensemble, ils lui permettront de financer ses études en Europe. Groulx peut espérer séjourner en tout trois années en Europe.

C'est une occasion inespérée et Groulx est ambitieux: il veut compléter trois doctorats pendant cette période! Il va étudier la philosophie et la théologie à l'Université des Dominicains de Rome en logeant au collège canadien, ce qui lui permettra de se lier d'amitié avec des collègues. Ensemble, ils explorent la Ville éternelle, l'Italie et l'Europe. C'est un choc culturel pour Groulx, qui est subitement plongé dans la misère des quartiers pauvres des villes italiennes, et dans les conflits idéologiques violents qui agitent alors ce pays à l'unité récente. Une autre expérience marquante pour lui sera sa rencontre avec le pape Pie X.

Groulx voyage en particulier en France et en Suisse durant l'été et explore différentes universités pour son prochain doctorat. En effet, après ses doctorats en philosophie et en théologie, il entend en compléter un autre dans un domaine proche des sciences sociales. Il opte pour l'Université de Fribourg, reconnue pour son excellence dans ce domaine, où il entame un doctorat qui doit porter sur l'évolution du français au Canada et les particularités du parler canadien.

Ce séjour universitaire européen va jouer un rôle important dans sa future carrière d'historien, puisqu'il en profite pour suivre des cours de spécialistes pionniers des nouvelles sciences sociales. Malheureusement, il doit être opéré d'urgence pour un problème à la jambe qui l'oblige à être longuement alité. Cet incident lui fait brûler ce qui lui restait d'économies: une fois rétabli, il est contraint de rentrer au pays.

Malgré tout, Groulx se sent maintenant en mesure de déployer une activité intellectuelle à la hauteur de ses aspirations.

À Valleyfield cependant, la situation n'a guère changé. Groulx cherche toujours à innover: il termine ses cours par ce qu'il appelle des « forums », des périodes de questions. Autre changement: il brise le moule des dissertations répétitives sur des sujets que les étudiants maîtrisent peu, en les alternant avec la remise de fiches de lecture.

Il s'implique aussi de plus en plus dans la défense des droits du français au Canada. En réaction au Règlement XVII en Ontario, adopté en 1912, qui restreint sévèrement l'enseignement en français pour les francophones, il proposera de lancer un mouvement de protestation à travers le système scolaire francophone du Québec.

Groulx sent qu'il est dans une impasse à Valleyfield en raison de sa mésentente avec son évêque. Il tente d'utiliser son réseau pour obtenir un transfert. Mais son évêque s'oppose à toutes ces tentatives.

La vocation d'historien

Par bonheur, une autre de ses innovations en enseignement va lui permettre de débloquer la situation. Groulx fait partie d'un nombre de professeurs désireux d'ajouter du contenu canadien-français au curriculum des collèges classiques. Il développe l'enseignement de l'histoire, auquel il réserve quelques périodes hebdomadaires de sa classe de Rhétorique (sixième année du cursus classique). Pour combler un vide dans l'offre de manuels d'histoire du Canada, tous conçus pour le primaire, Groulx rédige le sien, et en fait circuler quelques copies manuscrites.

En 1913, dans son nouveau journal *Le Devoir*, le leader nationaliste Henri Bourassa développe une vigoureuse critique du manque de connaissance des législateurs canadiens-français de l'histoire de leur pays, et de l'enseignement dans les établissements d'éducation supérieure canadiens-français. Lionel Groulx écrit une lettre à l'éditeur pour faire valoir que plusieurs initiatives ont lieu dans divers collèges classiques, dont le sien ; il en profite pour mentionner l'exemple de son manuel manuscrit. Il n'en fallait pas plus pour que la rédaction du *Devoir* soit inondée de lettres de lecteurs enjoignant l'auteur de publier le manuel au plus vite.

Mais Groulx, novice en histoire, sait que le livre n'est pas encore en état d'être publié. Pour y remédier, il demande à son collège l'autorisation de séjourner à Ottawa pour y consulter les archives du Dominion : grâce au soutien de collègues qui le remplaceront dans ses classes, il séjourne quelques mois à Ottawa pour y dépouiller les archives. Il constate rapidement que publier un manuel de niveau secondaire est prématuré : la plupart des ouvrages existants de ce genre s'arrêtent longtemps avant la Confédération, et il voudrait s'approcher davantage du présent dans le sien. Or pour la période contemporaine, les études spécialisées, essentielles à la rédaction du manuel, sont encore trop rares. L'atrophie de l'histoire dans les universités canadiennes-françaises a eu un impact négatif sur l'avancement de la discipline au Québec : il n'y a alors aucun poste en histoire du Canada.

Groulx publiera quelques études historiques dans des revues savantes, mais il se rend à l'évidence : il n'est pas encore en mesure de publier un manuel d'histoire du Canada suffisamment novateur.

À l'Université de Montréal

Cet épisode l'aura toutefois fait remarquer. Mgr Bruchési, archevêque de Montréal, est décidé à dynamiser l'université Laval de Montréal (qui deviendra l'Université de Montréal en 1919). Il décide de donner un nouvel élan aux formations qui y sont offertes en recrutant parmi les enseignants novateurs au sein des collèges classiques.

C'est ainsi qu'il est appelé, avec certains de ses amis et associés de l'ACJC, comme Émile Chartier, de Saint-Hyacinthe, à enseigner des matières jusqu'alors inexistantes à Montréal, occupant de nouvelles chaires. Chartier doit développer l'enseignement de la littérature canadienne-française et Groulx, de l'histoire du Canada.

Les premières leçons d'histoire qu'il donne à l'université, en 1915-1916, ont pour titre *Nos luttes constitutionnelles*. Elles sont populaires – elles sont publicisées par *Le Devoir* – et lui valent aussi l'estime de Mgr Bruchési, qui est satisfait de son nouveau professeur. Groulx les publie en fascicules. Il enseigne aussi l'histoire économique à l'École des HEC de Montréal, une expérience formatrice qui l'amènera à tenir davantage compte de la dimension économique dans l'analyse historique, ce qui le démarquera de ses contemporains et prédécesseurs du Canada français. Cela renforce également son exposition aux sciences sociales modernes, amorcée durant ses études en Europe.

Pour être à la hauteur de la charge d'enseignement qui lui est confiée, Groulx se lance en autodidacte dans un programme de lecture axé sur les grands historiens de l'Antiquité mais aussi de l'époque moderne, en France, en Allemagne, en Angleterre et aux États-Unis. Il se lie d'amitié avec Ægidius Fauteux, conservateur de la bibliothèque Saint-Sulpice, qui met à sa disposition un coin de travail pour étudier et écrire, tout en ayant accès à une multitude de sources essentielles.

Pendant ces premières années à l'Université de Montréal, Groulx est logé dans le Mile-End, au presbytère de Saint-Enfant-Jésus, qui est alors l'épicentre de l'école la plus en vue du nationalisme canadien-français. Henri Bourassa y réside et est un visiteur régulier du presbytère le samedi soir ; le curé, Philippe Perrier, lui réserve même des portions de son tabac à pipe favori dans le fumoir. Outre des journalistes du *Devoir* comme Omer Héroux, des membres de la nouvelle Ligue des droits du français y gravitent, le père Joseph-Papin Archambault et Anatole Vanier, entre autres. Durant ces années de guerre mondiale, les débats font rage sur l'étendue de la participation canadienne dans l'effort de guerre britannique. À mesure que la possibilité de la conscription se dessine, l'agitation augmente et Groulx se trouve aux premières loges pour suivre l'opposition nationaliste à la conscription.

Il poursuit son enseignement en abordant des sujets controversés, d'autant plus intéressants pour le public qu'il lui est aisé de faire des liens avec les débats du présent : en 1916-1917, Groulx revient sur la période des rébellions des Patriotes de 1837-1838. En 1917-1918, il se penche sur la création du Dominion en 1864-1867, et ne se prive pas de critiquer les lacunes de la constitution de 1867 pour la défense des droits du français au Canada, ce qui en choque plus d'un.

L'Action française

C'est dans le contexte extrêmement tendu des débats sur la conscription que la Ligue des droits du français décide de lancer une nouvelle revue mensuelle, *L'Action française*, qui aura pour mission de compléter *Le Devoir* en offrant un forum pour publier des articles de fond sur les questions vitales à la survie et à l'épanouissement de la nationalité canadienne-française. Groulx va vite y contribuer, et ce, à maintes reprises durant la première année d'existence de la revue. Il en devient même le directeur officiel en 1920. Avec le déploiement de *L'Action française* s'ouvre ce qui constitue probablement la période la plus active de la carrière intellectuelle de Groulx. La Ligue d'Action française, nouveau nom de la Ligue des droits du français après 1920, est en effet une organisation multiforme. Selon lui, ce nouveau nom était nécessaire pour bien exprimer ses ambitions : la défense du français, certes, mais aussi de l'autonomie politique, de la culture du développement économique, de l'amélioration des conditions sociales, de la conscience nationale, toutes essentielles à l'épanouissement de la nation canadienne-française. La Ligue organise des cercles locaux, une association étudiante, tient une librairie rue Saint-Denis dans le quartier latin et même une maison d'édition très dynamique pendant une dizaine d'années.

Il se charge aussi des tâches d'éditeur pour la Bibliothèque de l'Action française, encadrant la publication de près d'une centaine d'ouvrages – romans, essais, recueils de poésie, études d'histoire ou d'économie, etc. Groulx, bien souvent, sollicite les contributions des auteurs et des autrices – quelques femmes sont du nombre. « Chez nous écrire c'est vivre, se défendre et se protéger[3] », dira-t-il en 1917. Il incitera aussi la revue *L'Action française* à publier des « enquêtes annuelles ».

La production de l'historien

Pendant ces années, Groulx l'historien est très prolifique, publiant *La confédération canadienne. Ses origines* (1918), *La naissance d'une nation* (1919), *Vers l'émancipation* (1920), *Lendemains de conquête* (1921), des études liées à son enseignement de l'année précédant leur parution. Plusieurs d'entre elles sont novatrices, la Confédération canadienne ayant fait l'objet de très peu de travaux historiques jusqu'alors, surtout

3. Cité dans Pierre Hébert, *Lionel Groulx et L'Appel de la race*, Montréal, Fides, 1996, p. 59.

en français. Dans *Lendemains de conquête*, Groulx rompt avec une des perspectives les mieux établies chez les notables canadiens-français de tendance libérale ou conservatrice ainsi que dans l'enseignement clérical, qu'on peut associer à la thèse de la « Conquête providentielle » défendue en premier par Mgr Plessis, de Québec, au moment des Guerres napoléoniennes : la Conquête, initialement vécue comme un malheur par les Canadiens, s'est avérée providentielle puisqu'elle leur a épargné les crimes et aberrations de la Révolution française, comme la proclamation des droits de l'homme et la rupture avec l'Église catholique. Dans une perspective similaire, après l'obtention du gouvernement responsable, libéraux et conservateurs présenteront Londres comme une puissance bienveillante, qui a généreusement accordé les libertés constitutionnelles anglaises au Canada.

Groulx, en revanche, y voit, comme son prédécesseur François-Xavier Garneau, une catastrophe nationale. Déjà, dans *Nos luttes constitutionnelles*, il avait soutenu que tous les droits des Canadiens français avaient été obtenus de haute lutte. Dans *Lendemains de conquête*, il innove en se penchant sur les conséquences économiques et à long terme de la défaite sur la croissance de la jeune nation : non seulement les destructions matérielles de la guerre, mais les pertes financières, les pertes humaines, la fuite d'une partie des élites, mais aussi l'exclusion économique qui accompagne le changement de métropole, où les commerçants anglo-saxons seront privilégiés. Les Canadiens français seront de plus en plus relégués à l'agriculture. Tout comme *La confédération canadienne*, cet ouvrage s'attire les foudres de penseurs canadiens-français défenseurs d'un nationalisme modéré, qui conjugue une valorisation du français avec une adhésion pleine et entière au Dominion et à l'empire britannique, comme Mgr Camille Roy, professeur de lettres canadiennes-françaises à Laval, ou Gustave Lanctôt, historien et archiviste à Ottawa.

L'écrivain et le penseur politique

Groulx est aussi prolifique dans d'autres genres. Dès 1916, il publie un recueil de contes, *Les Rapaillages*, librement inspirés de son enfance à la campagne. L'ouvrage, accueilli plutôt favorablement par la critique (et par les établissements scolaires), deviendra une de ses œuvres les plus lues, et vendues.

Il contribue régulièrement à *L'Action française* par des essais de pensée politique : en juillet 1917, il revient sur le cinquantenaire de la Confédération, pour conclure qu'il s'agit d'une « faillite » pour les Canadiens français, à la lumière de l'extinction des droits de l'enseignement en français en situation minoritaire, et de la conscription imposée en 1917 dans un climat d'hostilité ouverte.

En 1921, *L'Action française* publie une enquête annuelle portant sur *Le problème économique*, qui analyse les conditions d'une émancipation économique nationale, axée sur les moyens de prendre le contrôle de l'économie du Québec. On recommande l'investissement dans des entreprises financières canadiennes-françaises mais aussi la reprise en main des secteurs des ressources naturelles (mines, forêts, hydro-électricité…), avec l'aide de l'État québécois, ce qui détonne dans les milieux canadiens-français. Groulx dirige lui-même l'enquête *Notre avenir politique* parue en 1922, laquelle est centrée sur la possibilité d'obtenir l'indépendance du Québec ou d'un Canada français redessiné, à la faveur de la fin des empires coloniaux et, en quelque sorte, du nouvel ordre mondial fondé sur le principe des nationalités tel que soutenu par la nouvelle Ligue des nations.

Ces critiques de la Confédération canadienne entretiennent les polémiques autour de Groulx et de ce qui est de plus en plus vu comme une nouvelle école de pensée du nationalisme canadien-français.

L'appel de la race

Lionel Groulx publie son roman le plus célèbre, *L'appel de la race*, en 1922. Le livre provoque une polémique qui, à certains égards, demeure la plus importante de la littérature canadienne-française et québécoise.

Le roman est une allégorie de la Confédération : les Canadiens français doivent risquer la séparation si elle est nécessaire pour éviter l'assimilation. Le héros, Jules de Lantagnac, natif de Vaudreuil, fait une carrière de droit à Ottawa où il s'anglicise. Il épouse une anglophone de bonne famille qui se convertit au catholicisme, mais leurs enfants sont élevés en anglais seulement. À l'approche de la quarantaine, Jules veut permettre à ses enfants d'apprendre le français. Il veut aussi se lancer en politique pour lutter pour les droits scolaires des francophones en Ontario, et contre le Règlement XVII, ce qui brise son mariage et sa famille. Jules avait consulté son prêtre avant de se lancer, puisque sa femme l'avait averti qu'elle ne pourrait le soutenir dans cette aventure.

La polémique mobilise un nombre impressionnant d'intellectuels, notamment Camille Roy, de l'Université Laval, et Olivar Asselin, et de revues, *La Revue moderne* et *L'Action française* représentant les camps opposés. Le roman fait scandale pour plusieurs raisons. Tout d'abord, il y a le fait que l'auteur, un prêtre, met en scène un autre prêtre (le guide spirituel de Lantagnac) qui n'hésite pas à inciter son ouaille à prendre une décision qui risque de briser son mariage. Mais c'est aussi la thèse nationaliste et quasi séparatiste qui y est défendue qui choque.

Le roman complète à sa façon les thèses discutées par Groulx dans ses études comme *La confédération canadienne*, et dans *Notre avenir politique*. Les membres de l'Action française ne s'attendaient toutefois pas à s'attirer les foudres d'Henri Bourassa lui-même, qui fustige et ridiculise le séparatisme du groupe. Étant donné la proximité entre les rédactions du *Devoir* et de la revue *L'Action française*, cela jette un froid dans l'équipe du *Devoir* elle-même. Bourassa ne fréquente plus le presbytère du Mile-End, et les amitiés se distendent.

Pendant ces années agitées, Groulx, accaparé par *L'Action française*, ralentit considérablement le rythme de parution de ses études historiques. C'est toutefois une série de tristes événements au sein de sa famille qui l'obligeront à se demander s'il peut poursuivre son engagement au sein de *L'Action française*.

Sa mère et son beau-père avaient trouvé un arrangement pour leur retraite ; le frère aîné de Groulx, Albert, célibataire, reprendrait la terre familiale et pourvoirait aux besoins de ses parents. Or, Albert meurt subitement en 1920, suivi par le beau-père, Guillaume Émond, en 1924. Voilà sa mère seule. Groulx l'amène avec lui à son chalet à Saint-Donat, mais à l'été 1925, il s'aperçoit qu'elle boite à son tour, comme son défunt mari, mort d'une ostéite, une infection des os. Il la fait examiner par un médecin : l'infection est déclarée et la seule solution est l'amputation d'une jambe. Philomène est désormais seule et invalide à Vaudreuil ; qui s'occupera d'elle ?

Groulx décide de la prendre à sa charge et quitte donc le presbytère du Mile-End. Pour payer son loyer, il demande à être payé comme un professeur laïque à l'Université de Montréal.

Il soumet sa requête à la hiérarchie de l'Université. Le dossier traîne en longueur. Finalement, on lui explique qu'avant de le titulariser, l'institution lui demande de s'engager par écrit à s'abstenir de critiquer la Confédération canadienne et de la faire critiquer par ses étudiants ! Groulx fait intervenir son collègue et collaborateur, Antonio Perrault. Le juriste et professeur fait comprendre à la direction que *Le Devoir* se ferait un plaisir de publier des articles expliquant pourquoi Lionel Groulx aurait perdu son poste à l'Université de Montréal…

On arrive à une entente. Groulx sera titularisé en 1928, mais il abandonnera la direction de *L'Action française* afin de pouvoir consacrer plus de son temps à ses tâches de professeur et de chercheur. Il a déjà emménagé avec sa mère ; la titularisation leur permettra de s'installer dans un appartement plus spacieux et lumineux, rue Sherbrooke.

Ces changements font en sorte que *L'Action française* doit se trouver un nouveau directeur ; Groulx demeure membre du conseil de rédaction. Or la Ligue et sa revue sont à l'époque secouées par une succession de crises, dont une escroquerie. La revue prend un nouveau nom, *L'Action canadienne-française*, et vend ses actifs aux Éditions Albert-Lévesque, mais cela ne suffit pas à rétablir la situation : la revue cesse de paraître au cours de l'année 1929.

Un renouveau d'études historiques

À partir de sa titularisation en 1928, Groulx remet sa production historique au centre de ses activités. Il a même repris l'enseignement dans un autre établissement collégial : il donne des cours au collège Basile-Moreau, un des premiers collèges classiques féminins.

Il saisit des occasions de visiter différentes régions francophones : le Manitoba, où il rencontre des Canadiens français et des Métis, et ensuite la Louisiane, où il rencontre des francophones, blancs et noirs. En Louisiane, Groulx est profondément choqué par la ségrégation, imposée même à l'église, une pratique fondamentalement anticatholique. Se remémorant ce séjour dans ses *Mémoires*, il mentionne combien la situation encore faite aux Noirs américains lui semble déplorable et note que « toutes les eaux de l'Atlantique ne suffiraient jamais à laver ce crime », l'esclavage, commis de surcroît par des sociétés christianisées depuis longtemps.

Ses travaux portent avant tout sur l'histoire de l'enseignement en français au Canada. Depuis quelques années s'est formé un institut scientifique franco-canadien, dont son collègue et collaborateur, Édouard Montpetit, est la cheville ouvrière. Cet institut envoie à chaque année un érudit canadien-français occuper une chaire de professeur invité à la Sorbonne, à Paris. Groulx présente un projet en lien avec ses recherches sur l'enseignement en français, qui sera retenu ; il passera une grande partie de l'année 1930 en Europe.

Il publiera le fruit de ses travaux au Canada, sous le titre *L'enseignement français au Canada* mais aussi en France, sous le titre *Le français au Canada*, en 1932. C'est une consécration. La réputation de Groulx comme historien est consolidée. C'est même à cette occasion que son doyen, son ancien ami Émile Chartier, avec qui il s'était pourtant brouillé depuis la crise de la conscription, lui propose de présenter ce travail en guise de thèse de doctorat : cette thèse d'histoire lui vaudra un doctorat de l'Université de Montréal, qui poursuit une stratégie ambitieuse de développement.

La Grande crise et le retour du politique

L'Université de Montréal, toutefois, sera stoppée dans cet élan par la Grande Dépression, dont les conséquences ne cessent de s'alourdir depuis le Krach de 1929. Dans ce contexte, Groulx publie un essai qui marquera les esprits, *La déchéance incessante de notre classe moyenne* (1931)[4]. Il y déplore la prolétarisation des Canadiens français qui découle de l'exode rural, non sans faire le lien avec les conséquences de la Conquête britannique qui les avait majoritairement exclus, du moins comme propriétaires, des autres secteurs économiques que l'agriculture.

Devant cet état de fait, de plus en plus de ses proches se demandent s'il ne faudrait pas relancer *L'Action française*, disparue en 1929. Groulx s'y active dès 1932. Il recrute des rédacteurs et tente de trouver un directeur, étant entendu qu'il ne jouera plus ce rôle. La nouvelle version de la revue et de la Ligue s'en tiendra à un rayon d'activités nettement plus limité, et moins risqué financièrement : point de librairie, donc. La Ligue d'Action nationale et *L'Action nationale* existent encore aujourd'hui.

L'Action nationale s'attaque d'emblée à la question socio-économique. L'école sociale populaire des Jésuites publie un *Programme de restauration sociale*, dont *L'Action nationale* publie une nouvelle version en novembre 1933. Elle préconise un train de réformes sociales et de mesures économiques, comme des allocations « aux mères nécessiteuses », des pensions de vieillesse, la création d'assurances sociales, d'un salaire minimum, un plan pour permettre l'étatisation graduelle de tout le secteur hydroélectrique par rachat, etc.

Les Jeune-Canada et les accusations d'antisémitisme

Au même moment, plusieurs regroupements de jeunes intellectuels se forment pour proposer diverses alternatives idéologiques afin de sortir de la crise ou d'améliorer le sort des Canadiens français – généralement, les deux à la fois. Ce qui contraste avec l'ACJC, c'est la diversité idéologique affirmée de ces divers mouvements, ainsi que la plus grande autonomie de leurs jeunes fondateurs, très majoritairement des hommes.

---

4. Montréal, Imprimerie populaire. Groulx a présenté ce texte sous forme de conférence et l'a publié en brochure ou en article sous différentes moutures en 1930 et 1931, puis dans des recueils.

Dans un contexte où les frustrations sont exacerbées par la crise, des étudiants nationalistes, menés par André Laurendeau et Pierre Dansereau, rendent visite à Groulx pour lui demander conseil à propos d'un coup d'éclat qu'ils projettent contre des ministres canadiens-français du gouvernement Bennett, qui multiplie les nominations excluant les Canadiens français. Groulx les incite à publier plutôt un manifeste exprimant leurs critiques et leurs idées.

Les Jeune-Canada lancent ainsi le *Manifeste de la jeune génération* qui va avoir un vif succès en 1932. Groulx aide les leaders du mouvement dans la rédaction du texte et devient une référence pour eux. Le manifeste demande le respect du caractère bilingue du Canada et une place plus équitable pour les francophones, non seulement dans le gouvernement fédéral, mais dans l'économie. Le groupe multiplie les apparitions publiques sous la forme de rassemblements à travers le Québec dans les années 1934-1932. Il prend même une position de plus en plus indépendantiste.

Il est à noter qu'en 1933, les Jeune-Canada reprochent aux leaders libéraux canadiens-français de se mobiliser pour dénoncer la persécution des Juifs en Allemagne (où Hitler vient d'être nommé chancelier), alors qu'ils négligent celle des francophones dans les provinces majoritairement anglophones. Dans *La crise de la conscription, 1942*, paru en 1962, André Laurendeau s'excusera pour ces propos et soulignera leur ignorance de la situation réelle en Allemagne en 1933[5].

Se pose ici la question de l'influence de Lionel Groulx sur cette sortie malheureuse des Jeune-Canada. Certains auteurs ont accusé Groulx d'antisémitisme. Qu'en est-il ? La question demande une réflexion contextualisée parce qu'elle s'inscrit à un moment où, si l'accueil fait aux personnes de confession juive était déplorable depuis des siècles en Occident chrétien, un véritable racisme antisémite est alors en pleine croissance à l'instigation, notamment, des nazis. Or Groulx écrit en 1933 que « l'antisémitisme, non seulement n'est pas

5. André Laurendeau, *La crise de la conscription, 1942*, Montréal, Éditions du Jour, 1962, 158 p.

une solution chrétienne ; c'est une solution négative et niaise[6] ». Dans le même texte, il écrit qu'il ne faudrait pas recommander « n'achetez pas chez les Juifs », mais plutôt « faites comme tous les autres groupes ethniques : achetez chez vous[7] ! ».

À l'époque, en effet, un mouvement « Achat chez nous » prend forme qui vise à favoriser les commerces francophones. Comme cela s'accomplirait non seulement au détriment de commerces anglo-saxons mais aussi de ceux qui sont tenus par des gens de toute autre origine, juive comprise, les auteurs qui accusent Groulx d'antisémitisme y voient une preuve à charge. La réalité semble plus nuancée : Groulx rejette explicitement l'antisémitisme racial, ce qui ne l'empêche malheureusement pas de véhiculer des préjugés largement répandus à l'époque, notamment dans ses chroniques publiées sous pseudonyme, au début des années 1930.

Des historiens français comme Michel Winock, Jacques Julliard ou Serge Berstein ont mis de l'avant le concept d'antijudaïsme pour mieux distinguer les préjugés profondément ancrés d'un antisémitisme religieux de l'idéologie moderne de l'antisémitisme raciste. L'antijudaïsme désigne l'hostilité prévalente parmi les chrétiens envers les Juifs depuis au moins le Moyen Âge, et qui est toujours largement répandue au XXe siècle. L'antisémitisme, lui, désigne une idéologie activement et essentiellement raciste qui prône la violence contre les Juifs, faisant d'eux le bouc émissaire des maux de la société, économiques en particulier.

Cet antisémitisme-là a le vent en poupe durant la crise. Plusieurs groupes et partis d'extrême droite font de l'antisémitisme une part essentielle de leur idéologie et de leur discours politique. Au Canada, Adrien Arcand est le propagateur d'un antisémitisme nazi.

Groulx n'est certainement pas le propagateur d'un tel antisémitisme. Ce qu'il laisse paraître dans le passage de sa chronique qui préconise l'achat « chez nous », est révélateur d'un antijudaïsme

6. Jacques Brassier (pseud. de Groulx), « Pour qu'on vive », *L'Action nationale*, avril 1933, p. 242.
7. *Ibid.*, p. 243.

très prévalent au pays. Rappelons que le premier ministre libéral, Mackenzie King, voulait un Canada « blanc » et « chrétien », ce qui ne détonnait pas dans le monde politique canadien à l'époque. Dans un épisode tristement célèbre, en 1939, Mackenzie King refusera d'accueillir des réfugiés juifs qui fuyaient l'Allemagne nazie : beaucoup d'entre eux trouveront la mort dans les camps d'extermination.

L'Action libérale nationale

Outre les Jeune-Canada, de plus en plus de groupes de jeunes intellectuels se forment. Beaucoup demandent des conseils à Groulx, et espèrent ou sollicitent de sa part quelque expression publique d'encouragement[8].

La formation d'un nouveau parti politique, constitué par la fusion de deux groupes distincts, fait naître de vifs espoirs chez lui. À Québec, des nationalistes proches de *L'Action nationale* se regroupent autour de J.-E. Grégoire, qui devient maire de Québec en 1934 après avoir fait campagne sur la question du monopole de l'électricité dans la capitale. Ce sont notamment Philippe Hamel et René Chaloult – membre du comité de rédaction de *L'Action nationale* et proche de Groulx. À Montréal, un noyau de jeunes libéraux dissidents, critiques de l'inaction du gouvernement Taschereau face à la crise, se rassemble autour de Paul Gouin, lui aussi un admirateur de Groulx.

Ensemble, ils fondent l'Action libérale nationale (ALN), dont Paul Gouin devient le chef. *L'Action nationale* fait immédiatement une large place à leurs discours et reproduit leur programme, inspiré du *Programme de restauration nationale*, qui propose notamment l'instauration d'une assurance-hospitalisation et de préparer la nationalisation de l'hydroélectricité.

En 1935, les libéraux provinciaux, qui sont au pouvoir depuis 1897, commencent à montrer des signes d'usure dans le contexte de la crise, et du mécontentement qu'elle alimente. Le Parti conservateur

---

8. Voir Mathieu Noël, *Lionel Groulx et le réseau indépendantiste des années 1930*, Montréal, VLB éditeur, 2011, 144 p.

s'est doté d'un nouveau chef, Maurice Duplessis, qui est bien décidé à le relancer. Duplessis veut marquer ses distances d'avec le Parti conservateur fédéral, délaissé des électeurs québécois depuis la crise de la conscription, et se dit lui aussi inspiré par le *Programme de restauration nationale*.

Pour la campagne électorale de 1935, Duplessis propose une alliance au nouveau parti, qui a le vent dans les voiles, mais des moyens et une « machine » limités : ils forment l'Union nationale Duplessis-Gouin. L'emprise des libéraux sur le pouvoir à Québec est sérieusement entamée : l'Union nationale remporte 42 sièges sur 90. Groulx a suivi la campagne avec un intérêt qu'il n'a pas ressenti depuis des lustres : il croit que Paul Gouin peut être un chef politique honnête, et surtout que le programme de l'ALN permettrait de commencer le redressement national qu'il préconise depuis longtemps. Mais il se méfie de Duplessis, qu'il perçoit comme un politicien de la vieille école.

En chambre, l'Union nationale parvient à déstabiliser le gouvernement libéral avec le comité des comptes publics qui révèle scandale après scandale, tant et si bien qu'Alexandre Taschereau se résigne à démissionner. Mais c'est Duplessis qui mène le bal tandis que Gouin s'avère timide et effacé. Après la démission de Taschereau, le nouveau chef, Adélard Godbout, déclenche des élections en 1936. Paul Gouin ne se représente pas.

Groulx place encore ses espoirs dans l'Union nationale qui conserve le programme ambitieux et réformiste de l'ALN. Lorsque l'Union nationale remporte la victoire toutefois, il déchantera immédiatement. Philippe Hamel, dont le cheval de bataille est la nationalisation de l'hydroélectricité promise durant la campagne, exige un portefeuille lui permettant de la mettre en œuvre. Mais Duplessis s'avère beaucoup moins intéressé à se lancer dans cette aventure. Un groupe d'élus de l'Union nationale refuse donc d'appuyer le nouveau gouvernement : Hamel et Chaloult sont du nombre. Comme eux, Groulx estime qu'ils ont été bernés et est profondément dépité.

Notre État français, nous l'aurons !

Groulx conserve un goût amer de cette déroute des nationalistes les plus réformistes. Il espère qu'une nouvelle ALN puisse réaliser les réformes qu'il croit nécessaires. Il poursuit sa carrière d'historien et publie quelques ouvrages marquants, en particulier une étude sur les explorations de Jacques Cartier à l'occasion du quadricentenaire de son premier voyage au Canada, en 1934, qui a des accents modernes puisqu'elle accorde une place aux motivations économiques de la colonisation. Mais il reste engagé : il publie aussi deux recueils de conférences et d'essais, *Orientations* (1935) et *Directives* (1937), qui consolident son rôle de maître à penser pour un grand nombre de nationalistes et d'intellectuels. Le point culminant de cette influence est sans doute atteint lors d'un grand rassemblement à Québec en juin 1937.

Le Congrès de la langue française est un grand regroupement des francophones d'Amérique, du Québec et du reste du Canada et des États-Unis, incluant même une délégation d'Haïti. Groulx est un des nombreux conférenciers invités. Son discours, radiodiffusé en direct, est prononcé tard en soirée, après une longue journée remplie de discours, et en présence de divers dignitaires dont Lord Tweedsmuir, Gouverneur général du Canada. Le recteur de l'Université Laval, Mgr Camille Roy, et le premier ministre Duplessis se sont excusés, anticipant sans doute quelque écart de Groulx, ou plutôt, des jeunes nationalistes qui viendront l'écouter. Le bruit court même que ces jeunes planifient un coup d'éclat, et les organisateurs craignent que la soirée ne porte ombrage au Gouverneur.

Et, en effet, Groulx se fera remarquer. Son discours s'intitule innocemment *L'histoire, gardienne des traditions vivantes*. Il y explique sa conception de la tradition : loin d'être un vecteur de passéisme, elle est pour lui la valorisation de la transmission d'une culture, qui est toujours à adapter, à chaque génération. Il revient sur les longues luttes du peuple canadien-français pour résister à la disparition et veut répondre à ceux qui, dans le contexte de la Crise, estiment que ce combat est perdu ou préconisent l'éducation en anglais pour réussir économiquement, et surtout des élites libérales et conservatrices qui ont une attitude de brebis dans la défense de ces droits. Il enchaîne sur une critique de la Confédération, disant vouloir d'une « confédération à deux » et non « à genoux » :

> Qu'on le veuille ou qu'on ne le veuille pas, notre État français, nous l'aurons [...]. Les snobs, les bonne-ententistes, les défaitistes peuvent nous crier, tant qu'ils voudront : « Vous êtes la dernière génération de Canadiens français ! » Je leur réponds avec toute la jeunesse : « Nous sommes la génération des vivants. Vous êtes la dernière génération des morts ! »[9]

Or « la jeunesse » avait afflué en grand nombre pour l'entendre : cette conclusion déclenche une réaction débridée. Le lendemain, alors que Groulx se repose à la campagne chez un ami, son discours devient l'objet de scandale et fait la une des journaux. L'abbé Groulx a-t-il prononcé un discours séparatiste ?

En 1937, dans ses *Pamphlets de Valdombre*, Claude-Henri Grignon décrira ainsi l'évènement :

> Soudain, ce fut le coup de foudre ; puis ce fut l'orage… Les paroles de l'abbé Groulx, de la première à la dernière, demeurent des actes. De là, le coup de foudre dont parlent les gazettes. De là, l'orage qui assombrira la vieillesse de plusieurs gros personnages, clercs et laïques. On devine que les plus illustres ne soient pas encore revenus de leur étonnement et que si jamais ils meurent d'apoplexie, il faudra en tenir l'abbé Groulx responsable[10].

Lionel Groulx, cependant, se sentira obligé de calmer les esprits. Il dira même que l'État français qu'il évoquait est compatible avec la Confédération. Après ce discours, ses allusions à l'indépendance cessent ; il semble même qu'il mette ses velléités indépendantistes en sourdine, et ce, pour plusieurs années.

9. Cité dans L. Groulx, *Mes Mémoires*, t. III, Montréal, Fides, 1972, p. 340.
10. *Ibid.*, p. 341.

La Deuxième Guerre mondiale et le retour de la conscription

Quant à sa carrière d'historien, Groulx se cherche de plus en plus activement un successeur potentiel à l'Université de Montréal mais peine pour le moment à trouver un jeune étudiant intéressé par cette carrière exigeante. Néanmoins, durant ces années, son rôle dans le développement et l'enseignement de l'histoire nationale fait l'objet d'une appréciation croissante. La Société Saint-Jean-Baptiste et d'autres organisations patriotiques lancent même une campagne de souscription populaire (ancêtre de ce qu'on appelle aujourd'hui « sociofinancement ») pour permettre à l'éminent historien de se loger dans un plus grand confort et d'embaucher un secrétaire pour l'assister dans ses travaux. La campagne lui permettra d'emménager dans une maison de la rue Bloomfield, à Outremont, non loin du nouveau campus de l'Université de Montréal pour le prix de 8000 $ (environ 170 000 $ actuels).

L'entrée en guerre du Canada en 1939 relance la question de la formation d'un parti nationaliste. Un référendum sur la conscription déclenche en 1942 un vaste mouvement de mobilisation au Québec, rassemblant plusieurs associations et partis, sous la bannière de la Ligue pour la défense du Canada. On y retrouve ainsi les Jeune-Canada d'André Laurendeau, désormais directeur de *L'Action nationale*, des députés libéraux fédéraux dissidents, menés par Maxime Raymond, un ancien élève de Groulx à Valleyfield qui est resté proche de son professeur, mais aussi le mouvement de Philippe Hamel et René Chaloult, aussi bien que l'Union nationale. Groulx joue à nouveau un rôle important dans cette association, et notamment dans la rédaction de son manifeste. Il y fera la connaissance de jeunes militants comme Jean Drapeau et Michel Chartrand. La même année, il célébrera le mariage de ce dernier avec Simonne Monet.

La cause incite Henri Bourassa à sortir de sa retraite pour faire campagne pour le non. Ce sera le moment de la réconciliation de Bourassa avec Groulx et l'ensemble des nationalistes associés à

L'Action française, avec lesquels Bourassa était brouillé depuis 1923. Le référendum national sur la conscription donne un résultat favorable à la demande de Mackenzie King, mais on dénombre plus de 70 % voix contre au Québec. Plusieurs, dont Groulx, y voient un succès de mobilisation qui devrait s'incarner dans un nouveau parti nationaliste. Groulx voudrait qu'un parti nationaliste réformiste profite de cet élan pour tenter de prendre le pouvoir à Québec et former un bloc de députés québécois à Ottawa.

Finalement, Maxime Raymond et André Laurendeau acceptent de diriger une partie des militants du non dans un nouveau parti qui sera nommé le Bloc populaire canadien. Or, après un lancement prometteur en 1942, les fortunes du nouveau parti déclineront rapidement. Raymond est incapacité par la maladie. En 1947, sentant qu'il est sans avenir, André Laurendeau décide, de concert avec les dirigeants du parti, de démissionner et dissoudre le Bloc. Cette décision choque Groulx et provoquera un froid durable entre les deux.

L'Institut d'histoire de l'Amérique française

Pendant la guerre, Groulx a obtenu des honneurs symboliques. En 1943, il a été fait chanoine par Mgr Charbonneau. Bientôt, il prépare sa retraite. En premier lieu, il lui faut trouver un successeur à l'Université de Montréal. Après plusieurs mésaventures et refus, il repère un nouveau candidat : Guy Frégault. D'abord intéressé par la littérature, Frégault se réoriente, sur le conseil de Groulx, vers l'histoire, et complète de brillantes études supérieures aux États-Unis. D'autres étudiants manifestent leur intérêt pour compléter un doctorat en histoire : Maurice Séguin fera le sien sous la direction de Groulx en 1947. L'Université de Montréal peut alors envisager la création d'un département d'histoire : l'Institut d'histoire est inauguré en 1946, avec Frégault et Groulx comme professeurs. Groulx estime pouvoir prendre sa retraite en toute sérénité : il cesse de travailler pour l'Université de Montréal et le collège Basile-Moreau en 1949 : il aura enseigné, en tout, une cinquantaine d'années. Pas question, pour autant, de mener une retraite inactive.

Groulx rêve depuis longtemps d'une société savante regroupant les historiens canadiens-français et stimulant le développement et la diffusion de leurs travaux. Encouragé par le vif intérêt d'une partie du public pour ses conférences et pour l'histoire nationale en général, il se décide à lancer un Institut d'histoire de l'Amérique française (IHAF) en 1946. Il veut ainsi contribuer au développement de la nation par la stimulation d'un champ de haut savoir, en encourageant l'essor de l'étude de l'histoire de l'Amérique française selon les standards savants les plus élevés.

L'IHAF va tenir un congrès annuel où les spécialistes pourront présenter leurs travaux : historiens universitaires, archivistes, bibliothécaires, etc., seront ciblés pour rejoindre l'association, un peu partout en Amérique du Nord. L'Institut a aussi pour vocation de stimuler l'étude de l'histoire de l'Amérique française en offrant des bourses d'études. Groulx mobilise le réseau nationaliste qu'il connaît si bien pour « commanditer », en quelque sorte, le nouvel organisme, ce qui lui permet de lancer la *Revue d'histoire de l'Amérique française* dès 1947, vite devenue la plus importante revue d'histoire en français du pays. Notons que durant ces années, ses pages font une place non négligeable à la francophonie canadienne hors-Québec, mais aussi des Amériques, avec des travaux sur les territoires de la Nouvelle-France intégrés aux États-Unis, ou sur Haïti.

Groulx accueillera les bureaux de l'Institut à son domicile et sera ravi d'y encourager les travaux des étudiants, dont le nombre grandit. Il préside le comité de direction de l'IHAF et dirige la revue, qui publie quatre numéros par an, fonctions qu'il exercera jusque dans les années 1960 : on peut donc en effet parler d'une retraite très active.

L'Histoire du Canada français

Comme si ce n'était pas assez, Groulx entend aussi mettre à profit sa retraite pour réaliser une autre de ses anciennes ambitions en histoire : publier une synthèse moderne de l'histoire nationale jusqu'à nos jours. Il n'y en a pas véritablement eu de nouvelle depuis celle de François-Xavier Garneau, au milieu du XIXe siècle.

Il saisit l'occasion qui lui est offerte par la Société Saint-Jean-Baptiste de Montréal (SSJBM), qui veut permettre au vieil historien de donner des conférences radiophoniques sur l'histoire nationale. Ces conférences seront diffusées grâce à des stations privées, comme CKOI, de Montréal. Groulx utilise ces rendez-vous réguliers pour rédiger sa synthèse en petites tranches ; il la publiera en deux volumes en 1950 et 1952. Il trouve une certaine consécration lorsque l'historien de l'Université Laval, Marcel Trudel, reconnaît les mérites de l'ouvrage. Paradoxalement, au même moment, la relation entre Groulx et ses anciens étudiants qui lui ont succédé à l'Université de Montréal, Frégault, Brunet et Séguin, commence à tiédir. Une école historique est en train de s'y développer, qui s'opposera bientôt à celle de l'Université Laval[11]. Elle est pourtant l'héritière de Groulx, épousant une forme de nationalisme (contrairement à celle de Laval, que l'on pourrait qualifier d'antinationaliste) et se penchant sur les conséquences à long terme de la Conquête sur la nation canadienne-française. Qu'est-ce qui distingue alors les élèves de leur ancien maître ? Maurice Séguin, le principal théoricien de l'école de Montréal, décrit lui-même cette école comme étant « pessimiste ».

En effet, pour l'école de Montréal, la Conquête a des conséquences presque fatales pour la petite nation canadienne-française, trop importante pour être assimilée, trop faible pour pouvoir obtenir son indépendance, par conséquent condamnée à croupir dans une certaine médiocrité. Ces théories « pessimistes » séduisent une partie de la jeunesse, qui y voit un appel à une ferme réaction contre la subordination des Canadiens français. Mais Groulx ne saurait se réconcilier avec cette approche qu'il estime autodépréciative : pendant toute sa carrière de professeur, d'intellectuel engagé, d'historien et d'auteur, il a voulu être un agent de fierté. Par la connaissance de leur histoire nationale, de leurs réussites passées, y compris leur résistance à l'assimilation, il espérait stimuler un élan vigoureux parmi les

11. Voir F.-O. Dorais, *L'école historique de Québec*, Montréal, Boréal, 2022, 476 p. ; R. Rudin, *Faire de l'histoire au Québec*, Sillery, Septentrion, 1998, 280 p. ; Jean Lamarre, *Le devenir de la nation québécoise*, Sillery, Septentrion, 1993, 561 p.

Canadiens français, qui les inciterait à demander un traitement égal au Canada.

C'est un peu pour contrecarrer la vision de l'école de Montréal que Groulx publie, en 1958, *Notre grande aventure. L'empire français en Amérique du Nord (1534-1760).* Ce recueil, il l'a écrit « en songeant quelque peu à [s]es compatriotes, les jeunes Canadiens français », « tout en respectant l'objectivité historique ». Il raconte les exploits et prouesses des ancêtres, qui étaient certes motivés par les conditions politiques et économiques de leur temps, mais aussi stimulés par la nature du continent et par une « volonté de faire plus grand qu'eux-mêmes ». Groulx voulait donner à la jeunesse des exemples d'héroïsme et « le goût des grands et beaux risques »[12].

La Révolution tranquille

Groulx, s'il a des réserves par rapport à la Révolution tranquille en ce qui concerne la religion, y voit, sur le plan politique, un sursaut national qu'il n'osait plus espérer. Échaudé par les échecs de l'ALN et puis du Bloc populaire, Groulx craint que les efforts et réflexions des nationalistes réformistes des années 1920 et 1930 ne fussent en vain.

Une fois que l'équipe du tonnerre lance son train de réforme, Groulx est ragaillardi, emballé même. Il voit dans l'ensemble des mesures, comme la nationalisation de l'hydroélectricité, le renforcement de l'autonomie financière de l'État, l'affirmation nationale d'un « État du Québec », le développement de l'éducation et la défense du français, une sorte d'aboutissement de tous les efforts intellectuels des nationalistes de l'entre-deux-guerres et des années 1940, de *L'Action française* et de *L'Action nationale.* En particulier, la campagne électorale de 1962 et le slogan des libéraux, « Maîtres chez nous », lui donnent ce sentiment.

Georges-Émile Lapalme, chef en second du Parti libéral depuis 1958, est responsable du programme ambitieux de réformes du PLQ. Plus tard, dans ses mémoires, Lapalme dira clairement toute

12. Lionel Groulx, *Notre grande aventure*, Montréal, Bibliothèque québécoise, 1990, p. 26.

l'influence qu'auront eu sur sa pensée les écrits de Groulx et de *L'Action française* : la publication de *Notre avenir politique* par *L'Action française* avait été pour lui, collégien à l'époque, une véritable révélation ; ces ouvrages constituent même les « sources » du programme politique qu'il a rédigé[13].

Groulx n'avait pas du tout prévu que les libéraux puissent être les agents de ce renouveau national déterminé à Québec. Pourtant, nombre de nationalistes proches de *L'Action nationale* se sont joints à l'équipe au pouvoir : Pierre Laporte, Jean-Marc Léger, Guy Frégault… Léger reconnaîtra l'influence de Groulx sur cet élan de renouveau national :

> Il n'est certes pas excessif de dire que le chanoine Groulx a exercé pendant ce demi-siècle une influence de tout premier plan sur l'évolution du Québec, beaucoup plus grande parce que plus profonde que celle de la plupart des hommes politiques et que le nouvel élan du Québec lui est dû pour une très grande part[14].

René Lévesque, quant à lui, a été exposé de près, lorsqu'il était étudiant, au nationalisme de l'ALN et au plaidoyer de Philippe Hamel en faveur de la nationalisation de l'hydroélectricité. Ce dernier projet, en particulier, suscite l'enthousiasme du vieux chanoine. André Laurendeau l'interviewe dans *Le Devoir* pour lui demander si les esprits conservateurs ont raison d'y voir une mesure socialiste et condamnable : « Pas de survivance française chez nous sans libération économique[15] ! »

Groulx est particulièrement inspiré par René Lévesque. Il écrit dans ses *Mémoires* : « Par quelles influences secrètes, le ministre qui symbolisait la reprise de nos ressources naturelles a-t-il été envoyé au ministère de la Famille[16] ? » Car pour Groulx, sa tâche était loin d'être achevée. Il se montrera enthousiasmé, dès 1964, par l'idée d'une forme

13. George-Émile Lapalme, *Mémoires*, t. II, Montréal, Leméac, 1970, p. 240.
14. *Le Devoir*, 26 nov. 1965, cité dans *Mes Mémoires*, t. IV, p. 356.
15. *Le Devoir*, 24 oct. 1962, cité dans *Mes Mémoires*, t. IV, p. 323.
16. *Mes Mémoires*, t. III, p. 356.

de « souveraineté-association », avant même qu'elle ne soit défendue par Lévesque, y voyant « l'acheminement normal, logique, de toute l'histoire du Canada français ». Obtenir le soutien immédiat de la France serait nécessaire, mais peut-être pas suffisant : il faut anticiper l'hostilité du Canada anglais, et même des États-Unis. Il voit dans la formule des « États associés » le moyen d'obtenir la souveraineté tout en répondant aux craintes du Canada anglais[17].

Si Groulx est enchanté par les réformes nationalistes qui sont mises en œuvre et se réjouit de voir se lever « une aube nouvelle, une libération, [...] un tournant de l'histoire », il est affligé par la sécularisation et le rejet de la foi catholique qu'il constate parmi la jeunesse. Il tente de comprendre le phénomène dans un ouvrage au style inhabituel, pour Groulx : *Chemins de l'avenir*. Il constate combien on assiste à un phénomène international de rejet des traditions, qu'il estime sans précédent et difficile à expliquer. Les passages où il critique les nouvelles valeurs hédonistes et la perte du catholicisme ont le plus retenu l'attention des lecteurs – suscitant parfois une réaction de rejet –, mais ils contribueront aussi à en faire un grand succès de librairie. On s'est moins attardé à la section de l'ouvrage qui se penche sur l'avenir de la nation québécoise et défend la formule des « États associés ».

Une consécration

On le voit, en dépit de son âge avancé, Groulx demeure extrêmement actif : il publie énormément et participe aux grands débats de l'heure. Il continue de publier des ouvrages d'histoire, dans la *Revue d'histoire de l'Amérique française*, dans *L'Action nationale* et d'autres revues, mais vers 1966, il commence à ralentir le rythme. « La fin est proche. Je la sens », écrit-il dans ses *Mémoires* à la fin de l'hiver 1967[18]. Il visite l'Expo 67 avec son ami Jean Drapeau au début de l'année et prévoit encore un lancement de livre, en mai. Il ne s'y rendra jamais : le matin, en jardinant dans son domaine à Vaudreuil, il est victime d'une

17. *Ibid.*, p. 116.
18. *Mes Mémoires*, t. IV, p. 351.

embolie. Rapidement, les eulogies et les hommages affluent. *Le Devoir* titre le lendemain : « Lionel Groulx est mort. Jour de deuil vendredi » et recueille une multitude de témoignages. Claude Ryan déclare : « Il passera à l'histoire comme le père spirituel du Québec moderne. » André Laurendeau : « Pour une part, la Révolution tranquille, ç'a été l'irruption dans le réel des pensées qu'il entretenait et qu'il claironnait depuis plus d'un tiers de siècle. » Il ajoute : « j'ai rencontré peu d'êtres dont l'indépendance d'esprit fut aussi virile », soulignant une des qualités qui l'avaient rendu si inspirant pour plusieurs générations de jeunes. Et de conclure : « Nous l'avons beaucoup aimé. »

Fait exceptionnel, les leaders politiques du Québec s'entendent pour marquer son décès par des funérailles nationales. Daniel Johnson déclare : « Son nationalisme était essentiellement positif. Il procédait de l'amour des siens et non de la haine des autres. » Jean Lesage affirme : « Son influence m'a profondément marqué[19]. »

Durant ces années où la Révolution tranquille battait son plein, un grand nombre d'acteurs de la Révolution tranquille voyaient en Groulx une très importante source d'inspiration pour l'élan d'affirmation nationale en cours au Québec. Si de nos jours, cette filiation n'est plus évidente, il est intéressant de se rappeler pourquoi elle l'était à l'époque, afin de mieux comprendre non seulement le phénomène de la Révolution tranquille, mais l'histoire du Québec au XXe siècle.

19. Pour les citations : *Le Devoir*, 24 mai 1967, p. 4.

IX

Marie-Victorin (1885-1944)

par Yves Gingras
historien

Fils d'une famille à l'aise de Québec – son père est un riche marchand de grains et de farine –, Conrad Kirouac voit le jour le 3 avril 1885[1]. Le futur fondateur du Jardin botanique de Montréal a une enfance plutôt paisible, mais marquée par une santé fragile, confiera-t-il plus tard[2]. Au cours de ses études à l'Académie commerciale de Québec, il se découvre une vocation d'éducateur et veut suivre l'exemple de ses maîtres, les frères des Écoles chrétiennes. À seize ans, il quitte Québec pour le noviciat du Mont-de-La-Salle à Maisonneuve. Il prend alors le nom de frère Marie-Victorin. Après deux années d'apprentissage, il commence à enseigner au niveau élémentaire au Collège de Saint-Jérôme. Après un bref passage au Collège Saint-Léon de Westmount, il est finalement rattaché à celui de Longueuil, où il enseignera de 1904 à 1920[3].

---

1. Ce texte reprend de façon condensée des portions de plusieurs de mes publications consacrées à Marie-Victorin au cours des vingt dernières années.
2. Marie-Victorin, « Histoire de l'Institut botanique de l'Université de Montréal », *Contributions de l'Institut botanique de l'Université de Montréal*, n° 40, 1941, p. 13.
3. Pour plus de détails, voir Robert Rumilly, *Le Frère Marie-Victorin et son temps*, Montréal, frères des Écoles chrétiennes, 1949, 459 p.; et Gilles Beaudet, f.é.c., *Frère Marie-Victorin*, Montréal, Lidec, 1985, 64 p.

Jusqu'à cette année charnière qui le voit basculer subitement de l'enseignement secondaire à l'enseignement universitaire, Marie-Victorin s'intéresse autant à la littérature qu'à la nature. Par la suite son énergie sera entièrement consacrée à ses combats pour le développement scientifique du Québec, mais il trouvera encore le temps de rédiger, sur le modèle de ses « croquis laurentiens », des croquis cubains et haïtiens, de même qu'un journal de son voyage de 1929, « À travers trois continents », documents demeurés inédits.

Un itinéraire improbable

Marie-Victorin a constamment vécu dans l'attente de la mort, après qu'il eut été frappé par une première hémorragie pulmonaire, signe de son état tuberculeux, qui s'était déclaré alors qu'il était professeur de troisième année au Collège de Saint-Jérôme[4]. L'été suivant, il confie à son journal intime que « cette retraite pourrait bien être ma dernière » (10 juillet 1904). Quatre ans plus tard, il est encore gravement attaqué et note : « les hémorragies m'ont repris le 16 février à l'église, au moment où je me disposais à communier. On m'a ramené à la maison sur un brancard porté par six frères… C'était macabre ! […] J'ai été administré le 21 février et vraiment j'étais prêt pour le grand voyage… » (4 mars 1908).

Le jeune frère des Écoles chrétiennes est donc très tôt conscient que son temps est probablement compté. Le jour de ses vingt ans, il écrit : « Et me voilà, aujourd'hui, en religion, éducateur. Mes vingt ans me prenaient les bras croisés, jouissant (?) d'une santé incertaine, sans avenir probable » (3 avril 1905). Compensant peut-être cette incertitude quant à son avenir, il s'investit totalement dans la vie, l'action, les combats et le savoir, thèmes qui traversent non seulement son journal personnel, mais toute son œuvre. Homme d'action plus que de contemplation, il célèbre le début des classes et semble heureux de se retrouver « de nouveau dans la vie active, dans le bruit, le mouvement,

---

4. Marie-Victorin, *Mon miroir. Journaux intimes, 1903-1920*, édition établie et annotée par Gilles Beaudet, é.c. et Lucie Jasmin, Montréal, Fides, 2004, 814 p. Les citations seront dorénavant indiquées dans le texte par la date d'entrée du journal intime.

la lutte » (7 septembre 1908). Une devise qu'il propose pour son Cercle littéraire, sans toutefois la retenir, dit tout : « Non pour l'école, mais pour la vie » (29 novembre 1906).

Si sa maladie lui fait aimer la vie, elle fixe aussi son orientation scientifique. C'est du moins ce qu'il croit. Au cinquième « anniversaire » de ses premières hémorragies, il note :

> Cet événement a complètement changé le cours de mon existence. Il a fait de moi un convalescent à perpétuité sur qui on ne peut compter pour rien de sérieux et de durable. Mes rêves d'avenir qui dans leur ampleur réclamaient une forte santé ont été brisés. D'un autre côté la nouvelle vie que j'ai dû mener, vie de soins et de grand air, a fait de moi un naturaliste et m'a permis de me livrer à des études qui autrement me seraient restées étrangères. (27 décembre 1908)

C'est ainsi qu'il commença ses herborisations au printemps de 1904. Rattaché au Collège de Longueuil à compter de l'automne de la même année, il explore systématiquement les environs et étend son enquête aux rives du Saint-Laurent, au Mont-Beloeil et au Fort Chambly, toujours accompagné de son guide : la *Flore canadienne*, de l'abbé Léon Provancher, publiée en 1862 et alors seule référence disponible. Il est autodidacte, mais son apprentissage sera facilité par la rencontre au Collège de Longueuil d'un confrère venu de France, le frère Rolland-Germain (1881-1972). Se liant d'amitié, ils deviendront vite inséparables et c'est le plus souvent ensemble qu'ils exploreront le Québec « du Témiscamingue aux Îles-de-la-Madeleine, et de l'Abitibi aux Cantons de l'Est[5] ». Ses herborisations mènent à sa première publication, en 1908, dans *Le Naturaliste canadien*. À ce point de son apprentissage, la consultation de la *Flore canadienne* ne suffit plus et il entre en contact avec plusieurs botanistes nord-américains, dont Merritt L. Fernald, un professeur de l'Université Harvard spécialiste de la flore de l'est du Québec, et Francis Lloyd, de l'Université McGill, qui l'aident à sortir définitivement de l'amateurisme.

5. Marie-Victorin, « Histoire de l'Institut botanique de l'Université de Montréal », p. 14.

Vers la *Flore laurentienne*

Le professeur du Collège de Longueuil voyait grand, mais sa position d'enseignant dans une petite école secondaire rendait la réalisation de ses rêves improbable. Même stimulé par l'amitié de son ami Rolland-Germain et sa correspondance avec de grands botanistes étrangers, son travail se fera, jusqu'en 1920, dans un isolement presque complet.

Tout en consacrant ses étés aux herborisations, il est attiré par l'écriture. En 1910, il compose un drame historique, *Charles Le Moyne*, qui remporte un certain succès. Ses velléités littéraires mènent à la publication de deux ouvrages illustrés par Edmond-J. Massicotte publiés en 1919 et 1920 : les *Récits laurentiens*, fortement influencés par les écrivains du terroir, et les *Croquis laurentiens*, au style déjà plus personnel. Plutôt bien accueillis par la critique, ils seront souvent réédités et abondamment utilisés dans les écoles[6]. Entretemps, ces « escapades passagères » – comme il se plaira plus tard à caractériser cette période –, ne l'empêchent pas de préparer sa *Flore du Témiscouata*, publiée en 1916.

L'année 1920 marque un tournant capital dans la carrière de Marie-Victorin, qui rendra possible la réalisation de ses rêves de jeunesse. Nommé professeur de botanique à l'Université de Montréal, il pourra dorénavant former une relève et ainsi corriger l'absence de naturalistes canadiens-français qu'il déplorait déjà en 1908. Il s'entourera aussi de collaborateurs qui l'assisteront dans son travail d'identification de la flore. Ainsi, aux excursions habituelles de Marie-Victorin et du frère Rolland-Germain, s'ajoutent celles de ses nouveaux étudiants : Jules Brunel explore d'abord avec son maître la région du Lac-Saint-Jean et s'occupe ensuite d'algologie dans la région de Montréal, en compagnie de Cécile Lanouette. On le retrouve ensuite dans le parc national des Laurentides et sur la Côte-Nord, entre Mingan et Blanc-Sablon, toujours à la recherche d'algues et de phanérogames. Marcelle Gauvreau récolte et étudie les algues marines des deux rives du Saint-Laurent. Avec Georgette Simard, elle se rend aussi aux Îles-de-la-Madeleine

6. Les *Croquis laurentiens* ont été réédités en 1982 chez Fides dans la collection du Nénuphar avec une présentation d'André Gaulin, avec la collaboration d'Aurélien Boivin.

et, accompagnée de Claire Morin, scrute la région de Charlevoix. Enfin, Jacques Rousseau explore l'estuaire du Saint-Laurent, le Bic, les Chics-Chocs, la Matapédia et Charlevoix, alors que d'autres accompagnent Rolland-Germain dans la baie des Chaleurs et même au Nouveau-Brunswick.

L'énergie, le charisme et le sens de l'organisation de Marie-Victorin lui permettront de réaliser, entre 1920 et 1935, le tour de force de publier en plein cœur de la crise économique ce qui sera aussitôt acclamé comme la bible des naturalistes canadiens-français. C'est en effet en 1935 que la *Flore laurentienne*, fruit de vingt-cinq ans de recherches systématiques sur le terrain, voit le jour par les bons offices, et aux frais, des frères des Écoles chrétiennes. Ouvrage massif de plus de 900 pages, il est illustré de 22 cartes et de 2800 dessins des mains expertes du frère Alexandre, professeur de biologie au Mont Saint-Louis et l'un des tout premiers étudiants de Marie-Victorin à l'Université de Montréal. *Flore laurentienne* répond enfin aux objectifs que ce dernier s'était fixés vingt ans plus tôt. Conscient d'avoir mené à terme un projet de grande ampleur, le 3 avril 1935, jour de son cinquantième anniversaire, il dédie le livre « à la jeunesse nouvelle de [son] pays ».

Fruit du travail collectif de la première génération de botanistes formés par Marie-Victorin, la *Flore laurentienne* demeure un ouvrage vivant, constamment mis à jour. Conscient du fait que « la flore critique et complète du Québec est une œuvre de longue haleine », Marie-Victorin disait que son achèvement ne serait « possible qu'au moment où la génération actuelle de botanistes aura terminé l'exploration du territoire, dressé l'inventaire, et mis au point un grand nombre de questions de détail ». Et c'est pour assurer cette succession qu'il avait fondé l'Institut botanique de l'Université de Montréal et le Jardin botanique de Montréal, qui ont continué ce que Pierre Dansereau a appelé « la tradition botanique de Montréal », inaugurée par le frère des Écoles chrétiennes[7].

7. Pour plus de détails sur la *Flore laurentienne*, voir ma contribution à l'ouvrage dirigé par Claude Corbo, *Monuments intellectuels québécois du XXe siècle*, Sillery, Septentrion, 2006, p. 29-38.

Patriote et réformateur

En parallèle à ses activités d'enseignement et de recherche botanique, Marie-Victorin s'est toujours intéressé en intellectuel à la vie politique. Il fonde en 1906 un cercle de l'Action catholique de la jeunesse canadienne-française (ACJC) où les élèves, jouant des pièces de théâtre (dont certaines de sa plume), développent leurs sentiments patriotiques. Il porte d'ailleurs un jugement critique sur les politiciens qu'il trouve trop opportunistes. Posant son regard analytique et un peu distant sur un discours du premier ministre Lomer Gouin, prononcé lors d'une assemblée publique au Carré Hurteau, il écrit: «étrange comme ces gens-là seraient nobles et grands sans cette boue qu'ils ne peuvent manquer de récolter dans les marécages de la politique» (1er octobre 1907). Patriote, il se console en voyant en la personne d'Henri Bourassa, qui se présente alors aux élections fédérales de 1908, «au moins un homme au franc-parler et à l'âme droite qui va rentrer en chambre. Que Dieu lui accorde de ne point dévier de la voie droite» (10 juin 1908). Et le jour de l'élection, il se demande sur un ton ironique: «Que va-t-il sortir de l'urne; du bleu et du rouge et probablement peu d'hommes» (26 octobre 1908). Mais son scepticisme face aux politiciens n'empêchera jamais ce fin stratège de les utiliser à ses fins et de les enrôler dans ses projets, comme il le fit avec Camillien Houde et plus tard avec Maurice Duplessis, qui, élu en 1936, débloquera des fonds pour appuyer la construction du Jardin botanique[8]. Nationaliste, il applaudira à la création du *Devoir*, «le grand événement de la saison» (22 janvier 1910) et se flattera plus tard d'en être devenu collaborateur sous le pseudonyme «M. Son Pays». Il pouvait ainsi écrire des textes pour «faire passer d'utiles vérités» (15 janvier 1916). Cette collaboration avec les artisans du *Devoir* durera toute sa vie active et le quotidien de la rue Saint-Jacques publiera tous ses discours importants[9].

---

8. Sur l'appui de Marie-Victorin et de ses disciples à l'élection de Duplessis en 1936, voir Raymond Duchesne, *La science et le pouvoir au Québec (1920-1960)*, Québec, 1976, 126 p.
9. Pour plus de détails sur les relations de Marie-Victorin avec les artisans du *Devoir*, voir Yves Gingras, «Science et communauté scientifique, 1910-1993», dans *Le Devoir, reflet du Québec au XXe siècle*, sous la direction de Robert Lahaise, Montréal, HMH, 1994, p. 215-236. Voir également Marie-Victorin, *Science, culture et nation*, textes choisis et présentés par Yves Gingras, Montréal, Boréal, 1996, 186 p.

Homme d'action et de conviction, il n'aime pas les timorés et ceux qui s'apitoient sur leur sort au lieu de se prendre en main : « Rien que d'entendre des gémissements sur la dégénérescence de notre race canadienne, m'énerve », confie-t-il à son journal le 8 mars 1908. Écrite à vingt-trois ans cette phrase annonce ses textes de combat qui commenceront à paraître en 1917 et feront dire, vingt ans plus tard, au journaliste et critique de l'éducation Jean-Charles Harvey, qu'une « demi-douzaine de Marie-Victorin transformeraient le Québec en moins de vingt ans[10] ».

Après avoir signé, dans *Le Devoir* des années 1915 et 1916, des billets à saveur patriotique, il revient régulièrement dans son quotidien préféré, entre 1922 et 1944, offrir au lecteur une quarantaine de textes importants – sans compter les nombreuses notules consacrées à la botanique pour les Cercles des jeunes naturalistes –, dont une quinzaine sont consacrés à la question du développement scientifique du Canada français et à ses implications nationales.

En 1922, la Faculté des sciences de l'Université de Montréal – où il enseigne depuis sa création – n'a que deux ans, mais Marie-Victorin croit qu'il est déjà temps de proclamer publiquement la portée de cette œuvre. Profitant de la rentrée, il présente, le 30 septembre, les éléments d'une position qu'il défendra constamment par la suite : « Un peuple vaut non seulement par son développement économique, industriel ou commercial, mais encore et surtout par son élite de penseurs et de savants, par son apport au capital scientifique de l'humanité ». Grâce à la Faculté des sciences, ajoutait-il, « nous allons enfin travailler à nous élever graduellement de ce colonialisme du savoir, un peu humiliant, en somme, au degré où nous le subissons [et marcher] ferme vers une émancipation intellectuelle de bon aloi ».

Ce sentiment de faire partie d'un peuple colonisé lui pesait lourd et trois ans plus tard, il se décidera à faire paraître un texte à valeur de manifeste dans lequel il livrera ses pensées et exprimera son indignation : « La province de Québec, pays à découvrir et à conquérir »

10. Jean-Charles Harvey, *Le Jour*, 22 octobre 1938.

(*Le Devoir*, 25 septembre 1925). Lors de ses nombreuses excursions botaniques sur la Côte-Nord et en Gaspésie, il avait observé de près l'exploitation à laquelle étaient soumis les travailleurs des chantiers, ceux de la Côte-Nord en particulier. À l'été de 1925, revenu complètement « écœuré et navré » de ce qu'il avait observé en cours de route, il décide de publier le texte probablement le plus violent qu'il ait jamais écrit. Il écrit à Georges Pelletier, du *Devoir*, qu'il est « parfaitement certain de ses renseignements » obtenus en « vivant avec les petites gens et recevant leurs confidences ». Il dénonce ouvertement l'exploitation économique :

> [D]e grands troupeaux de nos compatriotes hommes, femmes et enfants [qui], poussés par la misère et l'inéluctable déterminisme des conditions économiques, sont jetés au cœur de cette forêt boréale, lointaine et inhospitalière, pour y mener une vie de paria dont nous n'avons pas idée [...]. Et pour que les siens ne crèvent pas de faim, pour ramasser quelques piastres que lui jette le jobber lui-même serré à la gorge par la compagnie, l'homme bûchera des étoiles jusqu'aux étoiles. Pour se reposer, il passera à son cou le collier de cuir et *chiennera* – c'est le verbe expressif créé par ces pauvres gens – les billes de bois en lieu et place des bêtes de somme.

Selon Marie-Victorin, ce visage du Québec, les intellectuels le méconnaissent car ils ont « pris l'habitude de passer l'été à Paris et l'hiver chez nous ». Et à ceux qui seraient enclins « à porter au compte d'un pessimisme systématique » ces affirmations, il suggère de parcourir « leur pays à loisir et autrement que sur les trains et les bateaux de luxe ». Il dénonce également le fait qu'aucun Canadien français « n'a le droit de présenter la mouche au saumon dans les rivières poissonneuses de la province de Québec ni de tirer un coup de feu sur Anticosti, ni de tuer, où que ce soit, le gibier de mer. Tout concourt à protéger le plaisir des *messieurs* et des *officiers*, comme on dit là-bas, et à couper les moyens de subsistance aux résidents du pays ».

Après cette sortie magistrale, il aborde le terrain scientifique où « la situation est la même et plus grave encore » ; il lance un appel pour une « science nationalisée, celle qui consiste à scruter pour le connaître le milieu physique, biologique ou minéral où nous vivons », seule façon de mettre fin à l'absence chronique de savants canadiens-français. Et pour bien montrer le lien entre des réalités qui, à première vue, semblent bien éloignées les unes des autres, Marie-Victorin insiste, en conclusion, sur l'union étroite entre l'économie et la science, en souhaitant

> que ceux qui ont à l'heure actuelle la mission de diriger les pas de notre jeune peuple et de lui donner des mots d'ordre, se rendent à l'évidence de ces vérités, un peu dures peut-être, et qu'ils favorisent de toutes leurs forces la formation de l'élite scientifique dont nous avons un immense besoin ; c'est cette élite qui, en nous donnant, dans un avenir que nous voulons rapproché, la libération économique, fera de nous une véritable nation.

Il serait difficile de trouver dans *Le Devoir* de l'époque un texte qui dénonce de façon aussi explicite la misère de ses compatriotes et qui remet si radicalement en question les traditions jusque-là dominantes.

Pendant la crise économique, l'Université de Montréal est menacée de coupures importantes. Marie-Victorin intervient « Dans le maelström universitaire » (*Le Devoir*, 31 mai 1932) pour dénoncer ceux qui songent à fermer la Faculté de philosophie, la Faculté des Lettres et une partie des laboratoires de sciences, dont ceux de botanique. Il se dit étonné « que de pareilles énormités puissent germer dans le cerveau de certains chefs de file universitaires ». Quelques années plus tard, il est aussi actif au sein du Comité des professeurs pour la défense de l'Université, premier regroupement qui préfigure déjà l'Association des professeurs des années 1950 et le syndicat des professeurs des années 1970[11].

C'est probablement le texte de son allocution présidentielle au congrès de l'ACFAS tenu à Trois-Rivières en octobre 1938 qui offre

11. Jacques Rouillard, *Apprivoiser le syndicalisme en milieu universitaire : histoire du Syndicat général des professeurs et professeures de l'Université de Montréal*, Montréal, Boréal, 2006, 280 p.

la meilleure synthèse de la pensée de Marie-Victorin sur les moyens à prendre pour assurer l'avenir du Québec. Sous le titre « La science et notre vie nationale », il fait le point sur les relations qui doivent selon lui unir les sciences, d'une part, et le développement économique, le gouvernement et la vie nationale, d'autre part. Il rappelle d'abord « l'état actuel de la science » et combien les Canadiens français ont été « plus étrangers à la genèse de ces découvertes que les paléolithiques et les Peaux-Rouges », car ces derniers, ajoute-t-il, « que nous avons accoutumé de placer au bas de l'espèce humaine, avaient créé dans l'environnement du bouleau et de l'épinette une "culture" qui était une merveille d'ingéniosité et d'adaptation ». Toujours opposé à une pensée nationaliste trop tournée vers le passé, il rappelle qu'avant de « penser nationalement [...] il faut d'abord penser humainement en communiant pleinement à l'universel », car, insiste-t-il, « il ne suffit pas d'être de même sang et de prier le même Dieu pour que l'on puisse nous attribuer une pensée nationale. Il y faut l'aliment d'une littérature propre, d'un art distinctif. Il faut aussi une ambiance de recherche et de création scientifique ». Car un peuple sans élite scientifique, ajoute-t-il, « est, dans le monde présent, condamné, quelles que soient les barrières qu'il élèvera autour de ses frontières. [...] On ne peut plus élever de remparts efficaces autour des cités et des nations. On ne peut empêcher les intercommunications, les échanges journaliers d'idées entre les peuples. Des lignes Maginot et Siegfried, il ne peut y en avoir pour les esprits ». Au contraire, le peuple qui possède ces élites – scientifique, littéraire et artistique – « vivra, quels que soient l'exiguïté de ses frontières et le nombre et la puissance de ses ennemis ». Car « le jour où nous aurons cette élite scientifique, la reconquête par le paisible envahissement de la place ne sera qu'un jeu d'enfant ».

Quant au gouvernement, il doit, selon le président de l'ACFAS, « utiliser les conquêtes de la science pour les intérêts de la communauté ». Qu'il s'agisse d'alimentation ou de santé publique, d'échanges commerciaux ou de moyens de transport, de loisirs ou de protection de la société, « c'est surtout, ajoute Marie-Victorin, à la science que l'on demande aujourd'hui des solutions ». Et pour bien montrer l'importance d'une action gouvernementale saine en matière scientifique, il n'hésite pas à prendre l'exemple de la recherche agricole et à conclure que c'est pour avoir ignoré les caractéristiques des sols acides « que le Curé Labelle a commis cette épique folie de la colonisation agricole du nord de Montréal ». Et il ajoute même que « c'est pour l'avoir ignoré aussi que l'on a aveuglément déboisé pour d'impossibles cultures certaines parties du bassin inférieur du Saint-Maurice ». L'exemple choisi est lourd de signification pour les politiciens présents dans la salle, car le Québec vit alors une remontée importante de la colonisation de l'Abitibi, de l'arrière-pays de la Gaspésie, du Bas-du-Fleuve et du Lac-Saint-Jean, colonisation qui se voulait une solution aux problèmes du chômage des villes créé par la crise économique.

Abordant la question de l'enseignement scientifique, il rappelle s'être « séparé de mouvements très nobles et d'amis très chers, parce que ces derniers, bien que pensant comme lui, refusaient de toucher à l'éducation », et croit qu'il est de son devoir, à titre de porte-parole « du petit groupe d'hommes qui, au travers de grandes difficultés, ont entrepris de créer la science canadienne-française, de s'adresser au corps qui préside depuis toujours aux destinées de l'éducation en ce pays ». Il se dit convaincu que « les moyens par lesquels notre clergé sincère et têtu nous a sauvés comme peuple au cours de notre histoire, non seulement sont périmés, mais ont acquis, dans un monde renouvelé, une efficacité particulière pour nous perdre et nous détruire ». Pour cette raison, il appelle l'épiscopat à appliquer « l'énorme force morale dont il est le dépositaire », à « jeter bas le mur de Chine qui ne défend plus rien » et à « susciter directement, ou par l'intermédiaire de l'État, les institutions capables de porter jusqu'au point de rayonnement l'inappréciable culture dont il est d'ailleurs le très éminent représentant ».

On comprend sans peine que son franc-parler lui ait attiré au cours de sa carrière de nombreux ennuis et beaucoup d'ennemis, tant au sein de sa communauté que dans le monde universitaire. Mais, loin d'être tardives, sa propension aux réformes et sa tendance à exprimer ses opinions sans détour, même à ses supérieurs, sont palpables dans les observations qui parsèment son journal intime. Il se reproche, par exemple, d'avoir « pris l'habitude d'une déplorable liberté de langage qui [l]e fait citer un peu tout le monde à [s]on tribunal » (7 juillet 1909). En pleine retraite annuelle, il s'imagine déjà à la place de ses prédicateurs pour moderniser leur discours : « Ces bons pères jésuites ! Il me semble qu'ils pourraient bien retoucher un peu leur saint Ignace. Moi, si j'avais à donner cette méditation à des frères, au lieu de supposer un roi qui part pour la croisade et qui veut nous emmener à sa suite, j'imaginerais un grand éducateur qui entreprend d'élever et d'instruire la jeunesse d'un pays – avec les détails à l'avenant. Si j'avais affaire à des commerçants, je leur proposerais un financier ; à des politiciens, un homme d'État, etc. – Enfin, peut-être ai-je tort ! » (9 juillet 1909).

Sur les questions religieuses, Marie-Victorin avait également des vues tout à fait modernes et mêmes avant-gardistes. À une époque où les chrétiens évangélistes américains interdisaient d'enseigner la théorie de l'évolution dans les écoles secondaires, il ridiculisait, en 1926, les « jurys composés de fermiers du Tennessee [qui] décident, à la majorité des suffrages, de l'origine des espèces ». Il critiquait explicitement ceux qui cherchaient à lier science et religion : « À toutes les époques et malgré les meilleures intentions du monde, ces tentatives concordistes, lorsque poussées un peu loin, ont nui à la religion aussi bien qu'à la science elle-même ». Rappelons qu'à l'époque, Rome n'avait pas encore arrêté une position aussi nette. Favorisant le vote des femmes, il est en désaccord avec le cardinal Villeneuve qui s'était prononcé contre. Quant à la formation des religieux et des religieuses, il croit, en 1940, qu'elle devra changer si l'Église veut « résister dans le monde nouveau qui se fait jour sous nos yeux avec une rapidité fantastique ». L'année suivante, il déclare à son neveu : « Je pense qu'il est fini le temps où le prêtre canadien, béni et honoré de tous, était un petit roi dans une paroisse rurale qui ignorait le grand bruit que fait le vaste monde. Les prêtres de ta génération seront des "sacs-au dos" ! ».

On sait aujourd'hui que le frère a entretenu, pendant une dizaine d'années, de longs et très sérieux échanges épistolaires sur la sexualité humaine avec Marcelle Gauvreau[12]. Il déplorait le manque d'éducation sexuelle des jeunes et disait qu'il ne fallait pas confondre « le mal et la nature ». Il rêvait même d'écrire un traité sur le sujet, mais savait très bien que cela était impossible – les mentalités n'étaient pas prêtes. Comme il l'écrivait en 1941 à sa confidente, « si nous écrivons ces choses au lieu de les dire, c'est que les conventions sociales ne nous laissent guère d'autre porte[13] ». Il encourageait aussi sa jeune nièce, qui se préparait à partir pour l'Europe à l'été 1937, à aller « au fond des choses une fois pour toutes » sur les questions de ce qu'il appelait « biologie humaine », c'est-à-dire la sexualité, lui disant que « notre éducation n'est pas bien faite là-dessus »[14].

L'âme du Jardin botanique

Mais l'homme public Marie-Victorin est bien sûr d'abord connu comme fondateur du Jardin botanique de Montréal. À la fin de l'année 1929, deux jours seulement après son retour d'un long voyage de six mois à travers trois continents, durant lequel il a visité tous les grands jardins botaniques, il affirmait, dans une entrevue parue dans *Le Devoir* du 25 novembre, être revenu « pénétré de la nécessité pour une ville comme la nôtre et pour une université comme celle de Montréal d'avoir un grand Jardin botanique scientifiquement organisé où l'étudiant pourrait apprendre, où le peuple goûterait cette joie intime et pure qui monte d'un grand jardin où sont réunies pour la science et pour l'art les grandes merveilles de Dieu ». Car si « des villes comme Cologne, le Cap, le Caire et même des centres perdus comme Orotaba, aux îles Canaries, ont d'admirables Jardins botaniques, pourquoi pas Montréal ? » s'exclame-t-il[15]. Trois semaines plus tard, il présente son projet devant les membres de la Société canadienne d'histoire naturelle

---

12. Marie-Victorin, *Lettres biologiques. Recherches sur la sexualité humaine*, Montréal, Boréal, 2018, 280 p.; Marcelle Gauvreau, *Lettres au Frère Marie-Victorin. Correspondance sur la sexualité humaine*, Montréal, Boréal, 2019, 280 p.
13. Marie-Victorin, *Lettres biologiques*, p. 231.
14. Marie-Victorin, *Confidence et combat. Lettres (1924-1944)*, présentation et notes de Gilles Beaudet, é.c., Montréal, Lidec, 1969, p. 136.
15. *Le Devoir*, 25 novembre 1929.

dont il est le président. Le journaliste Louis Dupire fait écho immédiatement au projet dans un éditorial du *Devoir*, le 17 décembre, trois jours seulement après l'exposé du frère des Écoles chrétiennes. Sortie de l'espace privé de la société savante, l'idée commençait ainsi à circuler sur la scène publique, lieu de passage obligé d'un tel projet d'envergure.

L'idée d'ériger un tel jardin au Québec était, chez Marie-Victorin, ancienne. En effet, dix ans plus tôt, en 1919, il concluait un article consacré à l'abbé Léon Provancher dans la revue *L'Action française*, en se demandant « pourquoi n'aurions-nous pas au lieu ou à côté de parcs dont la banalité est patente, des jardins botaniques qui ne coûteraient pas plus cher et seraient une école toujours ouverte au menu peuple plus avide de connaissances précises qu'on ne semble le croire ? ». Celui qui n'était pas encore professeur de botanique à l'Université de Montréal avait déjà son ton combatif, n'hésitant jamais à mettre de l'avant des programmes audacieux, ambitieux et emballants pour la jeunesse de son temps. En 1914, il avait même proclamé dans *Le naturaliste canadien*, revue fondée par Provancher, la « Nécessité de la publication prochaine d'une flore illustrée de la Province de Québec », projet qu'il mettra vingt ans à réaliser.

Tout comme la forme et le contenu de la *Flore laurentienne* sont le reflet de la personnalité du frère Marie-Victorin, en ce que son maître ouvrage répond à la fois aux besoins d'éducation populaire et à ceux des spécialistes, on peut dire que les composantes du Jardin botanique de Montréal portent la marque de sa vision de l'éducation et de la culture. Le lien entre ces deux réalisations du frère est d'ailleurs très étroit car, « après le grand livre de papier », il lui fallait passer au « grand livre fait de fleurs et que chaque printemps rajeunira »[16].

Ayant lui-même passé la première partie de sa vie d'enseignant auprès de la jeunesse, Marie-Victorin est dans une position unique pour faire la jonction, audacieuse pour l'époque, entre l'éveil des jeunes à la science et la formation de chercheurs au niveau universitaire. Dès

16. Marie-Victorin, « Histoire de l'Institut botanique de l'Université de Montréal 1920-1940 », p. 53.

la création en 1931 des Cercles des jeunes naturalistes, mouvement qui s'adresse aux élèves des niveaux primaire et secondaire[17] et qu'il appuie activement avec toute son équipe du Jardin, Marie-Victorin s'est même fait accuser par des collègues de l'université « de vouloir faire entrer l'école primaire à l'université[18] ». En fait, il lance plutôt un mouvement de vulgarisation scientifique qui vise à faire aimer la science et à faire naître des carrières scientifiques. Il aura été le premier à comprendre que pour briser le cercle vicieux de l'absence des Canadiens français dans le monde scientifique, il fallait attaquer le problème par les deux bouts en travaillant à la fois à éveiller les consciences dès le plus jeune âge et à construire des laboratoires universitaires qui pourraient plus tard accueillir des étudiants pour en faire de véritables savants.

C'est cette conception « totale » de la formation qui le conduit à encourager son étudiante et collaboratrice Marcelle Gauvreau lorsqu'elle crée l'École de l'éveil en 1935. École maternelle avant la lettre, elle s'adresse aux jeunes de quatre à sept ans et les prépare en quelque sorte à devenir de futurs membres de Cercles des jeunes naturalistes. Dès 1939, l'école emménage d'ailleurs au Jardin botanique sous l'œil paternel de Marie-Victorin. La même année, l'Institut botanique s'installe lui aussi au Jardin, quittant le vieil édifice de l'Université de Montréal de la rue Saint-Denis qui l'avait abrité pendant près de vingt ans. Les activités du Jardin botanique s'étendent ainsi de la maternelle à l'université, reflétant la trajectoire de Marie-Victorin qui, après avoir été professeur au niveau secondaire de 1903 à 1920, consacrera le reste de sa vie à former des scientifiques et des chercheurs universitaires à titre de professeur de botanique à l'Université de Montréal.

Bâtisseur d'institutions, ces « obscures mais indispensables fondations de l'édifice national », Marie-Victorin conçoit leur histoire à l'image de sa propre vie. Survolant vingt ans d'histoire de l'Institut

17. Pierrick Malissard, « Les Cercles des jeunes naturalistes, ampleur et nature du mouvement, 1931-1971 », *Revue d'histoire de l'Amérique française*, vol. 50, n° 1, été 1996, p. 3-27.
18. Marie-Victorin, *Le Devoir*, 30 octobre 1933.

botanique, il écrit, en 1940, que les institutions humaines étant des êtres vivants, « leur histoire est généralement une courbe, une alternance de dépressions et de sommets, un enchaînement de joies et d'épreuves ». Surmontant ses propres dépressions, il sait aussi se battre avec toute la vigueur nécessaire pour assurer la survie de ses projets lorsqu'ils sont mis en danger.

On peut appliquer à Marie-Victorin lui-même ce qu'il disait de Louis Dupire, son grand allié, éditorialiste au *Devoir*: « vingt fois le Jardin, œuvre d'éducation et monument à la science de la vie, faillit chavirer ; chaque fois, le bras vigoureux de Louis Dupire donna le coup de barre nécessaire[19] ». Mentionner le nom de Louis Dupire, c'est aussi rappeler que Marie-Victorin savait s'entourer d'alliés importants et bien placés pour appuyer ses projets. C'est lui qui se rend à New York convaincre l'architecte paysagiste Henry Teuscher de concevoir les plans du Jardin et d'en diriger la construction. Toujours sur le plan de l'organisation, il fonde avec ses collègues l'Association du Jardin botanique, qui a pour tâche de faire avancer le projet parmi les décideurs, en faisant vivre l'idée sur la place publique. À ceux qui lui reprochent son usage fréquent des journaux et de la publicité pour faire connaître ses projets, Marie Victorin demande : « en quoi, dans un monde où la publicité est le grand levier, la publicité honnête, basée sur le réel, serait-elle condamnable ? ». Loin d'en faire trop, ajoute-t-il, « l'université comme telle a manqué de publicité, de celle qui met périodiquement devant le public les idéals, les travaux, le rayonnement intellectuel de ses facultés et instituts »[20].

Ce « qui a rendu possible ce que l'on a appelé le "miracle" du Jardin botanique de Montréal[21] », comme il le dit lui-même, c'est en fait une combinaison unique de facteurs au coeur desquels se trouve la personnalité de Marie-Victorin. Comme l'écrit Jacques Rousseau, son infatigable bras droit qui l'a accompagné dans tous ses projets,

---

19. Cité par Gaétan Deschênes, *Histoire de l'horticulture au Québec*, Montréal, Trécarré, 1996, p. 126.
20. Marie-Victorin, « Histoire de l'Institut botanique de l'Université de Montréal 1920-1940 », p. 63.
21. Marie-Victorin, *Science, culture et nation*, p. 134.

> une telle conviction animait le frère Marie-Victorin, au simple énoncé de ses projets, que l'œuvre prenait déjà corps à ses yeux et aux nôtres. Luttant d'arrache-pied, surmontant les échecs, il mettait au service de l'idée sa parole et sa plume, croisait le fer à l'occasion, abattait systématiquement les obstacles, gagnait de nouvelles sympathies à la cause, pour arriver finalement au succès complet, les circonstances favorables aidant. Les circonstances favorables se présentent toujours à celui qui les guette. Il les saisit au vol[22].

Sa détermination, son sens du combat et de la publicité de même que son réseau d'amis et d'influence, qui sait reconnaître en lui un meneur charismatique, auront conjointement raison des oppositions multiples et récurrentes au grand projet du Jardin botanique de Montréal. La conjoncture politique lui sera également favorable. Son ancien élève et ami Camilien Houde, maire de Montréal depuis 1928, inscrit le projet à son programme électoral de 1930 et est réélu. Il lance le projet en 1931 mais perd les élections l'année suivante, ce qui entraîne l'arrêt des travaux. Saisissant toute occasion pour garder le rêve vivant, Marie-Victorin profite du lancement de la *Flore laurentienne*, en 1935, pour enjoindre Camilien Houde, réélu en 1934, de relancer la construction. Souvent citée, la tirade du botaniste s'adressant au maire, présent au lancement du livre, mettait à profit ses talents d'écrivain et mérite d'être rappelée :

> Bientôt on célébrera le troisième centenaire de Montréal. À la ville, à votre ville, il vous faudra faire un royal cadeau. Mais Montréal, c'est Ville-Marie ! C'est une femme, et je suis sûr que cela vous émeut déjà ! Vous ne pouvez tout de même pas lui offrir un égout collecteur ou un poste de police… Alors, pardieu ! Mettez des fleurs à son corsage ! Jetez dans ses bras toutes les roses et tous les lis des champs !

On le voit : Marie-Victorin savait souffler le chaud et le froid en fonction des circonstances. La célébration prochaine du tricentenaire

---

22. Jacques Rousseau, *Un quart de siècle à la Société canadienne d'histoire naturelle*, 22 février 1949, s.l., p. 17.

de Montréal ne pouvait que favoriser le projet du Jardin. L'année suivante, c'est au tour d'un autre allié important de prendre le pouvoir, à Québec cette fois : Maurice Duplessis. Le Jardin sera ainsi inscrit sur la liste des travaux publics entrepris pour conjurer la crise économique. Les travaux reprennent pour de bon en mai 1936 et le Jardin s'approche ainsi de son parachèvement avant de connaître une autre crise en 1940, sous la gouverne du nouveau gouvernement libéral. Bien que dirigé par un agronome, Adélard Godbout, ce dernier agit d'abord en politicien et ne veut pas appuyer un projet qui avait eu l'aval de Duplessis. Mais cet obstacle est aussi franchi grâce, entre autres, à Louis Dupire et Honoré Parent. Ce dernier appuyait le projet à la Ville de Montréal et a convaincu le gouvernement de transférer la propriété des bâtiments du Jardin à la Ville, en échange d'autres installations qu'elle louait déjà au gouvernement. Après avoir réussi à empêcher, en 1940, l'occupation militaire du Jardin botanique par l'armée canadienne, Marie-Victorin, enragé, écrit à sa sœur Adelcie, elle aussi religieuse :

> Ça a été une terrible lutte mais nous avons trouvé d'excellents et puissants amis, qui ont fait les pressions nécessaires. Dans le monde tel qu'il est fait, il est absolument inutile d'avoir raison : il faut surtout avoir des rouleaux à vapeur pour passer sur le dos des agresseurs[23].

Il aurait même confié à Marcelle Gauvreau que si on lui avait enlevé son Jardin, il « serait parti très loin et pour toujours[24] ». Mais heureusement pour tous, le Jardin botanique aura survécu à tous les obstacles placés sur sa route[25].

L'instinct de survie et de lutte que Marie-Victorin voyait partout dans la nature est celui-là même qui l'a habité toute sa vie. Il est

23. Marie-Victorin à Mère Marie-des-Anges, 7 février 1940, dans *Confidence et combat*. p. 159.
24. Cité dans *Confidence et combat*, p. 242.
25. Pour plus de détails, voir Luc Chartrand, Raymond Duchesne et Yves Gingras, *Histoire des sciences au Québec*, Montréal, Boréal, 1987, p. 265-267 ; Robert Rumilly, *Le frère Marie-Victorin*, Montréal, Les frères des Écoles chrétiennes, 1949, p. 164 *et passim* ; Michèle Dagenais, « Le Jardin botanique de Montréal : une responsabilité municipale ? », *Revue d'histoire de l'Amérique française*, vol. 52, n° 1, été 1998, p. 3-22.

probable que cette conception darwinienne du monde le confortait dans l'idée que le « royaume de la recherche scientifique, comme le royaume des cieux, souffre violence, et que les violents seuls l'emportent[26] ». Chose certaine, cet esprit combatif lui a permis de construire une œuvre scientifique et institutionnelle qui a contribué de façon unique à l'édification du Québec scientifique moderne.

L'envergure du travail accompli par Marie-Victorin ne passe pas inaperçue. En 1932, il obtient le prix Gandoger de la Société botanique de France et, en 1935, le prix de Coincy de l'Académie des sciences de Paris « pour l'ensemble de ses travaux botaniques ».

La philosophie de la nature de Marie-Victorin

Le botaniste ne limite pas son intérêt à la flore locale. À compter de 1938, il fait un séjour annuel à Cuba en compagnie d'un autre confrère botaniste en poste là-bas, le frère Léon. Ses nombreuses excursions donneront lieu à la publication de trois forts volumes d'*Itinéraires botaniques dans l'île de Cuba*, publiés respectivement en 1942, 1944 et, à titre posthume, en 1956. Fidèle à son habitude d'observateur attentif des plantes et des hommes, il y mélange descriptions de plantes et observations ethnographiques sur les mœurs des habitants[27]. C'est ainsi que, réfléchissant sur l'importance de la canne à sucre dans l'économie cubaine, il note :

> C'est quand le monde pâtit de la guerre que s'avèrent certains faits méconnus aux temps de paix. Telle plante, Blé, Riz, Hévéa ou Canne à sucre, devient tout à coup une puissance qui dépose ou détruit les théories économiques et sociales, et bouleverse le monde. L'homme a domestiqué les plantes et, comme il est arrivé pour les animaux, il est devenu leur esclave.

---

26. Marie-Victorin, « La province de Québec. Pays à découvrir et à conquérir. À propos de culture scientifique et de libération économique », *Le Devoir*, 25 septembre 1925, repris dans *Science, culture et nation*, p. 68.
27. Pour plus de détails, voir Yves Gingras, « Le naturalisme de Marie-Victorin », *Quatre-Temps*, vol. 20, n° 4, hiver 1996, p. 30-32. Sur ses séjours à Cuba, voir *Marie-Victorin à Cuba. Correspondance avec le Frère Léon*, édition annotée par André Bouchard, Montréal, Les Presses de l'Université de Montréal, 2007, 217 p.

Le regard que le botaniste porte sur les plantes est très englobant et mène à une réflexion sur le phénomène humain. Les dernières phrases de la magistrale « Esquisse générale de la Flore laurentienne », qui sert d'introduction à l'ouvrage, expriment à la fois une conscience tragique de la fragilité de l'humanité et une foi inébranlable en la puissance de la nature vivante. L'activité intelligente de l'homme étant la principale source qui trouble « le balancement millénaire des éléments de la Biosphère », il note – peut-être influencé par le marasme économique ambiant – que « dans l'hypothèse de la destruction de notre civilisation et d'un retour possible à la barbarie », ces perturbations externes « cesseraient d'agir avec la disparition de l'espèce humaine ». Et il conclut :

> L'équilibre ancien devrait alors se rétablir, à peu de chose près. Les hordes végétales depuis longtemps tenues en échec par le labeur humain, les plantes de proie longtemps traitées en ennemies, s'avanceraient sur nos champs, monteraient à l'assaut de nos villes, et couvriraient les ruines d'épaisses frondaisons, cependant que sur les cendres de la grande maison humaine, dans un air devenu plus pur, sur une terre redevenue silencieuse, brillerait encore, libéré, sauvage et magnifique, le flambeau de la Vie !

Toujours hanté par la possibilité d'une mort prochaine, ses poumons phtisiques et son cœur malade lui rappelant constamment ses limites, Marie-Victorin vivra tout de même jusqu'à l'âge de cinquante-neuf ans. Le 15 juillet 1944, il succombe des suites d'un accident d'auto, survenu au retour d'une journée d'herborisation à Black Lake. Encore accompagné du frère Rolland-Germain, il était à la recherche d'une petite fougère très rare : la *Cheilanthes siliquosa*.

Pour en savoir plus

Luc Chartrand, Raymond Duchesne et Yves Gingras, *Histoire des sciences au Québec*, Montréal, Boréal, 2008, 536 p.

Marcelle Gauvreau, *Lettres au Frère Marie-Victorin. Correspondance sur la sexualité humaine*, présentées par Yves Gingras et Craig Moyes, Montréal, Boréal, 2019, 280 p.

Frère Marie-Victorin, *Lettres biologiques, Recherches sur la sexualité humaine*, présentées par Yves Gingras, Montréal, Boréal, 2018, 280 p.

Frère Marie-Victorin, *Marie-Victorin à Cuba. Correspondance avec le Frère Léon*, édition annotée par André Bouchard, Montréal, Les Presses de l'Université de Montréal, 2007, 218 p.

Frère Marie-Victorin, *Mon miroir. Journaux intimes 1903-1920*, édition établie et annotée par Gilles Beaudet, é.c. et Lucie Jasmin, Montréal, Fides, 2004, 814 p.

Frère Marie-Victorin, *Science, culture et nation*, textes choisis et présentés par Yves Gingras, Montréal, Boréal, 1996, 186 p.

X

Charlotte Tassé
(1893-1974)

par Alexandre Klein
historien et professeur

Le nom de Charlotte Tassé est aujourd'hui largement ignoré du grand public, comme de beaucoup de spécialistes[1]. Pourtant, l'œuvre de cette garde-malade canadienne-française fut essentielle au développement et à la reconnaissance de sa profession, comme elle le fut à l'évolution des soins de santé au Québec au cours du XXe siècle. Charlotte Tassé fut en effet une importante figure de solidarité, tant à l'égard de ses consœurs gardes-malades qu'elle invita à s'unir et à se faire entendre, qu'à l'égard de la population québécoise, dont elle contribua à faire reconnaître la singularité et à améliorer la prise en charge. « J'ai passé ma vie à prendre la part de la Canadienne française[2] », résumait-elle, quelques années avant sa mort, sans mentionner qu'elle avait aussi, et surtout, administré l'un des plus

---

1. Ce texte reprend, pour partie, les articles suivants : « Charlotte Tassé (1893-1974), garde-malade canadienne-française » dans Robert Durocher, (dir.), *Portraits de femmes et d'hommes remarquables. Éléments de culture générale*, Montréal, JFD Éditions, 2022, p. 194-200 ; « Charlotte Tassé et Bernadette Lépine, fondatrices à part entière de l'Institut Albert-Prévost », *Santé mentale au Québec*, vol. XLIV, nº 2, automne 2019, p. 39-52 ; « Charlotte Tassé (1893-1974), infatigable promotrice du modèle de la garde-malade canadienne-française », *Recherche en soins infirmiers*, nº 134, septembre 2018, p. 78-93.
2. G. Lapointe « L'infirmière et sa formation », *Canadian Nurse*, décembre 1971, p. 25.

importants centres psychiatriques du Québec, dirigé deux écoles d'infirmières et une revue professionnelle de référence, créé de toutes pièces une profession à part entière – celle de garde-malade auxiliaire –, et instauré l'une des premières formations à valeur universitaire en nursing psychiatrique de la province. C'est que, plus d'un demi-siècle après le début de sa carrière, cette actrice incontournable de l'évolution des soins infirmiers au Québec défendait encore, avec ardeur, le modèle de la garde-malade canadienne-française qu'elle avait contribué à forger et dont elle était toujours, à soixante-dix-huit ans, la plus pure incarnation.

De Saint-Georges-d'Henryville à New York

Marie Jeanne Charlotte Tassé est née le 2 mai 1893 à Saint-Georges d'Henryville, un petit village de la vallée du Richelieu situé à quelques kilomètres de la frontière avec les États-Unis. Deuxième d'une fratrie de onze enfants (dont deux décédèrent en bas âge), elle est la fille de Charles-Eugène Tassé (1861-1947), devenu propriétaire terrien grâce à l'héritage d'un père médecin, et d'Ernestine Lafond (1864-1949), fille d'un notable du village qui en fut par trois fois le maire. Elle grandit donc au sein d'un milieu aisé, dans une belle maison victorienne « avec ses galeries sur trois côtés, son toit mansarde et ses murs pièces sur pièces recouverts en stucco[3] ».

C'est chez les religieuses de la Présentation de Marie – d'abord au couvent de son village, puis à celui de Roxton Falls dans les Cantons-de-l'Est – que Charlotte étudie et forge le caractère bien trempé qui la qualifiera pour le reste de son existence. L'éducation donnée par les sœurs apportait en effet, selon un commentateur du début du XXe siècle, « une distinction de manières, une pureté de langage, une certaine trempe de caractère que seule possède et sait transmettre à ses enfants la jeune fille bien élevée et bien instruite, devenue mère sérieuse et dévouée, restant toujours femme de culture soignée et

3. Comité de fêtes Henryville, *Henryville... 175 ans de vie !*, 1985, p. 148.

de goûts délicats[4] ». Le portrait correspond en tout point à ce que deviendra Charlotte, à ce détail près qu'elle ne sera jamais mère. À son époque, seules les célibataires pouvaient être gardes-malades. Le mariage signait automatiquement la fin de leur carrière. C'est donc à la profession infirmière qu'elle choisira de se dédier, corps et âme.

Suivant les traces de sa sœur aînée Liliane, Charlotte intègre le 2 février 1914 l'école de gardes-malades de l'Hôpital Notre-Dame de Montréal, la première école de gardes-malades laïques francophones du Québec. Elle y suit pendant trois ans[5] une formation théorique sur l'anatomie, la physiologie, la bactériologie ou encore la matière médicale, ainsi qu'une formation pratique, incluant des stages en obstétrique, en chirurgie ou en traitements des maladies contagieuses. Charlotte est bonne élève. Son dossier conservé aux archives de l'Hôpital Notre-Dame nous apprend qu'elle a obtenu 100 dans toutes les matières, à l'exception de la chirurgie où elle n'a obtenu que 90. Il nous révèle également qu'elle était apparemment plus dévouée (elle n'a eu que des A en la matière) que ponctuelle ou courtoise (elle n'a eu que des B). Elle obtient néanmoins sans aucun problème son diplôme en janvier 1917, et quitte alors l'école pour se tourner vers le service privé.

Comme les religieuses occupaient alors la majorité des postes hospitaliers[6], il était en effet d'usage pour les jeunes diplômées francophones et laïques de se tourner vers le service à domicile, d'autant plus qu'il y avait là une demande croissante, notamment à cause du développement croissant de la bourgeoisie depuis la seconde moitié du XIXe siècle. La correspondance personnelle de Charlotte, conservée à BAnQ, nous apprend ainsi qu'au printemps 1917, elle est à Nicolet, soignant la femme d'un certain M. Dallaire, gérant de

---

4. Jean-Dominique Brosseau, *Essai de monographie paroissiale. St-Georges d'Henryville et la seigneurie de Noyan*, La compagnie d'imprimerie et comptabilités de Saint-Hyacinthe, 1913, p. 11.
5. Albertine Ferland-Angers, *L'École d'infirmières de l'hôpital Notre-Dame, 1898-1948*, Montréal, Éditions Contrecœur, 1948, p. 28.
6. Yolande Cohen, *Profession infirmière. Une histoire des soins dans les hôpitaux du Québec*, Montréal, Les Presses de l'Université de Montréal, 2000, 321 p.

la Banque Nationale[7], puis qu'au mois d'août, de retour à Montréal, elle prend soin, la nuit, d'un paralytique du carré Chaboillez[8]. Mais la jeune garde-malade semble s'ennuyer, et veut poursuivre sa formation et se spécialiser, certaine désormais de vouloir poursuivre sa carrière en nursing. C'est pour cette raison qu'elle décide de partir à New York afin de suivre un cours de perfectionnement de six mois à l'Hôpital Bellevue au cours du printemps et de l'été 1918. Loin de sa famille, qui vit alors dans la peur de la conscription, elle perfectionne ses techniques, ses savoirs et son anglais, avant de retourner à Montréal et à sa pratique privée, à l'automne 1918.

Au printemps 1919, elle est contactée par un certain Albert Prévost (1881-1926). Ce neurologue de renom, titulaire de la toute première chaire de neurologie de ce qui allait devenir l'année suivante l'Université de Montréal, est alors à la recherche d'une garde-malade pour gérer le petit sanatorium pour malades nerveux qu'il envisage d'ouvrir, sur le bord de la rivière des Prairies, au début de l'été. Après quelques hésitations et un peu d'insistance de la part du docteur, Charlotte Tassé accepte finalement l'offre et débute en septembre 1919 un essai de deux semaines à titre de garde-malade en chef du Sanatorium Prévost. Elle ignore alors qu'elle va consacrer quarante-cinq années de sa vie à cette institution.

L'« âme » de la maison

La jeune garde-malade trouve rapidement ses marques dans la petite maison bourgeoise du boulevard Gouin qui accueille alors quelques malades nerveux ou atteints de troubles de la nutrition, sur un vaste terrain boisé en bordure de l'eau. Elle décide donc de rester.

Dès le mois d'octobre, elle ouvre même une petite école de gardes-malades dont elle prend la direction (en plus d'y enseigner plusieurs cours), ce qui lui permet de fournir à peu de frais du personnel

7. Lettre de Charlotte à Liliane du 10 mars 1917, BAnQ, Centre d'archives de Montréal, Fonds Charlotte Tassé, P307, S1 SS1 D3. Sans autre précision, les lettres citées proviennent de ce fonds d'archives.
8. Lettre de Maurice à Liliane du 2 août 1917.

supplémentaire à l'établissement. Il faut dire que ce dernier gagne vite en popularité, et donc en clientèle, à tel point que dès 1921, l'ajout d'un nouveau bâtiment, voisin, s'impose. Le Dr Prévost, à l'instar de ses deux collègues, le neurologue Edgard Langlois et le radiologiste Charles-A. Langlois, est partagé entre l'hôpital, l'université et sa clientèle privée. Il ne peut donc consacrer que ses fins de journée au sanatorium. Charlotte, elle, y est à plein temps. C'est ainsi qu'elle devient rapidement « l'âme » de l'institution, selon le mot d'Édouard Montpetit[9].

Mais le petit établissement fait rapidement face à un défi de taille. Une nuit de juillet 1926, son fondateur a un grave accident de voiture en revenant d'une consultation à Berthier[10]. Transporté d'urgence à l'hôpital Royal Victoria à Montréal, il décède quelques heures plus tard de ses blessures. Dans ce contexte tragique, c'est Charlotte Tassé qui assure alors, avec l'aide des docteurs Langlois, la pérennité de l'établissement. Elle est heureusement aidée dans cette tâche par Heva Prévost-Auger, la sœur du défunt, ainsi que par une jeune garde-malade du nom de Bernadette Lépine (1903-1964), ancienne élève de l'école du sanatorium venue rejoindre l'équipe soignante quelques semaines après le décès du Dr Prévost. C'est notamment grâce à cette dernière, qui vient l'assister tant dans la gestion de l'équipe soignante que dans celle de l'école, que Charlotte Tassé peut maintenir l'activité du sanatorium, et même prendre de nouvelles responsabilités.

En décembre 1927, Charlotte accepte ainsi de prendre la direction d'une toute nouvelle revue professionnelle, intitulée *La Garde-Malade Canadienne-Française*. Cette dernière, qui reprenait le flambeau d'un bulletin nommé *La Veilleuse*[11], voulait « s'adresser à toutes les gardes-malades canadiennes-françaises, du Canada comme des États-Unis, et devenir pour elles un lieu intellectuel et moral, un organe scientifique

9. Édouard Montpetit, « Albert Prévost », *Revue trimestrielle canadienne*, 19 septembre 1926, p. 361-367.
10. Guy Grenier, « Prévost, Albert », *Dictionnaire biographique du Canada* [en ligne].
11. Yolande Cohen et Éric Vaillancourt, « L'identité professionnelle des infirmières canadiennes-françaises à travers leurs revues (1924-1956) », *Revue d'histoire de l'Amérique française*, vol. 50, n° 4, 1997, p. 537-570.

et professionnel, un moyen d'action, une occasion d'union et de progrès ». Cela n'était rien de moins que proposer d'unifier le corps des gardes-malades franco-canadiennes au moyen de cette publication mensuelle dont Charlotte Tassé serait désormais le visage et le moteur.

À la tête des gardes-malades canadiennes-françaises

Petit à petit, Charlotte Tassé s'impose comme la principale représentante, au Québec, des gardes-malades canadiennes-françaises. Et la tenue à Montréal, en juillet 1929, du Congrès international des infirmières va confirmer ce statut. L'événement, qui réunit pendant une semaine pas moins de 6000 infirmières venues du monde entier, est l'occasion d'une mobilisation sans précédent des gardes-malades canadiennes-françaises, menée par Tassé[12]. Il faut dire que bien que le congrès se déroule en terre canadienne-française, le comité d'organisation est essentiellement anglophone, plus encore après le retrait de la représentante des francophones, une garde-malade irlandaise-américaine, en mai 1928. Face à ce qui lui apparaît comme une injustice profonde, Charlotte Tassé mobilise, par le biais de sa revue, les gardes-malades canadiennes-françaises afin de faire pression sur le comité organisateur pour qu'il intègre des francophones dans ses différents comités. La mobilisation est si importante lors de la première réunion publique organisée par *La Garde-Malade Canadienne-Française* que le quotidien *La Presse* croit à la fondation d'une nouvelle association infirmière[13]. Soutenues dans leur combat par des figures importantes du Canada français, comme Édouard Montpetit ou Monseigneur Paul-Émile Léger, les gardes-malades francophones obtiennent finalement gain de cause et plusieurs d'entre elles sont intégrées dans les divers sous-comités d'organisation, incluant Charlotte Tassé. La publication, en juillet 1929, d'un numéro spécial de *La Garde-malade Canadienne-Française*

12. Alexandre Klein et Hubert Larose-Dutil, « S'unir dans l'émotion. Le Congrès international des infirmières de 1929, moment charnière d'affirmation des gardes-malades canadiennes-françaises », *Revue d'histoire de l'Amérique française*, 2023 (sous presse).
13. « Une nouvelle association voit le jour », *La Presse*, 22 octobre 1928, p. 7.

à l'attention des congressistes vient finalement couronner cette victoire. Le volume présente en effet comme panorama du nursing au Québec une histoire du modèle canadien-français du soin infirmier, ce modèle inauguré par Jeanne Mance puis porté par les religieuses hospitalières jusqu'à la création en 1920 de l'Association des gardes-malades enregistrées de la Province de Québec (AGMEPQ), dont Charlotte se revendique désormais haut et fort.

Charlotte Tassé représente aussi les gardes-malades canadiennes-françaises à l'international. C'est ainsi qu'en 1933, elle se rend pour la première fois de sa vie en Europe afin d'assister au Congrès des infirmières qui se déroule à la fois à Paris et à Bruxelles, ainsi qu'au Congrès des Hôpitaux, à Knocke-sur-Mer, et au Congrès des gardes-malades catholiques de Lourdes. Elle doit y représenter *La Garde-Malade Canadienne-Française*, mais également rapporter « les méthodes, procédés, innovations, etc., qui seront discutés en ces endroits en même temps qu'elle fera connaître l'effort qui s'est accompli dans notre province[14] ». Elle en profite pour visiter, pendant plus de cinq mois, l'Europe, ses musées, ses lieux touristiques, mais aussi ses institutions psychiatriques et ses écoles infirmières. Elle est en effet toujours à l'affût des innovations, des avancées et des pratiques en usage à l'étranger, en vue d'améliorer l'offre de soins québécoise, et en particulier celle de son sanatorium. Il faut dire que ce dernier connaît alors des heures difficiles.

À la rescousse du sanatorium

Depuis le début de la crise économique qui a touché le Canada à la fin de 1929, le sanatorium peine en effet à remplir ses lits, et donc ses caisses. Charlotte Tassé a certes relancé une vaste campagne publicitaire dans les principales revues médicales et infirmières de la province, incluant *La Garde-Malade Canadienne-Française* et *L'Union médicale du Canada*, mais cela ne suffit pas. Les riches familles qui

14. La Rédaction, « Le départ de Mlle Charlotte Tassé », *La Garde-Malade Canadienne-Française*, mai 1933, p. 296.

envoyaient habituellement leurs malades au sanatorium préfèrent désormais les garder chez elles, faute de moyens. En 1935, le gouvernement vient heureusement à la rescousse de l'institution de soins en lui accordant, par l'intermédiaire du ministre de la Santé de l'époque, le Dr Albiny Paquette, un don de 25 000 $[15]. Une aide bienvenue, mais qui ne peut être que temporaire. Il faut une solution plus durable pour préserver le projet du Dr Prévost. Charlotte Tassé concocte alors, avec sa comparse Bernadette Lépine, un plan pour sauver le sanatorium.

À la fin de l'année 1937, elle écrit au bureau du premier ministre Maurice Duplessis afin de lui présenter un nouveau projet de charte pour son institution :

> Le plan de la nouvelle incorporation serait d'acheter le Sanatorium actuel pour le montant des hypothèques, soit 64 500 $, de former un bureau d'administration, de former un bureau médical de neurologistes canadiens-français de Montréal. [...] N'ayant plus d'intérêt et de taxes à payer, nous pourrions améliorer les pavillons et donner tout le confort à nos patients[16].

Elle écrit également au ministre de la Santé pour lui exposer son projet. Elle insiste à cette occasion sur un point : « Il n'est ici aucunement question de rendre service à des individus, mais de faire revivre une œuvre canadienne-française », tout en précisant que le changement de charte permettrait aussi de « recevoir des convalescents, décongestionnant ainsi les hôpitaux généraux et [d']accepter les patients à un taux moins élevé »[17]. Malgré ses bonnes relations avec le Dr Paquette comme avec la secrétaire de Duplessis, Auréa Cloutier, il lui faudra attendre 1945 pour que son projet voie le jour. En effet, la guerre emporte avec elle le gouvernement Duplessis, qui cède sa place au libéral Adélard Godbout jusqu'en 1944.

15. Documents financiers, BAnQ, Centre d'archives de Montréal, Fonds Charlotte Tassé.
16. Lettre à Auréa Cloutier, 13 décembre 1937.
17. Lettre à Albiny Paquette, 7 janvier 1938.

En attendant, Charlotte Tassé continue de travailler pour améliorer la formation de ses consœurs gardes-malades canadiennes-françaises, dans son école bien sûr, dans sa revue, mais aussi en publiant un *Manuel des questions et réponses d'examens de gardes-malades* qui connaît un franc succès et est suivi de plusieurs rééditions. En 1938, elle met également en place, au sanatorium, une formation inédite en neurologie et en psychiatrie à l'attention des infirmières diplômées ou des étudiantes de troisième année. Ce cours de perfectionnement débouche sur l'obtention d'un certificat de neuropsychiatrie équivalent à ceux que l'on peut alors obtenir aux États-Unis. Ce sont les débuts de la spécialisation infirmière en psychiatrie au Québec.

Finalement, le 17 mai 1945, les lettres patentes constituant le Sanatorium Prévost en corporation « sans intention de faire un gain pécuniaire[18] » sont enregistrées. Charlotte Tassé et Bernadette Lépine, qui avaient mis en gage leurs assurances-vie et leurs salaires pour emprunter de quoi racheter l'ensemble des parts de l'institution aux médecins du sanatorium afin d'en transformer le statut légal, peuvent désormais, sur le modèle des grands hôpitaux dirigés par des communautés religieuses, recevoir des financements publics et accueillir des malades sur le Bien-être social. Dans la foulée de cette mutation, l'établissement reçoit d'ailleurs une nouvelle subvention gouvernementale de 25 000 $. Une nouvelle ère peut alors débuter pour le sanatorium Prévost, et pour Charlotte Tassé.

Un hôpital dirigé par des femmes

En plus d'obtenir la mutation de son établissement en corporation à but non lucratif, la garde-malade a choisi de transformer l'organisation du sanatorium. Désormais, il est géré par un conseil d'administration entièrement composé de femmes laïques, dont elle assure la direction avec Bernadette Lépine, et auquel est rattachée une équipe médicale entièrement masculine. Le sanatorium devient ainsi le tout premier

18. Lettres patentes constituant en corporation « Sanatorium Prévost », BAnQ, Centre d'archives de Montréal, Fonds Charlotte Tassé.

hôpital entièrement géré par des gardes-malades laïques au Québec, et possiblement au Canada.

Les projets d'agrandissement vont alors bon train, on achète de nouveaux bâtiments, on en rénove d'autres. Mais il y a aussi des fermetures. Ainsi, en 1947, après avoir formé 58 gardes-malades, Charlotte Tassé ferme l'école du sanatorium, un peu à contrecœur et sous la pression de l'AGMEPQ, qui préférerait que le sanatorium offre une formation spécialisée en psychiatrie plutôt qu'un cursus qui fait concurrence aux centres universitaires ouverts depuis sa création[19]. Elle est loin d'être contre cette idée, qu'elle a expérimentée en 1938, mais il lui faut du temps pour établir un véritable cours postscolaire en nursing psychiatrique reconnu par les instances universitaires. Avant même que ce projet voie le jour, c'est donc une autre école qui ouvre ses portes au sanatorium : une école de gardes-malades auxiliaires, la toute première du Québec, que Charlotte Tassé inaugure, à titre de directrice, en septembre 1950.

Cette toute nouvelle profession dont elle a établi, sur le modèle des *practical nurses* américaines, le champ de compétences, le cursus de formation, ainsi que l'uniforme et l'insigne, doit répondre à la pénurie de main-d'œuvre infirmière qui fait alors rage dans la province. Et le succès est immédiat ! Rapidement, des écoles calquées sur celle du sanatorium ouvrent leurs portes dans des hôpitaux à travers la province. C'est d'ailleurs Charlotte qui est chargée, par le Comité des hôpitaux du Québec, de superviser ces ouvertures. C'est ainsi qu'en quelques années seulement, cette nouvelle profession infirmière se déploie à travers toute la province, offrant une main-d'œuvre des plus attendues à un système de santé qui voit la demande de soins s'accroître davantage chaque année.

En parallèle à ce travail, Tassé poursuit son œuvre d'amélioration du sanatorium, au sein duquel elle ouvre, en septembre 1951, en partenariat avec l'Université de Montréal, une innovante clinique externe. Dans le cadre de la formation des gardes-malades

19. Lettre de Charlotte Tassé à Ethel Frances Upton, 5 mars 1941.

psychiatriques, elle invite le célèbre psychiatre français Henri Ey à présenter une série de conférences au sanatorium. Le sanatorium fait les gros titres et s'affirme plus encore comme un lieu de soins et de formation avant-gardiste et incontournable. En 1953, finalement, le cours de perfectionnement en psychiatrie dont Charlotte rêve depuis quinze ans voit le jour. Cette formation d'une durée d'un an, délivrée par des infirmières et des psychiatres du sanatorium à des infirmières graduées, est reconnue par l'Université de Montréal, et mène, à la suite de la réalisation et de la soutenance d'une thèse, à l'obtention d'un certificat de perfectionnement en psychiatrie. Le mercredi 13 octobre 1954, Charlotte Tassé est ainsi aux côtés du doyen de la Faculté de médecine de l'Université de Montréal, le docteur Wilbrod Bonin, pour remettre à Rachel Gagnon, première infirmière à avoir mené à son terme sa formation, le diplôme qui fait d'elle une infirmière psychiatrique licenciée. C'est un pas de plus, et un pas décisif, vers la professionnalisation de cette spécialité infirmière, qui est désormais une discipline à part entière.

Nul n'est donc réellement étonné l'année suivante de voir l'Association d'hygiène mentale du Canada remettre à Charlotte Tassé son prix pour la province de Québec, en l'honneur de tous ses efforts et accomplissements pour l'amélioration de la prise en charge de la santé mentale dans la province. À soixante-deux ans, la garde-malade, qui dirige alors l'un des plus importants centres de soins et de formation psychiatrique du Québec, est à l'apogée de sa carrière. Son petit sanatorium, qui vient de changer de nom pour devenir l'Institut Albert-Prévost, inaugure, la même année, son tout nouveau Centre psychiatrique, un imposant bâtiment pensé et dessiné par Bernadette Lépine, qui en a également supervisé la construction[20]. L'Institut pourra ainsi accueillir 80 patients de plus. L'établissement, qui dix ans auparavant était au bord de la faillite, vit un âge d'or. Mais le vent ne va malheureusement pas tarder à tourner.

20. Bernadette Lépine, « L'évolution du Sanatorium Prévost », *La Garde-Malade Canadienne-Française*, janvier 1955, p. 24-29.

Un loup dans la bergerie

L'arrivée en 1957 d'un jeune psychiatre du nom de Camille Laurin à l'Institut Albert-Prévost va troubler la quiétude de l'institution. Ambitieux et convaincu qu'il faut réformer la psychiatrie québécoise, le futur ministre décide de faire de l'établissement le laboratoire de son projet[21]. Rapidement devenu psychiatre en chef de l'institution, il recrute de jeunes collègues en accord avec ses vues réformatrices et son intérêt pour la psychanalyse[22], avant de s'attaquer à l'organisation même de l'établissement. Il supporte mal, en effet, que des gardes-malades puissent avoir leur mot à dire sur son travail et sur le fonctionnement de l'Institut. À ses yeux, il est temps que les psychiatres prennent la tête des hôpitaux psychiatriques de la province. Mais c'est sans compter le caractère bien trempé de Charlotte Tassé, qui n'entend pas se laisser marcher sur les pieds ni se voir dépossédée de cette maison qui est la sienne depuis près de quarante ans déjà. Au début des années 1960, la guerre est déclarée entre ces deux fortes personnalités aux ambitions opposées.

Les provocations et les menaces se multiplient des deux côtés, jusqu'à ce que le gouvernement provincial, sollicité par Laurin, intervienne[23]. Le 10 juillet 1962, le ministre de la Santé Alphonse Couturier annonce la suspension du conseil d'administration, la nomination d'un administrateur par intérim (un certain Thomas J. Pogany) et la création d'une commission d'enquête, confiée au juge André Régnier. Tassé et Lépine sont alors écartées de l'administration de leur institution, confiée aux psychiatres par le nouvel administrateur, et sont assignées à résidence dans leurs chambres de l'Institut. Elles tentent bien alors de faire invalider la commission, mais rien n'y fait. Le 20 juin 1963, juste avant l'engagement officiel de l'enquête, les deux gardes remettent publiquement leur démission et quittent

21. Jean-Claude Picard, *Camille Laurin. L'homme debout*, Montréal, Boréal, 2003, 561 p.
22. René Desgroseilliers, 2001, « L'histoire de la psychanalyse à Albert-Prévost », *Filigrane*, vol. 10, n° 1, p. 6-37.
23. Alexandre Klein, « À propos des relations entre infirmières, médecins et gouvernements. L'histoire de la commission Régnier (1962-1964) », *Histoire engagée*, 2018, histoireengagee.ca.

la maison où elles ont œuvré pendant quarante-quatre ans, pour l'une, et trente-sept ans, pour l'autre. Il faut attendre le 4 juin 1964 pour que le rapport de la commission Régnier soit rendu public. Entretemps, le 1er février 1964, Bernadette Lépine s'éteint à l'Hôtel-Dieu de Montréal.

Bien que le rapport de la commission Régnier suggère finalement d'écarter les psychiatres mutins de la gestion de l'Institut, le gouvernement choisit de ne pas suivre cette recommandation et confie les rênes de l'Institut à Laurin et Pogany. Charlotte Tassé est alors certes nommée membre honoraire du nouveau conseil, mais le poste est surtout symbolique, car dans les faits, les psychiatres dirigent désormais l'établissement. La garde-malade se retire alors dans un petit appartement du boulevard Laurentien. De là, elle continue à suivre la vie de son institution, qui connaît rapidement des déboires avec ses nouveaux administrateurs, mais aussi le développement de la profession infirmière au Québec. L'année précédente, elle avait d'ailleurs légué sa revue (renommée en 1963 *Les Cahiers du nursing*) pour un dollar symbolique à l'Association des infirmières auxiliaires de la province. La lettre que lui envoie Camille Laurin en 1969 pour l'inviter aux célébrations du cinquantième anniversaire du sanatorium est reçue par la garde-malade comme une dernière offense. Blessée, elle renvoie une missive amère à celui qui est désormais politicien à plein temps, lui annonçant son refus d'assister à l'événement.

La fin, puis l'oubli

Le début des années 1970 est marqué par l'aggravation des problèmes de santé de Charlotte Tassé, qui l'oblige à rejoindre une maison médicale. En 1972, se sentant certainement faiblir, elle engage des démarches auprès de la Bibliothèque nationale du Québec pour y déposer les archives de sa vie et de son institution, consciente du rôle majeur qu'elle a joué dans l'histoire des infirmières québécoises. L'année suivante, après une ultime crise de gouvernance, « son » Institut est placé sous tutelle et fusionné avec l'hôpital voisin du Sacré-Cœur, pour en devenir le département de psychiatrie. C'est la fin de la petite institution autonome créée en 1919 par le Dr Prévost, et maintenue en vie et largement développée, pendant près d'un demi-siècle, par Charlotte Tassé. À quatre-vingts ans, elle aussi vit ses derniers moments. Elle s'éteint le 29 juillet 1974 à l'Hôtel-Dieu de Montréal, et sera inhumée dans le caveau familial, à Henryville.

À l'annonce de son décès, les hommages se multiplient pour célébrer une vie entièrement dédiée aux gardes-malades canadiennes-françaises. Telle une Florence Nightingale québécoise (même si elle préférait Jeanne Mance), Charlotte Tassé a transformé sa profession, lui apportant reconnaissance et prestige, autant qu'elle l'a incarnée. Moteur du développement du nursing psychiatrique au Québec et de la professionnalisation des gardes-malades canadiennes-françaises, elle fut la fondatrice d'une profession de santé qui compte aujourd'hui plus de 28 000 membres dans la seule province.

Pourtant, elle va vite être oubliée. C'est que l'histoire de la psychiatrie québécoise a d'abord été écrite par les psychiatres eux-mêmes, en particulier Camille Laurin, qui ont renvoyé l'œuvre de Charlotte Tassé du côté d'une Grande noirceur à laquelle la « Révolution tranquille au chapitre de la psychiatrie », engagée par eux dans les années 1960, aurait mis fin[24]. Son nom comme son visage ont ensuite été presque entièrement effacés de l'institution qu'elle a dirigée pendant quarante-cinq ans, au profit des visages et des noms des psychiatres réformateurs. L'histoire des femmes, qui se développera dans les années 1980, ne s'intéressera guère aux infirmières, largement perçues comme de simples subalternes dominées par les médecins, et laissera donc Charlotte Tassé dans l'ombre. Quant à l'histoire du nursing, elle a été plus longue à se développer et a d'abord cherché dans les modèles anglo-saxons et états-uniens les repères de sa professionnalisation. Ce n'est que très récemment que des historiens et des historiennes se sont intéressés aux nombreuses réalisations de cette garde-malade hors du commun.

24. Dominique Bédard, Denis Lazure et Charles A. Roberts, « Une révolution tranquille au Québec au chapitre de la psychiatrie », *Laval médical*, vol. 35, nº 9, 1964, p. 1042-1050.

Et ce travail n'a pas été vain. En mai 2023, le pavillon Albert-Prévost (nom du sanatorium depuis la fusion de 1973) inaugurait en effet, près de cinquante ans après sa mort, une aile Charlotte-Tassé. Une plaque et une exposition permanente permettent de revenir sur la vie et l'œuvre de cette soignante d'exception. Cette réparation donnera un nouveau rayonnement à son nom, peut-être davantage que la toute petite rue Charlotte-Tassé, dans Cartierville, ou que le centre de formation nommé en son honneur à Longueuil. Il faut que Charlotte Tassé trouve sa place dans l'histoire du Québec et de ses infirmières, tout comme Florence Nightingale a la sienne dans l'histoire de l'Angleterre et, plus largement, dans l'histoire mondiale du nursing. Elle aussi fut une soignante plus grande que nature, qui participa activement et directement à faire reconnaître les gardes-malades canadiennes-françaises comme des soignantes à part entière, dans leur propre province, au Canada et à travers le monde. Elle mérite pleinement sa place au panthéon des soignantes québécoises, aux côtés des actrices majeures de la solidarité que furent Jeanne Mance, Émilie Gamelin et Marguerite d'Youville.

XI

Gabrielle Roy
(1909-1983)

François Ricard
professeur de littérature

La vie de Gabrielle Roy commence le 22 mars 1909, jour de sa naissance à Saint-Boniface (Manitoba), petite agglomération catholique et française voisine de Winnipeg, laquelle est alors la principale ville de l'Ouest canadien[1]. Mais le monde de Gabrielle Roy, lui, c'est-à-dire le monde dans lequel elle voudra enraciner son identité et auquel elle puisera une grande partie de son inspiration de romancière, commence bien plus tôt, au milieu des collines du nord de Joliette, dans la paroisse de Saint-Alphonse-Rodriguez. Là vivent ses grands-parents maternels, Élie Landry (1835-1912) et Émilie Jeansonne (1831-1917), d'origine acadienne, qui donnent naissance en 1867 à Émélie, dite Mélina, la future mère de Gabrielle Roy. Mélina a quatorze ans lorsqu'Élie et sa femme, attirés par les promesses des missionnaires colonisateurs, partent avec leurs sept enfants s'établir dans les plaines du Manitoba, où la Couronne offre

1. Les trois premières parties de ce texte sont basées sur *Gabrielle Roy, une vie* (Boréal, 1996 et 2000) et sur l'*Album Gabrielle Roy* (Boréal, 2014). La dernière partie est une version révisée d'un article paru dans *Le Devoir*, 13-14 mars 1999.

des « quarts de section[2] » aux nouveaux arrivants. Après un long voyage que Mélina (ainsi que Gabrielle à sa suite) ne se lassera pas de raconter plus tard, ils s'installent dans la région dite de la Montagne Pembina, à environ 150 kilomètres au sud-ouest de Winnipeg, où la quasi-totalité des colons sont de foi catholique et de langue française, venus du Québec, de la France ou de la Belgique.

C'est là, à Saint-Léon, que Mélina épouse en 1886 Léon Roy, né trente-six ans plus tôt dans les environs de Québec, puis émigré en Nouvelle-Angleterre à la fin de son adolescence et finalement venu lui aussi s'établir au Manitoba en 1883. Leurs six premiers enfants, Joseph, Anna, Alcide (mort en bas âge), Agnès, Adèle et Clémence, naissent entre 1887 et 1895. Léon, pendant ce temps, devient une sorte de notable local et commence à se mêler de politique comme membre du Parti libéral, militant activement pour l'élection de Wilfrid Laurier en 1896, ce qui lui vaut d'être vivement réprouvé par le clergé catholique et considéré plus ou moins comme un indésirable.

Mais Laurier et son ministre Sifton, une fois portés au pouvoir, n'oublient pas leurs amis. Dès 1897, Léon décroche un poste de fonctionnaire fédéral au service du Bureau de l'immigration de Winnipeg. Son rôle, en tant que « French interpreter », consistera à accueillir les immigrants en provenance d'Europe (notamment d'Europe de l'Est) et à les accompagner dans leur établissement au Manitoba ou dans les territoires voisins des Prairies, les futures provinces de Saskatchewan et d'Alberta. Pour se rapprocher de son travail, il déménage donc à Saint-Boniface, chef-lieu de la vie canadienne-française de tout l'Ouest canadien. La famille s'agrandit bientôt de quatre autres enfants, Bernadette, Rodolphe, Germain et Marie-Agnès (la première Agnès ayant été emportée par la méningite). Quelques années plus tard, la nouvelle carrière de Léon lui assurant à la fois un statut enviable et de bons revenus (il a ajouté à ses fonctions officielles diverses petites affaires et des investissements qui rapportent

2. N.d.É. : Au Manitoba, le territoire avait été divisé en townships, eux-mêmes divisés en 36 sections, chacune faisant un mille carré (2,56 km^2). Un quart de section mesurait donc un quart de mille par un quart de mille (soit 0,4 km^2 ou 40 ha).

plutôt bien), il fait construire une grande maison confortable au 15 (aujourd'hui 315) de la rue Deschambault, dans un des quartiers neufs de Saint-Boniface alors en pleine expansion.

C'est dans cette maison que vient au monde, au printemps 1909, Marie Rose Emma Gabrielle, qui sera la dernière enfant de Léon et Mélina. C'est une enfant fragile, fréquemment malade, que son père surnomme « Petite Misère » et qui devient vite la princesse de la maison, choyée par sa mère et par ses frères et sœurs. Ceux-ci quittant tour à tour le foyer familial pour voler de leurs propres ailes (souvent peu assurées), la petite se retrouve bientôt presque toute seule avec sa mère (sa sœur Clémence, qui vit encore à la maison, souffre de dépression chronique), si bien que se développent entre la mère et l'enfant un attachement et une intimité qui ne faibliront jamais.

En 1915, Gabrielle a six ans, et entame sa première année scolaire à l'Académie Saint-Joseph, école de filles sise tout près de chez elle et tenue par les Sœurs des Saints Noms de Jésus et de Marie ; c'est là qu'elle fera toutes ses études primaires et secondaires. Les premières années sont ardues : elle n'aime pas l'étude, ses résultats sont médiocres, et elle s'absente souvent de l'école à cause de ses ennuis de santé. Il faut dire que c'est une période difficile pour la petite Gabrielle et les siens. Un premier malheur s'abat sur eux à l'automne 1915, quelques semaines seulement après la rentrée scolaire : Léon, tombé en défaveur auprès du gouvernement fédéral depuis que Laurier en a été chassé par les conservateurs aux élections de 1911, est congédié de la fonction publique l'année même de ses soixante-cinq ans, sans pension de retraite. Ce n'est pas nécessairement la misère pour lui et sa famille, car il a encore ses propriétés et quelques revenus d'appoint, mais la gêne et la tristesse entrent pour de bon dans la maison de la rue Deschambault. L'homme qui fondait des colonies et parcourait les étendues de l'Ouest pour s'occuper de « ses » immigrants reste maintenant enfermé dans son bureau et n'est plus que l'ombre de lui-même ; la blessure assombrira son caractère jusqu'à la fin de ses jours. Deux ans plus tard, autre malheur : la mort de la grand-mère Landry, qui habitait rue Deschambault depuis quelques mois, elle qui avait toujours vécu à la campagne, dans sa vieille maison de Somerset. Gabrielle et sa mère y allaient presque chaque année passer les vacances d'été ; Mélina aidait aux travaux et Gabrielle se laissait envoûter par la nature, les paysages, et les heures de jasette et de jeu auprès de sa « grand-mère toute-puissante ». Ce sera le premier d'une longue série de deuils qui s'étalera sur toute sa vie.

Puis voilà qu'à ces malheurs familiaux s'ajoute, en 1916, le grand malheur public que constitue, pour les Canadiens français de l'Ouest, l'adoption par le parlement provincial du Manitoba, dominé par les libéraux, de la législation Thornton, cette loi « infâme » qui interdit l'enseignement de toute autre langue que l'anglais dans les écoles de la province, régime qui restera officiellement en vigueur pendant un demi-siècle. Du jour au lendemain, les sœurs de l'Académie Saint-Joseph et leurs élèves se voient obligées de suivre un nouveau programme où toutes les matières sont enseignées et apprises en anglais et où le français n'a plus de place, sauf après les heures normales de classe et plus ou moins clandestinement. Gabrielle n'a que sept ans, ce drame ne la touche qu'indirectement. Mais pour les adultes de la communauté franco-manitobaine, on peut imaginer quelle catastrophe cela peut représenter. Eux dont les parents et les grands-parents sont venus ici dans l'espoir d'y poursuivre tranquillement leur vie française, voilà qu'on les rejette brusquement hors de leur nouvelle patrie et qu'on fait d'eux des sortes de parias, appartenant à une « espèce destinée à être traitée en inférieure », comme le dira la toute première phrase de *La Détresse et l'Enchantement*. Certes, les élites et les enseignants francophones réagissent ; ils créent en cette même année 1916 l'Association d'éducation des Canadiens français du Manitoba (AECFM), vouée à la « survivance » de la communauté française et catholique et qui deviendra une sorte de ministère parallèle, édictant ses propres programmes et administrant ses propres examens. Mal vue mais tolérée par le Department of Education, l'Association est très bien organisée et fortement soutenue par l'Église ; sa puissance se fait sentir dans toutes les paroisses francophones de la province.

Que se passe-t-il chez Gabrielle Roy lorsqu'elle atteint l'adolescence et que, subitement, son rendement scolaire change du tout au tout ? Impossible de le savoir exactement. Mais le changement est aussi remarquable que soudain. Elle qui a été jusqu'alors une écolière si indolente, peut-être même un peu paresseuse, voilà qu'elle devient tout à coup, à partir de son entrée en septième année (Grade VII), l'élève la plus appliquée et la plus brillante de l'Académie. Pendant tout le reste de ses études, c'est elle qui, invariablement, obtient les meilleures notes de sa classe, accumulant les médailles et les récompenses de toutes sortes, y compris, chaque année, le premier prix du concours de composition française de l'Association d'éducation. Élève travailleuse, dévorée par le besoin de s'instruire et de s'élever, elle découvre la littérature, surtout la littérature anglaise, qu'elle préfère de loin aux œuvres pieuses que lui propose la littérature française telle que l'enseignent alors les bonnes sœurs de l'Académie. Shakespeare la marque à jamais. Elle commence à écrire des petites choses, poèmes, saynètes, déclamations. C'est de cette époque, vraisemblablement, que date chez elle le désir, sinon la résolution, d'échapper à son petit milieu, de se distinguer, de se hausser au-dessus du commun, et de s'imposer là où personne d'autre avant elle et autour d'elle ne s'est encore imposé.

Le temps de l'aventure

Lorsque, au printemps 1928, à l'âge de dix-neuf ans, Gabrielle reçoit son diplôme de fin d'études secondaires, elle se sent déjà prête à affronter le vaste monde et à y faire sa marque. Dans l'immédiat, toutefois, il lui faut un moyen de gagner sa vie. Comme beaucoup de jeunes filles de son milieu et comme trois de ses sœurs avant elle (Anna, Adèle, Bernadette), elle choisit l'une des seules voies accessibles aux femmes de ce temps : l'enseignement. Pour cela, elle suit une formation d'un an (exclusivement en anglais) au Winnipeg Normal Institute. C'est pendant cette année-là, en février 1929, que meurt Léon Roy, son père qu'elle connaît peu mais dont elle fera revivre la figure plus tard dans *Rue Deschambault* puis dans *La Détresse et l'Enchantement*. L'été suivant, avant même l'obtention de son permis officiel, elle occupe un poste temporaire d'institutrice suppléante dans le village métis de Marchand, à quelque 80 kilomètres à l'est de Winnipeg ; son séjour dans ce coin perdu commence par l'épisode de « L'enfant morte », qu'elle racontera une quarantaine d'années plus tard dans un très beau chapitre de *Cet été qui chantait*.

Sa vraie carrière d'enseignante débute à l'automne 1929, quand elle est nommée à Cardinal, dans la région de la Montagne Pembina, où vivent toujours les enfants et les petits-enfants de son grand-père Élie Landry, qu'elle a plaisir à retrouver. Son école à classe unique regroupe des élèves de tous les niveaux primaires, venus des fermes des environs. L'expérience la comble et elle vit là une des années les plus heureuses de sa vie, dira-t-elle plus tard. Mais à la rentrée de 1930, grâce aux interventions de sa mère et à l'excellent souvenir que gardent d'elle les autorités scolaires de Saint-Boniface, elle est nommée à l'école publique de garçons de la ville, l'Institut Provencher, dirigée par les frères Maristes et située à quelques pas de la rue Deschambault, où Gabrielle retourne vivre auprès de sa mère veuve et de sa sœur Clémence. Pendant sept ans, elle est titulaire de l'une des *receiving classes* de première année, destinée aux enfants des familles d'immigrants non francophones, à qui elle enseigne uniquement en anglais, ainsi que l'exige la loi. Beaucoup plus tard, dans *Ces enfants de ma vie*, elle rappellera ces années d'enseignement à travers l'évocation de quelques-uns des élèves qui l'ont marquée, à Cardinal comme à Saint-Boniface.

C'est avec beaucoup de compétence et de dévouement qu'elle exerce son métier, passant pour l'une des meilleures institutrices de l'école. Mais l'enseignement ne lui suffit pas, et très vite elle sait que ce n'est pas de là que lui viendra ce grand avenir qu'elle ne cesse d'espérer depuis son adolescence. Les années qui viennent, la jeune femme va donc les employer à se préparer fébrilement, méthodiquement, pour ce qu'elle considère comme son vrai destin, dont elle n'a encore qu'une idée très vague, mais qui devra passer par la grande culture, voie royale à ses yeux vers l'accomplissement de soi et la réussite. Ainsi, elle se consacre avec passion au théâtre, suivant des leçons de diction (française et anglaise), présentant des numéros de récitation ou d'improvisation chaque fois que le lui demande, pour une soirée ou une fête quelconque, l'une des nombreuses associations qui s'activent alors à Saint-Boniface et à Winnipeg, ou se joignant à de petites troupes improvisées qui font des tournées dans les villages du Manitoba ; dès 1931, elle entre au Cercle Molière de Saint-Boniface, compagnie quasi professionnelle animée par Arthur et Pauline Boutal et où on lui accorde bientôt des rôles importants, notamment dans les pièces qui, en 1934 puis en 1936, remportent le trophée de la meilleure production de langue française au concours pancanadien de théâtre amateur qui a lieu à Ottawa, en présence du Gouverneur général ; entre 1935 et 1937, elle fait également du théâtre en anglais avec la troupe du Winnipeg Little Theatre.

Du côté de la littérature, c'est aussi pendant ces années que, lectrice avide, elle découvre les romanciers français et américains contemporains, ainsi que les grands auteurs nordiques (en particulier Tchekhov), et qu'elle écrit ses premiers textes de fiction, tantôt en français, tantôt en anglais, dont quelques-uns seront publiés dans divers périodiques. Sa détermination, son désir d'apprendre et de s'améliorer, en un mot son ambition, ne la quittent jamais.

Cela dit, elle réalise très tôt, au cours de ces années d'apprentissage et de découverte de soi, que l'avenir dont elle rêve, ce n'est pas non plus à Saint-Boniface ni dans sa petite communauté qu'il pourra se concrétiser. Elle doit rompre, elle doit refuser le destin étriqué que lui réservent, si elle ne part pas, et son sexe, et sa condition, et le milieu non pas hostile, sans doute, mais de plus en plus marginal et replié sur lui-même dans lequel elle se sent confinée. Chaque mois, elle met de côté une partie de son salaire d'institutrice en vue du grand projet qui à la fois l'obsède et la stimule, tout comme il habite à cette époque la plupart des artistes canadiens ou même américains : aller vivre quelque temps en Europe, patrie universelle des arts et de la pensée.

En 1937, sa décision est prise. Pour arrondir ses avoirs, elle accepte un poste d'été en région éloignée, la Petite-Poule-d'Eau, entre les lacs Manitoba et Winnipegosis. Puis, ayant obtenu un congé provisoire de sa commission scolaire, elle part enfin vers l'est, à destination de l'Europe. Elle a vingt-huit ans. Son but déclaré est de poursuivre des études d'art dramatique en vue de devenir actrice. Mais son véritable but, en fait, est de s'affranchir et de se donner enfin la possibilité d'atteindre cette réalisation d'elle-même qu'elle attend depuis tellement d'années. On ne dira jamais assez à quel point ce départ marque pour elle un tournant décisif, qui va orienter toute la suite de sa vie et de sa carrière. Mais c'est en même temps une expérience terrible, car elle se trouve à laisser là l'être dont elle est le plus proche et qui, à ce moment-là, a le plus besoin d'elle : sa mère. On est en pleine crise économique, Mélina a dû vendre sa maison, sa santé décline, elle est sans ressources et devra vivre désormais toute seule avec la pauvre Clémence qui, à quarante-deux ans, a encore l'esprit d'une enfant et dépend entièrement d'elle. Or Gabrielle, comme benjamine de la famille, aurait dû normalement se résigner à devenir le « poteau de vieillesse » de sa mère. Au lieu de cela, la voici qui n'écoute que son besoin de liberté et qui, pour un résultat aussi lointain qu'incertain, abandonne à son sort celle qu'elle aime et qui l'aime tant. Ses sœurs ne le lui pardonnent pas. Et elle-même, quelques années plus tard, se fera d'amers reproches : cette rupture, cette « trahison » de sa mère hantera, tout en la nourrissant, une bonne partie de son œuvre à venir.

Dans *La Détresse et l'Enchantement*, son autobiographie posthume, Gabrielle Roy fera le récit détaillé de ce premier séjour en Europe, de l'automne 1937 au printemps 1939. Après deux mois à Paris, où elle s'ennuie ferme malgré l'émerveillement que lui inspire sa découverte de la Ville Lumière, elle va s'installer à Londres, où elle restera jusqu'en janvier 1939, c'est-à-dire pendant la plus grande partie de son séjour européen. Là, elle s'inscrit au Guildhall School of Music and Drama pour des cours de théâtre qu'elle suit de manière irrégulière, préférant visiter la ville, faire de longues excursions dans la campagne anglaise et voir des amis étudiants en provenance de tous les coins de l'Empire. C'est au cours d'une de ces réunions plus ou moins mondaines, organisée par une *lady* qui nourrit une affection particulière pour les Canadiens, qu'elle fait la rencontre de Stephen

Davidovitch, vingt-cinq ans, de qui elle tombe follement amoureuse. Mais l'idylle sera brève. Stephen est beau, il est tendre, il est cultivé, et il adore aussi Gabrielle. Ce que celle-ci ne sait pas, cependant, c'est que, quoique citoyen canadien, Stephen fait partie d'une organisation américaine de lutte pour la libération de l'Ukraine annexée et occupée par les Soviétiques, organisation qui l'a dépêché secrètement en Europe pour préparer diverses manœuvres en territoire russe et ukrainien.

Autrement dit, Stephen est un agent secret, ce qui explique ses absences nombreuses et prolongées, pendant lesquelles l'amoureuse, restée seule à Londres, se morfond et s'inquiète. Mais aux raisons affectives s'ajoute peut-être une raison politique. En effet, lorsque Stephen, au bout de quelques mois, se sent tenu de la mettre au moins partiellement au courant de sa situation, elle se rend compte que son amoureux, en travaillant contre les Russes, travaille du même coup pour leurs ennemis, c'est-à-dire les nazis, vus alors par les Ukrainiens (on est en 1938, avant le pacte germano-soviétique) comme les possibles libérateurs de leur pays, mais honnis et craints presque partout ailleurs. Or la Gabrielle Roy de cette époque, sans être une révolutionnaire, a quand même un penchant pour les idées et les objectifs de la gauche politique, penchant hérité de son père et renforcé par l'influence de ses amis anglophones et immigrants de Winnipeg, largement sympathiques au parti social-démocrate CCF nouvellement fondé. Une alliance avec Hitler était la dernière qualité qu'elle cherchait chez un homme… Quoi qu'il en soit, elle décide de rompre avec Stephen, qu'elle ne reverra plus après leur dernière rencontre de l'été 1938.

Elle se trouve alors chez Esther Perfect et son père, à Upshire, en banlieue londonienne. Elle a découvert leur maisonnette inopinément quelques mois plus tôt au cours d'une excursion. Ils l'ont accueillie avec la générosité et la douceur que l'on réserverait à « un oiseau tombé sur le seuil ». Les deux femmes sont aussitôt devenues amies, et Gabrielle a pris l'habitude de se réfugier à Upshire presque chaque week-end pour se reposer et se laisser dorloter. Et pour écrire en toute tranquillité. Car c'est de cette époque que datent les vrais débuts littéraires de Gabrielle Roy. Ayant compris qu'elle ne deviendrait jamais la comédienne qu'elle aurait voulu être, elle décide de renoncer à sa formation en art dramatique et, à regret d'abord puis avec de plus en plus de conviction, elle se met (ou se remet) à l'écriture. Et qui plus est, à l'écriture uniquement en français, la langue de sa mère, la langue de tous les siens. Confortablement installée dans sa petite chambre dont la fenêtre donne sur les *downs* d'Epping, échangeant un bref sourire avec Esther qui lui apporte thé et biscuits et disparaît aussitôt, elle remplit des pages et des pages de son écriture de maîtresse d'école, dans l'espoir d'arriver à quelque chose qui puisse intéresser des lecteurs. En fait, ses textes de l'époque n'ont rien de bien remarquable, et l'on n'y perçoit que très faiblement la voix de la future romancière (qui d'ailleurs ne les laissera jamais republier par la suite). Pour tenter sa chance, elle envoie trois articles à un journal parisien, qui – miracle ! – les accepte aussitôt. Ce fait peut paraître banal, et pourtant il a une très grande importance dans le cheminement « professionnel » de Gabrielle Roy. Elle a déjà vu quelques-uns des ses textes publiés dans des périodiques, et en a été contente, bien sûr, mais c'étaient des périodiques canadiens. Cette fois, c'est de Paris, la capitale de la Littérature, que lui vient la reconnaissance. Si les responsables d'une publication renommée tirant à des milliers, voire des dizaines de milliers d'exemplaires, et qui ne savent rien d'elle, jugent que ses textes méritent d'être lus par le public le plus exigeant et le plus cultivé du monde, c'est donc que ces textes-là ne sont pas si mauvais et que son talent est réel. Interprétation un peu naïve, peut-être, mais dont l'effet est décisif : la romancière en herbe peut y voir une confirmation de la justesse de son choix et donc un puissant encouragement à continuer, ce qu'elle fera pendant tout le reste de sa vie.

Rentrée à Londres à l'automne, elle retourne en France au début de 1939, non pas à Paris cette fois, mais dans le Midi, ce dont elle rêve depuis qu'elle a lu Daudet à l'époque de l'Académie Saint-Joseph. Elle passe là deux mois de pures vacances, et de pur bonheur, parcourant la Provence et le Languedoc de long en large, tantôt en train, tantôt sur le pouce, bivouaquant çà et là, bavardant avec les villageois, dans un enchantement de chaque minute. Avant de repartir, elle s'arrête quelques jours à Prats-de-Mollo, dans les Pyrénées, pour aider à l'accueil des réfugiés républicains de la guerre d'Espagne. Puis, de retour à Londres, elle décide, vu l'imminence de la guerre, de rentrer au Canada. Elle s'embarque à Liverpool au printemps 1939 pour le grand retour.

Elle ne reviendra en Europe qu'une dizaine d'années plus tard, en 1947. Entretemps, tout aura changé pour elle, elle aura connu le succès, la gloire, la fortune, tout ce qu'elle désirait si ardemment depuis sa jeunesse. Mais elle aura vécu pour cela des années d'une fébrilité à couper le souffle, faites de travail acharné, de déplacements incessants, de rencontres, de découvertes, de joies et aussi de chagrins. Tout commence par son arrivée à Montréal en mai 1939. Même si sa mère la presse de revenir à Saint-Boniface et que son poste d'institutrice l'attend toujours là-bas, elle décide de rester au Québec et de faire le grand « plongeon », comme elle dira, c'est-à-dire de tenter le tout pour le tout pour pouvoir se consacrer à l'écriture et vivre de sa plume. Femme seule, pratiquement sans le sou, « étrangère » venue du lointain Manitoba et parfaitement inconnue à Montréal, elle va pourtant réussir en quelques années à se tailler une place de choix dans la vie littéraire et journalistique de la métropole, profitant notamment du vent de renouveau et des occasions qui s'offrent depuis l'arrivée au pouvoir des libéraux d'Adélard Godbout, un climat que favorisent paradoxalement le déclenchement de la Deuxième Guerre mondiale et la fin de la crise économique.

Ses premiers cachets (modestes) lui viennent du journal *Le Jour*, de Jean-Charles Harvey, qui imprime chaque semaine, dans la page féminine, un billet drolatique signé de son nom. Puis la *Revue moderne* lui achète une première nouvelle, qui sera suivie d'une quinzaine d'autres entre 1939 et 1941. Ce périodique d'allégeance libérale, qui s'adresse à un public (surtout féminin) friand de littérature « distrayante », est dirigé alors par Henri Girard, un journaliste d'expérience et grand connaisseur en matière de culture moderne, qui a ses entrées dans les milieux intellectuels, littéraires et artistiques du Tout-Montréal. Reconnaissant d'entrée de jeu le talent de la jeune femme, il devient son mentor et bientôt son amant ; leur relation, même s'il est marié, durera jusqu'en 1946 ou 1947.

C'est par l'entremise de Girard que Gabrielle Roy, en 1940, va entrer au *Bulletin des agriculteurs*, un autre périodique grand public lié indirectement au Parti libéral. Là, ce n'est pas comme nouvelliste qu'elle publie, mais comme reporter, un métier qu'elle n'a jamais exercé jusqu'alors mais avec lequel elle se familiarise rapidement, au point d'acquérir une maîtrise étonnante et de devenir l'une des journalistes les plus appréciées des lecteurs. Ses collaborations prennent la forme de grandes séries sur des sujets d'actualité, pour la préparation desquelles sa méthode est toujours la même : d'abord, pour rassembler la matière dont elle a besoin, une enquête de terrain aussi méthodique et approfondie que possible (ce qui l'amène à se déplacer beaucoup, et parfois dans des endroits où peu de femmes journalistes osent se risquer), suivie de la rédaction d'un compte rendu clair et précis, où elle ne craint pas de se mettre en scène et auquel elle donne un tour littéraire par le recours aux portraits, aux dialogues, voire aux suspenses, et à une écriture à la fois sobre et travaillée. C'est ainsi que quatre de ces séries vont paraître dans le *Bulletin*, dont « Ici l'Abitibi » (7 articles sur la relocalisation de pêcheurs des Îles-de-la-Madeleine dans l'île de Nepawa en Abitibi) ; « Peuples du Canada » (7 articles sur des communautés d'immigrants de l'Ouest canadien, chez qui la reporter a fait un long périple en 1942) ; et « Horizons du Québec » (12 articles sur diverses régions de la province). Mais la plus belle et la plus précieuse de ces séries est probablement la première, « Tout Montréal » (4 articles), publiée en 1941 à l'occasion du tricentenaire de la ville et qui offre de celle-ci une image étonnamment lucide et moderne ; c'est sans doute en préparant ce grand reportage que Gabrielle Roy est entrée pour la première fois dans le quartier Saint-Henri, où elle reviendra si souvent dans les années suivantes.

Au cours de l'hiver 1943, alors qu'elle est devenue une journaliste respectée et touche désormais un bon salaire, elle décide de quitter Montréal (où elle a vécu jusque-là dans des chambrettes du côté de Westmount) pour élire domicile à Rawdon, dans une maison de pension confortable et tranquille, où elle pourra se retirer pendant les périodes d'accalmie que lui laissent ses recherches et ses déplacements de journaliste pour travailler en paix au roman qu'elle a mis en chantier un an ou deux plus tôt, et dont elle devra rédiger deux ou trois versions avant qu'il puisse être publié. En juin de cette année-là, apprenant la mort de sa mère, elle interrompt ses travaux et se rend aussitôt à Saint-Boniface, rongée par le remords de l'avoir plus ou moins laissée seule pendant toutes ces années et par le regret que « le temps lui ait manqué » pour la revoir, lui raconter ses aventures et lui faire ses adieux. Dès son retour au Québec, elle court se réfugier en Gaspésie, à Port-Daniel, où elle a pris l'habitude de prendre ses vacances, et se remet à la tâche avec une énergie renouvelée, comme si la seule façon de vivre son deuil était de finir son roman, que d'ailleurs elle dédiera « À Mélina Roy ».

Le manuscrit final de *Bonheur d'occasion* est prêt au printemps 1944, mais ne paraîtra qu'un an plus tard, en juin 1945. L'éditeur est Gérard Dagenais, des Éditions Pascal, une de ces maisons nées pendant la guerre et capables d'accueillir une littérature nouvelle, voire audacieuse, peu conforme aux diktats du clergé et des élites qui contrôlaient jusqu'alors l'édition québécoise. Le roman de Gabrielle Roy aurait-il pu paraître sans ces circonstances particulières ? Nul ne saurait le dire à coup sûr, mais on peut penser que non, tant il s'écarte de ce qu'on attendait alors des romans « canadiens », confits de ruralité et de vertu. Quoi qu'il en soit, *Bonheur d'occasion* va connaître un succès fulgurant, sans précédent dans les lettres canadiennes et québécoises. Dès sa sortie, il est accueilli sur la scène locale par une critique et des lecteurs enthousiastes, si bien que Gabrielle Roy, devant le manque de ressources de son éditeur (qui fera faillite quelques mois plus tard), prend les choses en mains et voit elle-même à l'impression et à la distribution de son livre, avec l'aide de son chargé d'affaires, Me Jean-Marie Nadeau, ami de Girard et libéral influent. Mais le succès ne tarde pas à s'étendre : aux États-Unis d'abord, où le roman est sélectionné par un important club du livre, ce qui en fait automatiquement un best-seller, et où les droits d'adaptation cinématographique sont acquis par Hollywood; puis en France, où il remporte le prix Femina 1947, ce qui lui permettra d'être traduit dans une dizaine de langues à travers l'Europe. Pour Gabrielle Roy, cette fortune et cette célébrité subites sont à la fois étourdissantes et sources d'un accablement dont elle a du mal à se remettre. Elle s'en remettra pourtant, mais en gardera pour toujours la ferme résolution d'éviter les tourbillons médiatiques et mondains qui accompagnent la publication.

Dans l'immédiat, désireuse d'échapper au tumulte et de refaire ses forces, elle va passer l'été de 1947 à Saint-Boniface, chez sa sœur Anna, où elle peut revoir ses autres sœurs Clémence et Adèle, et à Kenora (Ontario), dans une auberge voisine du couvent où vit sœur Léon-de-la-Croix (sa sœur Bernadette). Elle en profite pour faire ce qu'elle n'a pas pu faire depuis la sortie de *Bonheur d'occasion*: recommencer à écrire, en particulier le nouveau roman montréalais que ses éditeurs et son public attendent d'elle mais dont l'écriture lui est un véritable « calvaire », comme elle le dira plus tard; elle y travaillera avec acharnement pendant presque sept ans, avant qu'*Alexandre Chenevert* puisse finalement paraître.

Au cours de ce même séjour au Manitoba, elle fait la rencontre de Marcel Carbotte, jeune médecin célibataire d'ascendance wallonne, natif de Fry (Saskatchewan), qui préside alors le Cercle Molière. C'est le coup de foudre. Deux mois plus tard, le 30 août, ils se marient dans la plus stricte intimité; elle a trente-huit ans, il en a trente-trois. Le soir même de leur mariage, les nouveaux époux partent pour l'Europe, où Marcel a décidé d'aller poursuivre ses études de spécialisation en oncologie. Ils vivent d'abord quelques mois au cœur de Paris, sur la rive gauche, puis s'installent dans une pension bourgeoise de Saint-Germain-en-Laye, d'où ils s'absentent souvent pour des excursions en Belgique (où Marcel a de la parenté) et dans diverses régions de France, notamment le Midi et la Bretagne. De son côté, Gabrielle fait également des séjours prolongés en Suisse, en Bretagne et en Angleterre, quittant Marcel et ses amis parisiens pendant plusieurs semaines parfois, pour s'isoler et écrire en paix.

Son cher *Alexandre Chenevert* continue de lui donner du fil à retordre. Mais voilà qu'au cours d'une excursion à Chartres avec des amis, subitement, comme par miracle, lui reviennent à l'esprit des images de son Manitoba natal et des paysages pastoraux de la Petite-Poule-d'Eau, où elle a enseigné douze ans auparavant. Ce retour imaginaire à ses origines et à un univers tout empreint de douceur, d'harmonie et d'innocence, « comme à peine sorti des songes du Créateur », lui apporte une sorte de soulagement. Mettant de côté ses manuscrits d'*Alexandre Chenevert*, elle se lance aussitôt dans l'écriture de ce qui sera son deuxième livre, *La Petite Poule d'Eau*, qu'elle terminera en deux ans à peine, avec une aisance et un bonheur qu'elle n'a plus connus depuis longtemps. Lorsque ce nouveau livre paraîtra en 1950, la critique et le public seront surpris, sinon déconcertés, en lisant cet ouvrage si différent de *Bonheur d'occasion*, non seulement par le décor, le climat, les personnages et la tonalité thématique (l'idylle après l'enfer urbain), mais par la facture même du récit, à mi-chemin du roman ordinaire et du recueil de nouvelles, une forme hybride que Gabrielle Roy continuera de pratiquer régulièrement jusqu'à la fin de son œuvre.

Le manuscrit de *La Petite Poule d'Eau* achevé, les études de Marcel complétées, le couple rentre au Canada à l'automne 1950 après trois ans d'absence. Conservant de ces années un vif attachement pour la France, Gabrielle Roy y retournera à quelques reprises pour des vacances, mais plus jamais elle ne fera de séjour aussi prolongé à l'extérieur du pays.

Le temps de l'écriture

Au début, Marcel et elle s'installent à Ville LaSalle, tout au bord du fleuve, mais Gabrielle continue de prendre souvent de longs congés de travail à la campagne, en solitaire, dans les endroits retirés où elle a été heureuse naguère, comme Rawdon ou Port-Daniel. C'est ainsi qu'elle peut enfin terminer son *Alexandre Chenevert*, sur lequel elle peine depuis si longtemps. Puis, comme Marcel, au chômage depuis son arrivée à Montréal, obtient finalement un poste dans un hôpital de Québec, le couple déménage dans la Vieille Capitale au printemps de 1952, dans un grand immeuble locatif en bordure des plaines d'Abraham ; ce sera l'adresse officielle de Gabrielle Roy jusqu'à la fin de ses jours.

Mais elle se plaît assez peu à Québec. Certes, elle y a des amies proches et dévouées, comme ses voisines les deux Madeleine (Bergeron et Chassé) ou le groupe de femmes de lettres qui gravite autour de la romancière Adrienne Choquette à Notre-Dame des Laurentides. Mais elle fuit la ville chaque fois qu'elle en a l'occasion, tantôt pour un voyage dans l'Ouest auprès de sa famille, tantôt pour retrouver ses « ermitages » habituels (Rawdon, la Gaspésie), auxquels s'ajoute bientôt la côte de Charlevoix, où tout l'enchante, les paysages, le climat, les gens, et où elle se sent beaucoup plus chez elle qu'à Québec. C'est là, à Port-au-Persil, que Jean Paul Lemieux peint son portrait en 1953 ; c'est là, à Baie-Saint-Paul, qu'elle met en train son nouveau roman manitobain, *Rue Deschambault* ; et c'est là, fort probablement, qu'elle reprend vers 1955 son projet, conçu une dizaine d'années auparavant, d'une grande « saga » inspirée de l'histoire de la famille Landry et de la jeunesse de sa mère, projet qu'elle abandonnera vers le début des années 1960 mais dont il restera des milliers de pages manuscrites, d'où se détachent quelques récits ou ébauches de récits qui aboutiront plus tard à des œuvres publiées, comme « La route d'Altamont » ou « De quoi t'ennuies-tu, Éveline ? ».

En 1956, pour la première fois, elle passe l'été à Petite-Rivière-Saint-François, dans une maisonnette louée à une amie montréalaise, l'artiste Jori Smith. Elle fait aussitôt la connaissance de Berthe Simard, dont la famille vit à Petite-Rivière depuis des générations et avec qui elle noue une amitié indéfectible, sans doute la plus grande et la plus belle amitié de sa vie. Ces vacances lui plaisent tellement, l'endroit est si amène et la présence de Berthe si réconfortante qu'elle décide, dès l'année suivante, d'y faire l'acquisition d'une propriété, ce qu'elle a toujours évité jusque-là, pour ne s'attacher nulle part et rester libre de partir où elle veut n'importe quand. Sise sur le plateau dit la Grande-Pointe, en bordure sud du village, c'est une petite maison d'été entourée d'un grand jardin, située entre la route et la falaise au bas de laquelle passe la voie ferrée. La vue donne, d'un côté, sur la montagne appelée aujourd'hui le Massif de Charlevoix et, de l'autre, sur le fleuve ; à gauche, on aperçoit l'entrée de la baie Saint-Paul et L'Isle-aux-Coudres. À deux pas de chez elle se trouve la « Maison Liguri », la vieille demeure familiale des Simard où vivent Berthe, qui est célibataire, et son frère Aimé, avec ses enfants. Gabrielle Roy, désormais, passera tous ses étés à Petite-Rivière, en compagnie de Marcel lorsque celui-ci est en vacances, seule la plupart du temps.

Ce refuge de Petite-Rivière va vite devenir pour elle sa véritable, son unique maison, autour de laquelle va s'organiser l'essentiel de sa vie. C'est la même routine chaque année. Pendant la plus grande partie possible de l'été (depuis avril ou mai jusqu'à la fin d'octobre environ), elle est à son chalet ; tous les matins, elle écrit, tantôt dans la maison, tantôt dans la balançoire qu'elle a fait installer au milieu du jardin ; l'après-midi, elle fait de longues promenades dans la nature en compagnie de Berthe, ou bien elle reçoit des visiteurs venus d'un peu partout, en particulier ses amies de Québec ou de Montréal ; le soir, de temps en temps, quand Marcel est là, elle se rend chez Jean Paul et Madeleine Lemieux à L'Isle-aux-Coudres ou chez le peintre René Richard et sa femme Blanche à Baie-Saint-Paul, mais le plus souvent elle va simplement veiller chez les Simard. Quand les froidures arrivent, elle rentre tristement à Québec, où elle s'occupe à faire taper et à corriger ce qu'elle a écrit pendant l'été, tout en mettant de l'ordre dans ses affaires ; l'hiver étant très dur pour sa santé à cause des ennuis respiratoires et des allergies de toutes sortes dont elle souffre depuis sa jeunesse et qui ne cessent de s'aggraver avec l'âge, elle s'arrange pour aller passer un mois ou deux au chaud, que ce soit en Louisiane, en Floride, en Arizona ou même en Provence.

En dehors de cela, il ne se passe plus grand-chose dans sa vie. Sauf quand se produit un événement inattendu, qui l'oblige à rompre avec ses habitudes et à se mobiliser, la précipitant du même coup dans des périodes de nervosité, voire d'anxiété, parfois d'abattement, qui deviennent de plus en plus pénibles chaque fois. C'est d'abord la mort de sa sœur Anna en 1964, à Phoenix, où Gabrielle se rend pour l'enterrement. Puis, six ans plus tard, celle de Bernadette, la religieuse, celle de ses sœurs dont elle se sentait le plus proche et qu'elle a accompagné dans sa longue agonie en lui écrivant chaque jour une vibrante lettre de consolation et d'affection, lui promettant entre autres de s'occuper de leur autre sœur, Clémence, dont Bernadette avait la charge. Et encore, en 1973, la mort d'Adrienne Choquette, à qui elle est attachée comme à une sœur. Ces deuils la touchent profondément, au point de la ramener vers la foi de sa jeunesse, dont elle s'était éloignée lors de son premier séjour en Europe et qu'elle redécouvre à présent sous le nouveau visage que lui imprime le concile Vatican II. Mais d'autres épreuves l'attendent encore, la plus difficile étant la publication, en 1979, d'un livre de sa sœur Adèle, si plein d'insinuations et de méchancetés à son endroit, qu'elle a une attaque cardiaque et doit être hospitalisée. Il faut dire que sa santé se détériore de plus en plus à l'approche de ses soixante-dix ans : les crises d'asthme succèdent aux attaques d'arthrite aiguë, les épisodes d'anémie aux souffrances rhumatismales. Sans parler des dépressions et des périodes d'extrême fatigue de plus en plus fréquentes et prolongées, en particulier quand son travail languit ou que l'inspiration lui manque.

Car telle est son unique préoccupation tout au long de ces trois dernières décennies de sa vie : poursuivre son œuvre, tirer d'elle-même ce qu'elle estime en être le meilleur et le plus précieux, c'est-à-dire des livres aussi beaux que possible, faits d'histoires, de paysages, de personnages qui à la fois toucheront les lecteurs et témoigneront de sa propre expérience. L'écriture devient une sorte de sacerdoce, qui commande le sacrifice ou l'évitement de tout le reste. Elle fuit comme la peste mondanités, interviews, cérémonies, tractations avec les éditeurs, tout ce qui risque de la distraire et de lui faire perdre ne serait-ce qu'un jour de travail. Quand elle n'a pas de livre en train, elle se sent vide et désespérée, mais n'abandonne jamais ; elle a appris que la création demande de la patience, beaucoup de patience, et qu'un jour ou l'autre la sécheresse fera place au retour de l'inspiration, que la « forge », comme elle dit, finira par se rallumer et c'est en vue de ce moment-là qu'elle veut toujours être prête, donc libre de tout autre souci. Et de fait, la forge se rallume toujours…

Après *La Petite Poule d'Eau* et *Alexandre Chenevert*, Gabrielle Roy publiera encore une dizaine de livres, souvent très différents les uns des autres mais qui ont en commun d'appartenir au genre romanesque (à une seule exception près : le recueil d'essais *Fragiles Lumières de la terre*) et de faire une place grandissante à la mémoire comme source d'inspiration, de *Rue Deschambault* à *La Route d'Altamont*, d'*Un jardin au bout du monde* à *Ces enfants de ma vie*. C'est là, dans l'art de la prose et de l'imagination romanesques axées sur l'exploration de l'existence humaine la plus commune et la plus mystérieuse à la fois, qu'elle a trouvé et affiné la voix, le regard, le style qui ne sont qu'à elle et à personne d'autre.

Sa carrière littéraire s'étend sur quatre décennies, des années 1940 aux années 1980. Mais le succès n'a pas été égal du début à la fin. Jusqu'au milieu des années 1960 environ, elle continue de jouir pour l'essentiel du prestige et de l'immense respect que lui a apportés *Bonheur d'occasion*. Par la suite, son étoile pâlit quelque peu à l'époque de la Révolution tranquille, traversée par un besoin général de rupture et de modernisation devant lequel son œuvre paraît trop sage et comme déphasée, à l'instar de ses idées politiques, d'ailleurs, mal accordées avec le nationalisme ambiant ; si bien que, pendant un temps, elle se sent délaissée par les lecteurs et se désole de ne plus avoir de public pour qui écrire. Mais voilà qu'au cours des années 1970, avec l'épuisement de la « nouvelle écriture », l'assagissement du climat politique et le soudain besoin de « lisibilité » qui s'empare du public littéraire, besoin auquel répondent magistralement des livres comme *Ces enfants de ma vie* et *La Détresse et l'Enchantement*, le nom et l'œuvre de Gabrielle Roy refont surface et s'imposent de nouveau avec une force aussi grande, sinon plus grande encore que trente ans plus tôt.

Gabrielle Roy s'est éteinte à l'Hôtel-Dieu de Québec, foudroyée par un infarctus massif, le 13 juillet 1983. Elle avait soixante-quatorze ans.

Une œuvre souveraine

L'œuvre de Gabrielle Roy – après avoir été couronnée de tous les prix et de tous les honneurs du vivant de la romancière – occupe aujourd'hui, dans la littérature québécoise et canadienne modernes, une position unique, sinon paradoxale. En voici quelques indices parmi d'autres :

1. Tout en étant considérée comme « classique », c'est-à-dire comme l'un des monuments du passé littéraire national, cette œuvre reste en même temps l'une des plus actuelles et des plus vivantes auprès des lecteurs. Fait plutôt exceptionnel, Gabrielle Roy n'a pas eu à traverser ce « purgatoire » d'oubli plus ou moins prolongé qui suit ordinairement la disparition des écrivains. Depuis sa mort, en effet, tous ses livres continuent d'être réimprimés régulièrement et sont toujours présents dans les librairies comme s'il s'agissait de nouveautés qui viennent juste de paraître.

2. Aujourd'hui comme il y a trente, quarante ou cinquante ans, le lectorat de Gabrielle Roy ne se limite ni au public de la littérature « commerciale » de grande diffusion ni au milieu restreint des écrivains et des spécialistes, ces deux « sphères » de la vie littéraire ordinairement séparées, sinon antagonistes. Tout en jouissant auprès du public « populaire » d'une faveur, voire d'un attachement qui ne s'est jamais démenti, son œuvre est également de celles qui suscitent, dans les cercles de la critique savante, ici comme à l'étranger, la plus grande quantité de thèses, d'analyses et de « recherches » de toutes sortes.

3. De même, l'œuvre de Gabrielle Roy a ceci de particulier que c'est peut-être la seule, du moins l'une des très rares, que l'on puisse dire authentiquement « canadienne », au sens fédéral du terme, dans la mesure où, entièrement traduite en anglais, elle est lue et commentée dans les deux communautés linguistiques et occupe une place majeure dans les deux traditions, les deux institutions, les deux marchés distincts qui constituent, qu'on le veuille ou non, le Canada littéraire d'aujourd'hui.

Cette singularité tient à plusieurs facteurs, au premier rang desquels il faut situer la beauté exceptionnelle de l'œuvre elle-même, c'est-à-dire son ampleur, sa richesse à la fois thématique et formelle, son universalité, toutes qualités qui la distinguent fortement, il faut bien l'admettre, de la plupart de celles des auteurs québécois et canadiens de la même génération. Après *Bonheur d'occasion*, qui l'a imposée dès le début comme une romancière de premier plan et a marqué un tournant décisif dans l'histoire de la littérature québécoise moderne, Gabrielle Roy, loin de demeurer l'« auteur d'un seul livre », a donné une douzaine d'autres ouvrages, tous aussi personnels, tous aussi fortement pensés et écrits, et qui présentent entre eux assez de différences et assez de continuité pour former un univers esthétique à part, reconnaissable entre tous, un territoire vaste et diversifié, cohérent, et proprement inépuisable.

Or cet univers, on ne peut en expliquer entièrement la genèse, l'évolution ou la signification par le seul contexte où il s'est formé. Contrairement à bien d'autres œuvres de notre littérature, largement déterminées par les courants littéraires ou idéologiques dans lesquels elles s'inscrivent, celle de Gabrielle Roy semble ne tenir son impulsion et ses orientations que d'elle-même, n'obéir à aucune autre loi que celles de sa propre inspiration et de son propre accomplissement. Déjà, *Bonheur d'occasion* était, en son temps, un livre tout à fait inattendu, et il en ira de même pour chacun des livres suivants de Gabrielle Roy, qui semblent toujours soit en retard, soit en avance par rapport au mouvement, aux attentes et aux « canons » littéraires de leur époque, c'est-à-dire inclassables, comme si chacun d'eux et la succession qu'ils forment relevaient d'un monde à part, d'une logique autre, unique, n'ayant que peu à voir avec les circonstances immédiates et l'esprit du jour. Dans les années 1960 et 1970, par exemple, alors que la littérature québécoise est à l'engagement politique, à la contestation sociale et à l'expérimentation formelle, la romancière poursuit inlassablement, sans dévier du chemin qu'elle s'est tracé, sa méditation sur l'existence humaine et sa recherche d'un langage et d'une forme les mieux à même d'en faire voir le mystère, la souffrance et la beauté tout à la fois.

Magnifiquement souveraine, l'œuvre de Gabrielle Roy est en même temps d'une étendue et d'une variété incomparables. S'y font écho, à côté de la Gabrielle Roy des grands romans d'observation (*Bonheur d'occasion*, *Alexandre Chenevert*, *La Rivière sans repos*), celle des « chroniques » plus intimes inspirées de sa jeunesse manitobaine (*Rue Deschambault*, *La Route d'Altamont*, *Ces enfants de ma vie*), celle des grands espaces presque inhabités (*La Petite Poule d'Eau*, *La Montagne secrète*, *Un jardin au bout du monde*) ou celle de la nature familière de Charlevoix (*Cet été qui chantait*). De même, à côté de la romancière œuvrent une essayiste (*Fragiles Lumières de la terre*), une conteuse (*Contes pour enfants*) et une épistolière hors pair (*Ma chère petite sœur*, *Mon cher grand fou*). Et partout, dans chaque livre, dans chaque histoire, dans chaque mot qui forment cet univers, il y a cette femme, cette artiste en quête du sens le plus proche et le plus obscur, que nul ne peut jamais saisir mais dont nul ne peut se détourner, car c'est le sens même de son art, auquel elle a tout donné, et, à travers l'art, le sens de sa vie, de nos vies, un sens qui se montre et se cache non seulement à travers les personnages, les histoires et les paysages issus de son imagination, mais aussi, et peut-être avec plus d'insistance encore, dans sa propre existence et son propre visage. C'est donc par le récit d'elle-même, par la transformation de sa propre vie en matière de roman, que Gabrielle Roy achèvera son parcours, en composant *La Détresse et l'Enchantement* et *Le Temps qui m'a manqué*, la plus grande autobiographie littéraire jamais écrite et publiée au Québec.

Quelques œuvres de Gabrielle Roy

Bonheur d'occasion, roman, 1945.
La Petite Poule d'Eau, roman, 1950.
Alexandre Chenevert, roman, 1954.
Rue Deschambault, roman, 1955.
La Montagne secrète, roman, 1961.
La Route d'Altamont, roman, 1966.
La Rivière sans repos, précédé de « Trois nouvelles esquimaudes », 1970.
Cet été qui chantait, récits, 1972.
Un jardin au bout du monde, nouvelles, 1975.
Ma vache Bossie, conte pour enfants, 1976.

Ces enfants de ma vie, roman, 1977.
Fragiles Lumières de la terre, écrits divers, 1978.
Courte-Queue, conte pour enfants, 1979.
De quoi t'ennuies-tu, Éveline ?, récit, 1982.
La Détresse et l'Enchantement, autobiographie, 1984.
Le Temps qui m'a manqué, autobiographie, 1997.

XII

René Lévesque (1922-1987)

par Martine Tremblay
historienne et consultante

Pour bien comprendre le parcours de René Lévesque, les causes qu'il a défendues et les choix, souvent difficiles, qu'il a faits tout au long de sa carrière, il paraît utile de distinguer un certain nombre de moments-clé de sa vie. Ces étapes ou événements particuliers, s'ils sont lus correctement, fournissent un éclairage essentiel à la compréhension du personnage.

La construction d'une personnalité et d'une pensée

L'enfance à New Carlisle (1922-1932)

De New Carlisle, dans cette Gaspésie des années 1920, qu'il décrit dans ses mémoires comme le « paradis de [son] enfance[1] », René Lévesque a conservé un attrait irrésistible pour le fleuve et la mer. Dans les étapes ultérieures de sa vie, chaque déplacement dans sa région natale a été pour lui une occasion de renouer, ne serait-ce que pour de brefs moments, avec les horizons, les bruits et les odeurs

1. René Lévesque, *Attendez que je me rappelle…*, Montréal, Québec Amérique, 1986, p. 9.

de cette mer gaspésienne qui a accompagné ses jeux et nourri ses rêves d'enfant.

Pendant des décennies, le personnage public qu'il est devenu a presque toujours choisi comme destination de vacances estivales la côte du Maine, où il pouvait tout à la fois retrouver l'anonymat et le bord de mer qui, seul, lui permettait vraiment de se ressourcer.

Dans un autre registre, l'enfance de René Lévesque lui a permis de forger sa conception personnelle des relations entre francophones et anglophones. Dans son village au passé loyaliste qui comptait une communauté anglophone importante et prospère, le jeune Lévesque a intégré très vite dans son existence les réalités diverses de la cohabitation linguistique.

Et cette cohabitation, qu'il n'a pas vécue comme un fardeau, lui a permis de développer un rapport personnel avec l'autre qui a marqué tout le reste de son existence. Loin de se comporter en colonisé, le gamin turbulent et frondeur s'est constamment confronté, sans complexes, avec ses voisins. C'est là qu'il a appris à maîtriser l'anglais, conscient que sa capacité à parler aisément les deux langues lui conférait un avantage réel en toutes circonstances.

Jeune adulte, son enrôlement comme correspondant de guerre dans l'armée américaine et sa vie à Londres au début des années 1940 ont accentué chez lui le plaisir qu'il éprouvait au contact du monde anglo-saxon, qu'il admirait sans retenue. Il a d'ailleurs préféré, et de loin, Montréal à Québec, peu gêné par la présence d'une communauté anglophone, au sein de laquelle il a toujours conservé nombre de relations amicales et chaleureuses.

Quand il fera le saut en politique, en 1960, tout en étant conscient de la persistance d'une infériorité économique évidente des Québécois francophones, il cherchera toujours à canaliser les frustrations légitimes de ses compatriotes dans un combat dénué d'agressivité, de rancœur et de toute espèce d'esprit de vengeance. Face aux anglophones, il a toujours privilégié une posture faite de fierté de ce que nous sommes, et de confiance en notre capacité de faire aussi bien, voire mieux qu'eux. Aussi se dressera-t-il toujours comme un rempart devant ceux et celles qui, autour de lui, tenteront de porter quelque atteinte que ce soit aux droits acquis de la communauté anglophone, y compris et surtout dans la perspective de l'accession à la souveraineté du Québec.

Le malaise qu'il a éprouvé en 1977, en privé comme en public, à l'occasion du débat sur la loi 101 portée par le ministre Camille Laurin, s'explique par cette obsession qu'il a toujours eue de démontrer que les francophones pouvaient se donner les moyens de s'affirmer, de protéger leur langue et de réaliser leurs ambitions les plus nobles sans piétiner les droits des autres.

La mort de son père (1937)

« À la mémoire du gars de Kamouraska, Dominique Lévesque, qui fut mon père et l'homme le plus important de ma vie. » Cette dédicace qui ouvre les mémoires de René Lévesque, elle en a étonné plus d'un, parmi ceux et celles qui l'ont connu, parce qu'il avait toujours fait preuve d'une discrétion absolue sur sa vie privée et ses émotions. Comme la quasi-totalité des hommes de sa génération, il ne se confiait pas.

Mais il est clair que la mort de son père en 1937 a marqué une rupture dans la vie de l'adolescent qui éprouvera toujours le regret de ne pas avoir pu bénéficier plus longtemps de la présence à la fois rassurante et stimulante de ce « mentor » dont il avait besoin.

Gamin hyperactif et énergique qui supportait mal la discipline, il a manifestement compris très tôt que sa mère, à qui il ressemblait plus qu'à son père, avait beaucoup plus de facilité à composer avec le tempérament accommodant de ses deux frères, et que son unique petite sœur serait longtemps le chouchou de la famille. Il a donc été plus proche de son père, qui appréciait son appétit insatiable pour la découverte et sa curiosité débordante, qui en feront un lecteur boulimique, un passionné de l'écriture et un premier de classe parfaitement à l'aise au collège. Au fond, Dominique Lévesque a su canaliser le tempérament fougueux de son aîné et lui fournir ses premiers vrais repères.

Son décès, à l'âge de quarante-huit ans, a eu deux conséquences directes pour son fils. La première est cette rancune qu'il a nourrie, à l'instar de sa mère, à l'endroit des médecins qui avaient traité son père, notamment au moment de l'intervention chirurgicale pratiquée à l'hôpital de Campbellton, au Nouveau-Brunswick, dont Dominique ne s'est jamais remis. Ce ressentiment tenace s'est mué chez le jeune Lévesque en une méfiance maladive à l'endroit du corps médical qui ne l'a jamais quitté. Il a toujours tenu mordicus à se tenir loin des « docteurs » et à ne compter que sur lui-même pour se tenir en santé.

Le décès de son père a aussi transformé radicalement la vie de René. La famille a d'abord quitté New Carlisle pour Québec, et un beau-père est rapidement apparu dans le portrait, Diane Lévesque se remariant, dès janvier 1939, avec un autre avocat, Albert Pelletier. Sans véritable encadrement, le premier de classe du Collège de Gaspé est devenu un étudiant constamment à la limite du décrochage, séchant les cours et passant l'essentiel de son temps à faire la fête, à jouer aux cartes et à courir les filles. Passant du Collège des Jésuites, où il s'est quand même illustré par sa contribution au journal *Le Garnier*, au Petit Séminaire de Québec, il complétera tant bien que mal son cours classique. Il en ira autrement de ses études de droit à l'Université Laval, qu'il avait amorcées, dira-t-il plus tard, dans le seul but de faire plaisir à sa mère, qui ne jurait que par les avocats.

Finalement, ses quelques années passées dans la Vieille Capitale sont surtout l'occasion pour René Lévesque d'entrer dans la carrière de journaliste. Déjà à New Carlisle, il avait tâté un peu du micro pendant ses vacances d'été à la station locale, CHNC. Débarqué à Québec, alors qu'il était encore étudiant chez les Jésuites, il a commencé à travailler à mi-temps dans un poste de radio, et cette première expérience va ancrer dans son esprit la certitude qu'il n'y a pour lui aucune autre vocation valable que celle-là.

La guerre (1944-1945)

Lorsqu'il monte, en avril 1944, à bord du navire qui doit l'emmener à Londres en qualité de correspondant de guerre bilingue au sein de l'Office of War Information de l'armée américaine, René Lévesque ressent une fébrilité bien compréhensible. Et sa découverte de Londres, même saccagée par les bombardements allemands, ne diminue en rien cette fébrilité. Lui qui n'a connu jusque-là que New Carlisle, Gaspé et Québec sera tout de suite happé par ce qu'il appellera la « magie » de Londres, bien plus d'ailleurs que par le travail rigidement encadré de « propagandiste » de guerre qu'on lui demande d'effectuer au quotidien.

Mais c'est son parcours sur le continent, après le débarquement allié sur les plages de Normandie, qui va le marquer à jamais. Devenu reporter-soldat inséré dans une unité américaine, à partir de février 1945, il va parcourir en jeep des milliers de kilomètres en France, en Allemagne, en Autriche et en Italie, quelquefois au risque de sa vie. Il sera témoin d'actes de barbarie, provenant des deux camps, dans les derniers soubresauts d'une guerre qui n'en finit plus de s'étirer, même si les jeux sont faits. Cela nourrira chez lui un refus absolu de toute forme de manichéisme.

L'expérience la plus éprouvante, pour lui comme pour tous ceux qui l'accompagnent, reste l'entrée dans le camp de concentration de Dachau, en Bavière, où d'innombrables morts-vivants se traînent à côté des cadavres que les gardes allemands n'ont pas eu le temps de brûler avant de prendre la fuite. Il en gardera la conviction qu'aucun peuple n'est à l'abri des dérives les plus meurtrières et qu'il faut sans cesse rester vigilant face au danger bien réel de violence qui sous-tend nombre de combats militants, quelle que soit la cause défendue.

La grève des réalisateurs de Radio-Canada (1959)

Revenu au pays à la fin de 1945, il amorce véritablement sa carrière de journaliste civil, d'abord à la radio puis à la télévision de Radio-Canada. Pendant quinze ans, il couvre surtout l'actualité internationale, qui le passionne, et vit, au début des années 1950, une autre expérience de correspondant de guerre, cette fois en Corée. Ses reportages radiophoniques depuis le théâtre de la guerre vont rapidement devenir une référence pour le milieu journalistique. Mais c'est l'émission *Point de*

Mire, inaugurée en 1956, qu'il anime seul pendant trente minutes avec brio, et un sens exceptionnel de la vulgarisation qui va le propulser au sommet et faire de lui une vedette du petit écran.

Aussi, quand éclate la grève des réalisateurs de Radio-Canada, à la fin de 1958, René Lévesque, qui n'est pas directement concerné par le conflit puisqu'il est à contrat avec son employeur, hésite d'abord à embarquer. Mais la solidarité des artistes, producteurs, auteurs et techniciens, la rigidité affichée par la partie patronale et les pressions exercées par ses collègues les plus proches viennent à bout de ses tergiversations. En janvier 1959, il se joint aux grévistes et, avec la verve et la passion qu'il met dans tout ce qu'il touche, il devient rapidement un des leaders du combat. Il sera même arrêté au cours d'une manifestation et passera quelques heures en prison.

Quand une rencontre est demandée par le syndicat avec le ministre fédéral du Travail, à Ottawa, il fait partie de la délégation et vit là une expérience qui va contribuer substantiellement à changer le cours de sa vie. Déjà ébranlés par l'absence de solidarité de leurs collègues anglophones de Montréal et par l'hostilité affichée par des quotidiens comme *The Gazette* et le *Montreal Star*, les représentants des grévistes se heurtent à l'indifférence hautaine du ministre Michael Starr, unilingue anglais totalement étranger à ce qui se passe à Montréal. Le journaliste est touché dans sa fierté. « Sur le chemin du retour, écrira-t-il beaucoup plus tard, je ne pouvais m'empêcher de songer à la rapidité avec laquelle le moindre feu de paille anglo-canadien savait mobiliser Ottawa, et à la façon dont on laissait avec la plus grande sérénité se consumer notre propre maison[2]. »

Jusque-là, sollicité d'abord et avant tout par l'actualité internationale, le journaliste avait mis beaucoup moins de passion dans la couverture des événements politiques canadiens et québécois. Il est vrai que son anglophilie visait bien davantage les Britanniques et les Américains que ces Canadiens des autres provinces qui ne l'intéressaient pas vraiment.

2. *Ibid.*, p. 205.

Mais l'attitude du gouvernement fédéral et des autorités radio-canadiennes dans le conflit des réalisateurs, et l'aisance naturelle qu'il a manifestée dans son nouveau rôle de militant, éveillent chez lui une furieuse envie de quitter les estrades pour sauter dans l'arène. À cela s'ajoute la nécessité, dans son esprit, d'en finir avec le duplessisme. Aussi ne résiste-t-il pas à l'invitation qui lui est faite par le nouveau chef du Parti libéral du Québec, Jean Lesage, de briguer les suffrages lors des élections générales de 1960.

L'émergence d'un leader

La nationalisation des compagnies d'électricité (1962-1963)

Devenu rapidement une vedette dans l'équipe libérale, puis dans le cabinet du gouvernement Lesage, René Lévesque aborde sa fonction ministérielle avec sa fougue habituelle. Comme ministre des Ressources hydrauliques et des Travaux publics, puis des Richesses naturelles, il s'investit à fond dans le dossier de l'exploitation et de la distribution de l'électricité. Indigné de voir qu'Hydro-Québec ne dessert que la grande région de Montréal et qu'une poignée de compagnies privées, possédées et administrées par des anglophones canadiens et américains, font la loi sur le reste du territoire, avec un service inégal et des pratiques tarifaires inéquitables, il fait le pari qu'un monopole d'État accordé à Hydro-Québec serait le meilleur moyen d'assurer que tous les Québécois, où qu'ils soient, reçoivent les mêmes services et au même prix. De plus, il est convaincu que la société d'État pourrait ainsi devenir une véritable locomotive pour le développement économique du Québec et la mise en valeur des compétences des gestionnaires et ingénieurs canadiens-français.

Le plus difficile sera de convaincre ses collègues du cabinet, incluant le premier ministre, qui n'ont jamais pensé, ni promis, d'aller aussi loin dans la prise de contrôle de nos ressources énergétiques. La plupart se montrent même terriblement agacés par les sorties publiques de René Lévesque qui ne peut s'empêcher de distiller son projet au compte-gouttes dans ses conférences et dans les médias. C'est lors d'une réunion spéciale du conseil des ministres dans le grand chalet du Lac-à-l'Épaule, dans le parc des Laurentides, que tout se joue. Dans un climat tendu, alors que tout semble perdu pour celui qui sait qu'il joue sa tête là-dessus, l'appui de Georges-Émile Lapalme, vice-premier ministre, procureur général et ministre des Affaires culturelles, et le ralliement de dernière heure du premier ministre, finissent par emporter le morceau. Et non seulement le projet de nationalisation est accepté mais il est décidé de déclencher immédiatement des élections générales sur ce thème.

Cette campagne, placée sous le slogan « Maîtres chez nous » et dont René Lévesque est l'indiscutable vedette, va se solder par une victoire encore plus solide que celle de 1960.

Le 1er mai 1963, Hydro-Québec devient propriétaire des compagnies privées visées par la nationalisation et René Lévesque savoure l'un des plus beaux moments de sa carrière politique. Évoquant dans ses mémoires « cette place que l'Hydro a prise dans [sa vie] pendant tant d'années », il ne doute pas un instant que la société d'État est devenue en 1963 « le navire amiral de notre développement »[3].

Option Québec *(1968)*

Après la défaite du gouvernement Lesage en 1966 aux mains de l'Union nationale, René Lévesque, devenu simple député de l'opposition, a tout le temps de poursuivre une réflexion qu'il a amorcée dès son entrée au Parti libéral sur la place du Québec dans la Confédération canadienne. Pendant six ans, il n'a cessé d'émailler ses discours de critiques plus ou moins directes et d'interrogations sur le fonctionnement du système. Il va donc multiplier les consultations et les réunions informelles avec de nombreux collègues et militants bien en vue, afin d'élaborer une nouvelle position constitutionnelle à présenter au congrès du Parti. Malgré les divisions profondes suscitées par ce débat, René Lévesque s'acharne à défendre l'option

3. *Ibid.*, p. 247.

d'un statut particulier pour le Québec et le concept d'États associés. Quand s'ouvre le congrès libéral d'octobre 1967, le député de Laurier pressent qu'il se dirige vers un échec. En fait, les adversaires de sa proposition, avec l'accord du chef du parti, vont faire en sorte qu'elle ne soit même pas présentée en bonne et due forme aux délégués. René Lévesque quitte le congrès et le parti, devant les caméras, accompagné d'une poignée de fidèles.

Il prend alors la tête d'un mouvement qui sera appelé Mouvement Souveraineté-Association. Le livre *Option Québec*, publié au début de 1968, qui reprend les grandes lignes de la proposition préparée pour le congrès libéral, contient le credo, la vision et l'essentiel de l'argumentaire que René Lévesque défendra par la suite et dont il ne dérogera jamais.

Il établit d'abord ce qui fait l'identité et la différence québécoises sur le continent. « Nous parlons français. Tout le reste est accroché à cet élément essentiel [...]. Ne pouvoir vivre comme nous sommes, convenablement, dans notre langue, à notre façon, ça nous ferait le même effet que de nous faire arracher un membre, pour ne pas dire le cœur ».

Il fait ensuite appel à la fierté qui constitue pour lui le carburant essentiel à toute volonté d'émancipation. « Et si jamais nous devions, lamentablement, abandonner cette personnalité qui nous fait ce que nous sommes, ce n'est pas "les autres" qu'il faudrait en blâmer, mais notre propre impuissance [...]. Il faut que nous nous donnions des motifs suffisants d'être non seulement sûrs mais assez fiers de nous-mêmes. »

Il dessine enfin les contours de son projet pour le Québec :

> [U]n régime dans lequel deux nations, l'une dont la patrie serait le Québec, l'autre qui pourrait réarranger à son gré le reste du pays, s'associeraient librement dans une adaptation originale de la formule courante des marchés communs, formant un ensemble qui pourrait par exemple, et fort précisément, s'appeler l'Union canadienne. Cela signifie que le Québec doit accéder à la souveraineté politique tout en proposant

> au Canada une association comportant union monétaire et marché commun, ainsi que leur complément logique, la coordination des politiques fiscales[4].

Ce projet, René Lévesque le défendra bec et ongles jusqu'à la fin de sa vie, d'abord face aux forces fédéralistes et aux partisans du *statu quo* constitutionnel, mais aussi à l'intérieur de son propre parti face à ceux et celles qui prônent une rupture plus complète avec le Canada et refusent de lier l'accession à la souveraineté à quelque forme d'association que ce soit.

La crise d'Octobre

La crise d'Octobre, marquée par l'enlèvement, par des membres du Front de libération du Québec (FLQ), du diplomate britannique James Richard Cross et du ministre Pierre Laporte, survient quelques mois à peine après l'élection générale du 29 avril 1970. Avec 23 % du vote, le jeune parti fondé par René Lévesque s'est solidement installé dans le paysage politique québécois, même s'il n'a fait élire que sept députés, et même si son chef a été battu dans le comté de Laurier qu'il représentait depuis dix ans.

En octobre, René Lévesque est chroniqueur régulier au *Journal de Montréal*. La situation n'est pas complètement nouvelle pour lui puisqu'il n'a cessé, depuis 1966, de combiner ses activités politiques avec le journalisme écrit, d'abord dans l'hebdomadaire *Dimanche-Matin* puis au *Clairon de Saint-Hyacinthe*. Ce cumul a un double avantage puisqu'il lui fournit une tribune régulière pour faire avancer ses idées et lui permet en même temps de s'affranchir, ne serait-ce que partiellement, de la ligne stricte de son parti.

Face au FLQ, dont les actions ont commencé dès 1963, René Lévesque a toujours défendu les mêmes positions, rejetant sans ambiguïté la violence, tout en disant comprendre l'impatience et la colère suscitée par les failles et les lenteurs d'un vieux système

4. René Lévesque, *Option Québec*, Montréal, Les Éditions de l'Homme, 1968, 175 p.

demeuré insensible aux injustices les plus criantes. À partir de 1968, il va présenter son parti comme le seul véritable rempart contre les dérives et la violence, et la crise d'Octobre ne fera qu'ancrer cette conviction. En octobre 1970, après avoir enjoint le premier ministre Bourassa de négocier avec les ravisseurs pour épargner la vie des deux otages, il est bouleversé par la découverte du cadavre de son ex-collègue Pierre Laporte.

Il a alors des mots très durs pour les felquistes, à qui il souhaite « le pire des châtiments : de vivre assez longtemps pour voir qu'ils ne représentent rien ni personne de valable, que leur geste était non seulement criminel, mais insensé[5] ». Mais il dénonce en même temps avec force la démission lamentable du gouvernement du Québec face à Ottawa et le caractère odieux de la *Loi sur les mesures de guerre* et des arrestations massives qu'elle a entraînées. Il est devenu pour lui de plus en plus évident que le premier ministre fédéral Pierre Elliott Trudeau cherche par tous les moyens à utiliser la crise pour briser l'élan des forces progressistes et tuer le mouvement souverainiste.

Aussi s'acharnera-t-il à débusquer et combattre férocement, y compris à l'intérieur de son propre parti, toute velléité d'excuser les gestes du FLQ, tout en cherchant à canaliser la « révolte » et l'envie de faire sauter le système vers un projet démocratique de changement profond et d'accession à la souveraineté. Contrairement à l'aile gauche radicale du RIN, aux sympathisants du FLQ et à certains groupuscules révolutionnaires, qui prônent une destruction du système, lui veut redonner confiance dans les institutions. Si cette posture personnelle n'empêchera pas les adversaires politiques du moment, surtout au sein du gouvernement fédéral, de brandir constamment l'amalgame PQ-FLQ, provoquant à court terme une baisse notable des appuis et de la sympathie à l'égard du nouveau parti politique, elle va permettre au bateau péquiste de garder le cap et de reprendre de la force à partir de 1972. Il est clair que la position équilibrée, la

5. René Lévesque, « 18 octobre 1970 », *Le Journal de Montréal*, 19 octobre 1970.

détermination et la crédibilité de René Lévesque éviteront alors au mouvement souverainiste et à son parti de couler en même temps que le FLQ.

Un premier ministre et son legs

La *Loi sur le financement des partis politiques*

Au lendemain de l'élection de novembre 1976, René Lévesque est déterminé à réaliser le plus rapidement possible les grands engagements pris au cours de la campagne électorale. Il est bien conscient que ce sont d'abord ces engagements très concrets qui ont convaincu une majorité de Québécois de faire confiance à son parti et, dans son esprit, une solide performance à ce chapitre ne peut qu'augmenter les chances d'obtenir un « oui » au référendum.

Parmi ces engagements de campagne, il y en a un qui lui tient particulièrement à cœur : l'élimination des caisses électorales occultes. Dès son entrée en politique en 1960, il s'était réjoui de voir le Parti libéral promettre solennellement de rompre avec les pratiques tant décriées de l'Union nationale et du gouvernement Duplessis. Or, les vieilles habitudes de favoritisme et de financement en coulisses de la caisse par des intérêts corporatifs et financiers étaient vite réapparues, même si, comme ministre des Travaux publics, il avait imposé la pratique des soumissions publiques pour les contrats importants. La persistance de ces pratiques figure parmi les raisons qui lui ont fait quitter le Parti libéral en 1967.

Aussi a-t-il placé, dès la fondation du PQ, le financement populaire au premier rang de ses priorités. Au début des années 1970, avec l'aide du député Marcel Léger, qui possède une bonne expérience d'organisation de campagne, il réussira à mettre sur pied à l'échelle de tout le Québec la première véritable structure partisane de financement politique populaire, opération complètement transparente basée exclusivement sur des contributions individuelles allant de 5 $ à 3000 $. Chaque année, la campagne baptisée « Opération ressources », faite de sollicitations de porte-à-porte auprès des membres et des sympathisants, permettra au parti de recueillir ainsi suffisamment d'argent pour financer son organisation et se constituer une vraie caisse électorale, qu'on appellera la « caisse propre ».

Après avoir démontré qu'il était possible pour une formation politique de se financer de manière honnête et démocratique, il est déterminé, une fois devenu premier ministre, à étendre cette pratique à l'ensemble des partis au Québec. La *Loi sur le financement des partis politiques*, présentée par le ministre Robert Burns et adoptée en août 1977, sera considérée à l'époque comme l'exemple à suivre dans les démocraties occidentales. René Lévesque écrira à la fin de sa vie que, de toutes les réformes réalisées par son gouvernement, c'est de celle-là qu'il est resté le plus fier.

Le référendum de 1980

Après trois années d'un premier mandat de gouvernement marqué par de nombreuses réformes dont certaines ont été âprement débattues, et même si le contexte général annonce quelques grandes difficultés, notamment des négociations ardues dans le secteur public et le retour à Ottawa de Pierre Elliott Trudeau, le premier ministre est bien résolu, à la fin de 1979, à respecter son engagement de tenir un référendum avant la prochaine élection.

Et ce, même s'il a dû se rendre à l'évidence que les réalisations et la bonne tenue générale de son gouvernement n'ont pas entraîné d'accroissement significatif de la popularité de l'option souverainiste. S'engage alors une longue série de discussions, au sein du parti, du caucus et du Conseil des ministres portant à la fois sur la date et sur la proposition à soumettre au référendum. Pour convaincre le maximum d'indécis, dont il a absolument besoin pour gagner, René Lévesque va progressivement imposer la question la plus susceptible de rallier les uns et les autres. Déjà, dans une lettre qu'il adressait à ses militants, à la fin de 1978, il annonçait ses couleurs :

> Il n'est pas question, dans notre esprit, d'obtenir d'abord la souveraineté, puis de négocier l'association par la suite. Nous ne voulons pas briser,

> mais bien transformer radicalement, notre union avec le reste du Canada, afin que, dorénavant, nos relations se poursuivent sur la base d'une égalité pleine et entière[6].

La question qui sera soumise à l'Assemblée nationale en décembre 1979 reflète parfaitement sa façon de voir les choses. Elle propose

> d'en arriver, avec le reste du Canada, à une nouvelle entente fondée sur le principe de l'égalité des peuples ; cette entente permettrait au Québec d'acquérir le pouvoir exclusif de faire ses lois, de percevoir ses impôts et d'établir ses relations extérieures, ce qui est la souveraineté – et, en même temps, de maintenir avec le Canada une association économique comportant l'utilisation de la même monnaie[7].

Si on ajoute la mention d'un deuxième référendum pour avaliser les résultats des négociations, cela fait une question référendaire assez longue qui suscite des railleries chez les adversaires du gouvernement, de même que chez nombre de commentateurs. À l'intérieur du Parti Québécois et dans les rangs souverainistes, elle déçoit certes les tenants d'une ligne plus directe et moins assujettie à une négociation avec Ottawa.

Mais pour peu que l'on revienne un peu en arrière, force est de reconnaître que la pensée de René Lévesque sur la démarche comme sur le contenu de son option n'a pas dévié, pour l'essentiel, de ce qu'il proposait dès 1967, alors qu'il était encore député libéral.

Or, malgré toutes les précautions prises dans le but de vaincre les peurs de rupture et les résistances, la bataille sera quand même perdue. Après un long débat tenu à l'Assemblée nationale qui donne au gouvernement un solide élan de départ, la campagne elle-même ne trouve jamais vraiment son rythme et le camp du OUI se retrouve rapidement sur la défensive face à un camp du NON qui n'a cessé de brandir les risques de l'option souverainiste et les cataclysmes qui

6. « Lévesque : d'abord un OUI », *Le Soleil*, le 17 novembre 1978.
7. Voir Martine Tremblay, *Derrière les portes closes. René Lévesque et l'exercice du pouvoir (1976-1985)*, Montréal, Québec Amérique, 2006, p. 213-225, 244.

résulteront d'un OUI majoritaire. Quand le premier ministre canadien s'engage dans la bataille et prend littéralement les commandes du clan du NON, mené jusque-là par le terne Claude Ryan, en promettant des changements à la constitution qui répondraient aux demandes québécoises, René Lévesque sait que les dés sont jetés.

Au soir du 20 mai, il cherche surtout à réconforter les militants en pleurs qu'il voit devant lui à l'aréna Paul-Sauvé. Son « à la prochaine fois », prononcé en quittant la scène, vise à maintenir l'espoir malgré tout. En réalité, sa plus grande déception est de n'avoir pas obtenu pour le OUI cette claire majorité de francophones qui lui aurait procuré un meilleur rapport de force face à Ottawa pour la suite des choses.

En effet, comme il l'écrit dans ses mémoires, « le NON était destiné à nous coûter quelque chose[8] ». Le gouvernement québécois doit donc de toute urgence se préparer à réagir à tout ce qui pourrait venir d'Ottawa. S'ajoutant à l'envie d'en découdre avec un Claude Ryan devenu arrogant depuis la victoire du NON, ce combat à mener stimule un René Lévesque qui n'a aucune envie de partager le « spleen » de certains de ses ministres et qui a déjà l'œil tourné vers les élections qui approchent. Ces élections, qui auront lieu le 13 avril 1981, René Lévesque va les remporter sans difficulté, obtenant près de 50 % des suffrages et faisant élire encore plus de députés qu'en 1976.

Le « beau risque », la déclaration du 19 novembre et Libérer l'avenir

En novembre 1984, René Lévesque arrive au terme d'un second mandat marqué par de nombreuses crises qui ont entraîné une importante désaffection de l'électorat à l'égard de son gouvernement. Sa cote personnelle de popularité a aussi beaucoup souffert de ces années de gestion laborieuse des effets d'une très sévère récession.

Il est pourtant résolu à mener ses troupes au prochain rendez-vous électoral, en décembre 1985, malgré la contestation dont il fait l'objet

8. *Attendez que je me rappelle...*, p. 419.

au sein de son parti. Mais il lui faut d'abord trancher le débat qui fait rage depuis plusieurs mois quant à la place que doit occuper l'enjeu de la souveraineté dans la plateforme électorale. Jusque-là, misant sur la colère suscitée par le rapatriement de la constitution canadienne sans la signature du Québec et par des politiques économiques fédérales contestables d'un point de vue québécois, il n'a cessé de marteler que l'option souverainiste devait être placée au cœur du prochain scrutin.

Mais le résultat de la dernière élection fédérale, tenue le 4 septembre 1984, est venu changer la donne. S'il a savouré pleinement le plaisir de voir les libéraux de Pierre Elliott Trudeau être rejetés clairement par l'électorat canadien, l'arrivée au pouvoir du « p'tit gars de Baie-Comeau », Brian Mulroney, et plus encore, l'appui massif que ce dernier a reçu des Québécois, prennent une signification particulière, d'autant que le nouveau premier ministre a pris l'engagement formel de tout mettre en œuvre pour ramener le Québec dans le giron constitutionnel « dans l'honneur et dans l'enthousiasme ».

À court terme, Lévesque a dû réagir à cette main tendue au Québec en acceptant d'ouvrir des négociations avec Ottawa sur les conditions à poser pour que le Québec signe la constitution canadienne. C'est dans ce contexte qu'il a utilisé l'expression du « beau risque », lors d'un conseil national de son parti tenu le 22 septembre :

> Et si la collaboration du gouvernement conservateur devait s'améliorer, cela ne risquerait-il pas d'étouffer notre option fondamentale et de renvoyer la souveraineté aux calendes grecques ? De toute évidence, il y a un élément de risque. Mais c'est un beau risque[9].

Quant à la fameuse déclaration du 19 novembre sur l'enjeu de la prochaine élection, elle replace les choses dans une perspective beaucoup plus large, qui va bien au-delà des échéances électorales immédiates. À cet égard, les brouillons conservés de ce long exercice d'écriture auquel il s'est soumis rendent compte d'une manière encore

9. Cité dans Robert Lefebvre, « Négocier avec le gouvernement Mulroney constitue un "beau risque", dit Lévesque », *Le Devoir*, 24 septembre 1984.

plus claire que le texte final de l'étendue de sa réflexion. Il y déplore surtout, sans s'épargner lui-même, l'incapacité manifeste de son parti d'analyser correctement les événements récents, qu'il s'agisse du référendum de 1980 ou de l'élection de 1981, et d'en tirer les vraies leçons.

Quant au texte qui sera rendu public, trois éléments en ressortent clairement. Le premier a trait à l'enjeu de l'élection à venir. À moins que son parti ne soit complètement décroché du « pays réel », l'enjeu ne saurait être, à court terme, ni en tout ni en partie, la souveraineté. Le deuxième élément porte sur l'exigence démocratique que René Lévesque a de tout temps placée au-dessus de tout le reste. Comme il l'a toujours fait, il n'acceptera jamais de faire quelque compromis que ce soit sur la nécessité d'obtenir une majorité absolue de voix pour faire accéder le Québec à la souveraineté.

Enfin, le troisième élément de sa déclaration, celui qui aura le plus de conséquences au sein de ses troupes, porte sur l'option souverainiste elle-même : « [Q]uelle forme sera-t-il appelé à prendre, cet État-nation que nous croyions si proche et totalement indispensable tel que nous le dessinons depuis les années 1960 ? Je ne le sais pas plus que quiconque[10]. » Ces deux phrases à elles seules vont déclencher la consternation chez plusieurs cadres et dirigeants du parti et provoquer une véritable crise gouvernementale. René Lévesque refusera tout compromis, assumant à l'avance, sans défaillir, les conséquences d'un geste qu'il a longuement mûri, ce qui entraînera la démission de sept ministres et de cinq députés.

Conjugués à cet épisode dramatique, d'inquiétants problèmes de santé, loin de calmer la grogne et les tensions qui contaminent le climat depuis plusieurs mois, vont conforter dans leur action ceux qui veulent le pousser vers la sortie. Au printemps 1985, René Lévesque est en réalité plus que jamais détaché du parti qu'il a fondé, ce parti qu'il juge usé, figé dans ses réflexes et trop souvent porté à la fuite en avant. Il parle ouvertement à des proches de son envie de créer un autre véhicule politique, mieux connecté au Québec des années 1980.

10. Voir Martine Tremblay, *op. cit.*, p. 403-410.

Il trouverait alors beaucoup plus simple de passer le relais à d'autres pour la suite des choses.

Ces *autres* auxquels il pense, ce sont les jeunes qui démontrent déjà, à ses yeux, une capacité réelle de faire face aux enjeux de l'avenir. Il a voulu piloter lui-même l'effort gouvernemental destiné à souligner l'Année internationale de la jeunesse en 1985 et a pris un réel plaisir à échanger avec des groupes de jeunes qui lui apportaient une bouffée d'oxygène. Aussi, le dernier texte d'importance qu'il rédigera à titre de premier ministre sera pour eux.

Dans ce texte intitulé *Libérer l'avenir* et qu'il adresse en mai à ceux qu'il appelle « nos héritiers de l'an 2000 », il énonce ses grandes priorités : l'environnement, l'ouverture sur le monde, la coopération internationale, l'éducation, le plein-emploi, la recherche de l'excellence, la culture et la place des femmes dans la société. Il consacre également quelques paragraphes à démontrer l'importance de l'information et la nécessité de voir « au-delà de l'image ».

Il aborde, enfin, la dimension collective de l'avenir du Québec. « Un peuple, écrit-il, ne saurait se passer de tout idéal. » Affirmant que la souveraineté lui paraît toujours souhaitable et même que le mouvement qui y mène est « irréversible », il répète néanmoins son message du 19 novembre : « Mais ça ne se fera – le Référendum ne l'a que trop démontré – ni aussi rapidement que nous l'avions cru, ni sans doute de la même façon[11]. »

11. René Lévesque, « Libérer l'avenir », dans *Lévesque-Bourassa. Au-delà de l'image*, Montréal, Québec Amérique, 1985, p. 193-223.

XIII

Gaston Miron
(1928-1996)

par Pierre Nepveu
poète et écrivain

La présence de Gaston Miron, près de trente ans après sa mort, demeure persistante dans le paysage littéraire et politique du Québec contemporain. Son nom ne cesse de ressurgir quand on se réfère au projet national qui s'est élaboré au Québec au tournant de la Révolution tranquille et quand on évoque les débats linguistiques qui ont fait rage dans les années 1970 et 1980. À l'époque de la Révolution tranquille, avant même la première publication de son maître livre, *L'homme rapaillé*, on parlait déjà de lui comme du « poète national ». De nos jours, ses poèmes sont mis en chansons et les étudiants du « Printemps érable », en 2012, ont affiché ou scandé certains de ses vers pour exprimer leur détermination : « Nous sommes arrivés à ce qui commence », « Nous sommes devenus des bêtes féroces de l'espoir[1] ». Il n'est pas commun qu'un poète devienne une figure qui inspire à ce point les idées, les combats, la quête nationale d'une collectivité et qu'il paraisse concentrer en lui-même une part majeure de son identité.

1. Voir Jonathan Livernois, « Retour à ce qui commence », Dossier « Gaston Miron, aujourd'hui », *Europe*, n° 1031, mars 2015, p. 196-205.

Toute la trajectoire de Gaston Miron aura été orientée par le projet de donner au Québec sa pleine présence politique et culturelle au monde. Il s'agissait pour lui de retrouver la source créatrice d'une énergie collective et de dégager une confiance en l'avenir : « J'ai su qu'une espérance soulevait le monde jusqu'ici[2] », concluait-il dans l'un de ses poèmes. Dans ce projet, la poésie, la littérature devaient jouer un rôle central, comme lui-même le racontait en 1974 :

> Il y a eu […] un passage, une mutation de la littérature canadienne-française à la littérature québécoise. C'est cela qui importe et que j'ai vécu : c'est le combat que j'ai mené. Et même s'il s'agit d'une interprétation personnelle, cela peut amorcer une réflexion sur le Québec[3].

On peut s'étonner qu'un simple changement de nom ait pu en venir à apparaître comme un événement aussi décisif, mais on comprend d'emblée que pour Miron, cette « mutation » dépassait largement le domaine littéraire et qu'elle concernait des enjeux identitaires fondamentaux, une volonté de penser comme un tout organique la culture, le social, le politique, sur l'horizon de ce qu'il appelait une « situation », une « conscience nationale ».

La naissance des éditions de l'Hexagone, fondées par Miron et quelques amis en 1953, peut apparaître rétrospectivement comme un jalon important de cette mutation qui a abouti au développement d'une littérature québécoise moderne, mais bien d'autres facteurs doivent être pris en compte, sans oublier le fait que c'est tout au long des XIXe et XXe siècles, à travers des réflexions, des programmes (comme celui de la « nationalisation de notre littérature » proposée par Mgr Camille Roy en 1904) et des débats souvent vifs que s'est élaboré ce projet d'une littérature enfin québécoise. Miron ne l'ignorait

2. « Sur la place publique », *L'homme rapaillé*, Montréal, Typo, 1998, p. 100. Toutes les citations des poèmes de Miron renvoient à cette édition (*HR*).
3. Gaston Miron, « Conférence de l'Estérel », *Un long chemin. Proses 1953-1996*, édition préparée par Marie-Andrée Beaudet et Pierre Nepveu, Montréal, l'Hexagone, 2004, p. 128. Toutes les citations des écrits en prose de Miron renvoient à cette édition (*ULC*). Lorsque le texte cité se trouve aussi dans *L'homme rapaillé*, la mention *HR* et la page correspondante accompagnent aussi la référence. Enfin, il faut préciser qu'*Un long chemin* reprend le titre de l'essai de Miron paru en 1965 dans *Parti pris*, dont il est fait mention ci-après.

pas, lui qui avait un sens aigu de l'histoire et qui expliquait toujours les événements selon des prises de conscience successives et selon leur genèse dans la longue durée. Il importe donc ici de mettre les choses en perspective et de montrer en outre que si Miron a pu jouer un rôle aussi déterminant dans ce qu'on peut appeler la naissance de la littérature québécoise, c'est en fait toute sa génération qui a mis en place le contexte intellectuel et idéologique nécessaire à cette reformulation de notre histoire littéraire.

La notion de « littérature québécoise » semble aujourd'hui aller de soi, mais quand Miron évoque en 1974 cette mutation comme un fait majeur, le phénomène est encore très récent, comme l'indique le titre du numéro de la revue *Parti pris* paru en janvier 1965 : « Pour une littérature québécoise[4] ». Le texte de présentation de ce numéro aux allures de manifeste ne laisse aucun doute sur le fait que cette désignation relevait alors davantage d'un processus en cours, voire d'un projet, plutôt que d'un fait déjà accompli : « Nous pensons que la "littérature canadienne d'expression française" (le nom est aussi bâtard que la chose) est morte, si jamais elle a été vivante, et que la littérature québécoise est en train de naître[5]. » Racontant sa prise de conscience de sa condition de colonisé dans un des textes majeurs du dossier, Gaston Miron se montre encore moins affirmatif quant à cette désignation, au point de n'en parler qu'au futur : « La littérature ici, c'est ma conviction, existera collectivement et non plus à l'état individuel le jour où elle prendra place parmi les littératures nationales, le jour où elle sera québécoise. Elle sera québécoise dans le monde et au monde[6]. »

Près de vingt ans plus tard, en recevant le prix Athanase-David, l'auteur de *L'homme rapaillé* insiste de nouveau sur ce fait, mais en le considérant cette fois accompli :

> Le fait majeur intervenu dans la littérature des trente dernières années, c'est celui du passage de la littérature canadienne-française en littérature

4. « Pour une littérature québécoise », *Parti pris*, vol. 2, n° 5, janvier 1965.
5. Pierre Maheu, « Présentation. Le poète et le permanent », p. 2.
6. Gaston Miron, « Un long chemin », p. 30 ; *ULC*, p. 201 ; *HR*, p. 58.

> québécoise. Ce fait a amené un renversement des valeurs reçues dans le domaine littéraire, a changé les données de la problématique et des perspectives. Il s'accompagnait dans son cours d'une réflexion sur la littérature quant à sa nature et à son exercice, et d'une réévaluation du corpus antérieur[7].

Comment doit-on comprendre ce changement, porté notamment à l'époque par le projet révolutionnaire de la revue *Parti pris* ? Pourquoi et comment la nécessité d'un tel recommencement, d'une « refondation » de la littérature nationale en est-elle venue à s'imposer de manière aussi impérative ? Et surtout, quel rôle y a joué Gaston Miron et pourquoi nous apparaît-il aujourd'hui comme la figure probablement la plus emblématique de cette « révolution » ?

Lui-même a toujours insisté sur le caractère collectif, générationnel et historique de ce « renversement des valeurs », qui lui paraissait s'être enclenché à l'époque de la Seconde Guerre mondiale, quand il n'était encore qu'un adolescent, loin des Laurentides où il était né, cherchant sa voie dans une communauté religieuse où il était entré en 1941 après la mort prématurée de son père. Il allait bientôt en sortir, s'établir à Montréal, étudier les sciences sociales, s'activer dans l'animation de loisirs, et il allait beaucoup changer, lui qui, à la fin des années 1940, avait salué la réélection de Maurice Duplessis comme une victoire de l'« autonomie » et de la démocratie. Mais c'est tout le Québec qui commençait à changer, et cela prenait l'allure d'une immense autoanalyse collective, lourde de critiques souvent virulentes à l'égard de ce que nous avions été et de ce que nous persistions à être, ou à ne pas être.

Comment ne pas voir que le changement de nom et de régime littéraire qui va finir par s'imposer entre 1965 et 1970 a été comme la suite logique du désaveu profond, viscéral, teinté souvent de dégoût et partagé à l'époque par un grand nombre, à l'égard d'une identité « canadienne-française », paraissant désormais impuissante et obsolète. Du *Refus global* aux *Insolences du Frère Untel*, des travaux

7. « Discours de réception du prix Athanase-David », 1983, *ULC*, p. 199.

d'historiens comme Maurice Séguin ou Michel Brunet aux essais de Pierre Vadeboncoeur, de Jean LeMoyne, d'Hubert Aquin, de Michèle Lalonde, d'André Langevin, entre autres, les constats accablants de la part des intellectuels et des analystes les plus avertis ne cessent alors de s'accumuler, au risque de dresser parfois un portrait caricatural du Canadien français et de créer du même coup un mythe collectif, celui de la Grande Noirceur – amalgame de vérité et de fiction comme tous les mythes collectifs.

Il ne fait pas de doute que l'urgence qui en a découlé, ce sentiment d'un « passage » ou d'une « mutation » nécessaire entre un ancien monde et un monde nouveau rempli de possibilités et de promesses, la plupart des acteurs de la Révolution tranquille l'ont partagée. Quand Miron écrit en 1965 son essai phare, « Un long chemin », dans le numéro de *Parti pris* plaidant « pour une littérature québécoise », dans lequel il raconte sa propre prise de conscience d'une situation « coloniale » de l'identité canadienne-française, il se sent solidaire d'un cheminement non seulement partagé par plusieurs de ses contemporains, mais qu'il sait aussi venir de très loin, l'histoire littéraire du Canada français ayant été un questionnement identitaire incessant, toujours relancé, jamais tout à fait abouti. Qui étions-nous ? Pourquoi avait-il donc toujours semblé si difficile de rendre compte de notre réalité particulière de peuple de langue française en Amérique du Nord ? Quel devait être notre rapport à la France, dont la littérature avait une telle densité, une grandeur parfois si accablante ? Quelle langue devions-nous parler et écrire ?

Quand il s'engage en littérature, Miron sait que dès le XIXe siècle, les écrivains se sont mesurés à la question de notre identité nationale et d'une France hégémonique qui risquait de rendre anodine, voire invisible, notre différence. Il n'ignore pas que Crémazie, exilé à Paris, a sérieusement douté, dans une lettre célèbre adressée à l'abbé Casgrain en 1867, que la « littérature canadienne » puisse un jour laisser la moindre « trace dans l'histoire », faute de posséder une langue bien à elle, pourquoi pas l'iroquois ou le huron, qui lui permette de se distinguer de la grande littérature française[8]. Autrement, ne serions-nous pas voués à n'être qu'une perpétuelle « colonie littéraire » ? L'auteur d'« Un long chemin », qui a toujours nourri une affection profonde pour les vieux journalistes ayant lutté contre l'obscurantisme et réagi contre une certaine passivité collective, sait que sans reconduire un pessimisme aussi radical que celui de Crémazie face à notre avenir littéraire, Jules Fournier par exemple, journaliste au *Canada*, au *Nationaliste* et au *Devoir*, ami d'Olivar Asselin, s'est montré bien peu enthousiaste à la parution du volume d'un critique littéraire français, Charles ab der Halden, *Études de littérature canadienne-française*, au début des années 1900[9]. Sans doute subsiste-t-il chez Fournier, en même temps qu'un certain dédain qu'a nourri la culture classique à l'égard du roman, très répandu dans l'élite lettrée du XIXe siècle, l'idée qu'une littérature nationale doit se fonder sur la poésie – une idée que partagera Miron, d'ailleurs souvent consacré comme « poète national » à partir des années 1960, quand il fait paraître ses grandes suites de poèmes que sont « La marche à l'amour » dans *Le Nouveau journal* et surtout « La vie agonique » dans la revue *Liberté*, une suite où le thème du pays et du politique est central.

Il reste que le scepticisme de Fournier manifeste combien l'accès de la littérature canadienne-française à la simple existence et à une certaine légitimité historique n'est jamais allé de soi, chose d'autant plus ironique et paradoxale que dans le cas de Fournier, le discrédit vient du Québécois lui-même, face à un Français qui, au contraire, croit notre littérature digne d'étude ! Miron, doté d'un sens aigu de l'histoire, savait que ce sentiment d'illégitimité et de faiblesse de notre littérature avait continué de s'exprimer chez plusieurs même au XXe siècle, malgré l'apparition de nombreux écrivains de qualité : Ringuet, Félix-Antoine Savard, Germaine Guèvremont,

---

8. Laurent Mailhot, avec la collaboration de Benoît Melançon, *Essais québécois, 1837-1983*, Montréal, Hurtubise HMH, « Cahiers du Québec », 1984, p. 58.
9. Il est intéressant de noter que la compagne de Miron à partir du début des années 1980, Marie-Andrée Beaudet, s'intéressait justement à cette question et notamment au débat entre Fournier et ab der Halden. Elle allait y consacrer sa thèse de doctorat en littérature, publiée en 1991 sous le titre *Langue et littérature au Québec, 1895-1914*, à l'Hexagone.

Gabrielle Roy, Alfred DesRochers, Alain Grandbois, Rina Lasnier, et plusieurs autres.

Quand il raconte son cheminement vers la prise de conscience de sa condition « coloniale » en tant qu'écrivain québécois, dans son essai de 1965, c'est donc sur la toile de fond d'un « long chemin » collectif dont Crémazie, Casgrain, Roy, Fournier ont contribué parmi d'autres, à dessiner le parcours. Longtemps, on a parlé de la littérature canadienne ou canadienne-française au futur, en déplorant qu'au présent, elle apparaisse encore bien fragile, voire inexistante. Les plus ardents promoteurs de notre littérature, tel l'abbé Casgrain, fondateur de l'École littéraire de Québec vers 1860, ou encore le critique et historien Camille Roy, au début du XXe siècle, proposent chacun comme remède une sorte de programme qui rendrait nos œuvres plus vigoureuses, plus aptes à refléter notre réalité et à dire ce que nous sommes.

À la lumière de cette longue histoire assez dépressive, l'œuvre de Miron apparaît comme l'accomplissement longtemps attendu de ce programme. Si la parution de *L'homme rapaillé* a été un tel événement en 1970, c'est précisément parce que ce livre paraissait exprimer en profondeur ce que Mgr Roy appelait « l'âme » québécoise, sa densité profonde et substantielle ; ou, pour le dire dans les mots de Jacques Godbout prononcés à l'époque : « Il écrit une poésie qui nous appartient en propre ; on a vraiment l'impression que c'est nous[10]. »

Quand Miron écrit son premier grand essai, « Situation de notre poésie », paru dans *La Presse* le 24 juin 1957, il est clair qu'au-delà d'un bilan de la poésie des cinquante dernières années, son texte est aussi une prise de position sur le rapport vital, essentiel, que la littérature entretient avec le milieu où elle s'exerce, entendu dans le sens le plus global : le sol, les paysages, les lieux, les êtres qui habitent le territoire, la mémoire, etc. Il ne s'agit plus de souhaiter des « sujets canadiens » comme tels, mais de rendre compte d'un « être-au-monde » canadien-français, d'un « tellurisme » propre, un terme significatif

10. Cité dans Pierre Nepveu, *Gaston Miron. La vie d'un homme*, Montréal, Boréal, 2011, p. 499.

puisque s'il n'équivaut pas tout à fait au « terroir », il signifie tout de même l'influence du sol, de la géographie sur les humains et leurs modes de vie. Seule la prise en charge de cette situation concrète permettra selon Miron l'avènement d'une « poésie très caractérisée dans son inspiration et sa sensibilité, une *poésie canadienne d'expression française*[11] ». On notera qu'en cette seconde moitié des années cinquante, Miron utilise encore l'expression que Pierre Maheu allait dénoncer quelques années plus tard comme « bâtarde ». On n'est pas encore parvenu, à ce stade, au concept de « littérature québécoise », mais on peut poser, du moins, la nécessité d'un rapport entier et en profondeur avec la réalité au sens le plus large du terme. C'est pourquoi, tout en marquant ses distances à l'égard des auteurs de *Refus global*, dont il ne partage pas le radicalisme ni l'anticléricalisme, Miron retient d'eux une leçon qu'il juge fondamentale : « L'œuvre d'art n'est plus un accessoire, elle est vitale, elle fait appel à toutes les ressources de l'esprit et du corps, aux réalités du visible et de l'invisible, elle a une valeur en soi[12]. »

Bref, ce qui manquait aux yeux de Camille Roy, Miron le croit maintenant possible, en voie de réalisation : rien n'est superficiel dans cette définition de l'œuvre d'art, elle suppose les pleins pouvoirs d'une conscience incarnée capable d'embrasser toutes les couches, toutes les dimensions de la réalité. Dans la grande conférence qu'il prononcera à la Rencontre québécoise internationale des écrivains, quelques années après la première parution de *L'homme rapaillé*, il jugera que le passage a été franchi : « Maintenant les œuvres québécoises renvoient à un référent de *culture globale*, la culture québécoise et son projet, et c'est ce référent qui est le fondement de leur appartenance, de leur création et de leur universalité[13]. » Ce qui est nouveau, par rapport à 1957, c'est que la « référence » au réel ne passe plus désormais seulement par la géographie, la sensibilité, les « ressources vitales du corps et de l'esprit », mais par la notion capitale de « culture globale »,

11. « Situation de notre poésie », *ULC*, p. 27.
12. *Ibid.*, p. 29.
13. « Discours de réception du prix Athanase-David », *ULC*, p. 201.

développée par Hubert Aquin en 1962 dans un essai qui aura marqué toute la génération de Miron : « La fatigue culturelle du Canada français[14] ».

Il est impossible de résumer en quelques phrases un essai aussi étoffé et complexe que celui d'Aquin, mais il est clair que Miron a profondément assimilé cette réflexion, dont les conséquences sont également littéraires. Depuis le XIXe siècle, on se demandait pourquoi notre littérature ne parvenait qu'imparfaitement à dire ce que nous sommes, pourquoi elle paraissait toujours en manque de réalité. Or, voici une nouvelle manière de voir les choses : si la réalité se dérobe, explique Aquin, c'est qu'elle n'est pas seulement une affaire de perception ni d'approfondissement de soi, mais qu'elle passe par la totalité d'une culture, inséparable des conditions politiques où elle se développe.

De ce point de vue, le fait que Miron consent à publier, tout juste un an après la publication de l'essai sur notre « fatigue culturelle », les poèmes de « La vie agonique » dans cette même revue *Liberté*[15], apparaît rétrospectivement comme une suite logique. L'analyse théorique et politique d'Aquin se trouve relayée par un discours poétique qui vient pour ainsi dire la confirmer, à partir d'une expérience intime à la fois dramatique et exemplaire : « poème, mon regard, j'ai tenté que tu existes / luttant contre mon irréalité dans ce monde[16] ». C'est bien de cela qu'il s'agit chez Miron : d'une carence de réalité découlant de la condition canadienne-française et qu'il s'agit d'éprouver au plus profond de soi afin d'en venir à la surmonter. Dans sa présentation du numéro de *Parti pris* à valeur de manifeste, Pierre Maheu fera clairement référence à Miron (sans le nommer) en décrivant cette démarche comme « paradoxale, à la fois catharsis et prospective[17] ». Miron lui-même en proposera pour sa part le récit autobiographique,

14. Hubert Aquin, « La fatigue culturelle du Canada français », *Blocs erratiques*, Éditions Quinze, 1977, p. 69-103. D'abord paru dans *Liberté*, n° 23, mai 1962, p. 299-325.
15. « La vie agonique », *HR*, p. 81-104. Miron a d'abord publié cette suite dans *Liberté*, n° 27, mai-juin 1963, p. 210-221.
16. « Les années de déréliction », *HR*, p. 96.
17. *Parti pris*, janvier 1965, p. 4.

en y ajoutant une notion fondamentale qui n'était pas présente dans l'essai d'Aquin : celle du « colonisé », défini précisément comme un être privé de sa pleine réalité, de sa « culture globale » propre.

Ce qui est nouveau avec la génération d'Aquin et de Miron, c'est le refus de toute dissociation entre les pratiques de l'imaginaire, incluant la poésie, le roman et les autres formes d'expression et, d'autre part, l'ensemble du contexte dans lequel elles se situent et qui les nourrit : un contexte culturel, social, politique. Rien ne répugne davantage à Miron que l'idée d'une littérature refuge, d'une poésie compensatoire, à l'abri du politique, défini justement en termes de « référence » plutôt que de simple idéologie : « Ce n'est pas le nationalisme qui importe, écrit-il dans "Un long chemin", c'est la conscience nationale ; celle-ci ne peut être vivifiée qu'aux sources d'une culture nationale[18]. » Une telle pensée n'est pas infidèle à celle qui s'est souvent affirmée au Canada français depuis l'époque de l'historien Garneau : ce qui en change la portée, c'est que le ressourcement souhaité doit passer par une mutation de l'identité, une sortie de la condition de colonisé qui définit l'être canadien-français.

Il y a une autre manière de raconter cette émergence de la littérature *québécoise* telle que Miron, avec plusieurs autres, en propose le programme. Cette perspective différente se profilait déjà dans « Situation de notre poésie », l'essai de 1957, quand l'essayiste disait constater que, malgré sa diversité et son éparpillement, la « nouvelle poésie canadienne de langue française » lui semblait exprimer de plus en plus une « densité collective », une « unité dans la diversité, une résonance de fond » pouvant suggérer les contours d'une « poétique nationale », à quoi il ajoutait :

> C'est entendu, nous parlons et écrivons en français et notre poésie sera toujours de la poésie française. D'accord. Mais notre tellurisme n'est pas français et, partant, notre sensibilité, pierre de touche de la poésie ; si nous voulons apporter quelque chose au monde français et hisser notre poésie au rang des grandes poésies nationales, nous devrons

18. *HR*, p. 200.

> nous trouver davantage, accuser notre différenciation et notre pouvoir d'identification[19].

Le mot-clé, dans ce passage, c'est celui de « différenciation », par rapport à la France bien sûr, une question qui n'a jamais cessé de hanter les écrivains, les critiques et les historiens de la littérature canadienne-française depuis les commencements.

La force de Miron, une fois de plus, aura été de prendre en charge cette longue tradition de nos rapports littéraires complexes avec la France, et d'en tirer un récit convaincant, exemplaire, qui se fonde à la fois sur son histoire personnelle et sur une trajectoire collective. Tout indique que l'idée d'une « différenciation » qu'il souhaite voir s'accentuer par rapport à la France, dans son essai de 1957, se trouve confortée par le séjour qu'il fait à Paris, de l'automne 1959 à l'hiver 1961. Dans une entrevue qu'il y accorde alors au journaliste et romancier Jean Vaillancourt, il déclare assez abruptement : « On n'est pas Français. La France, pour nous, est un pays étranger comme tout autre. Ce phénomène, je l'ai appréhendé tout de suite et pour moi, il a joué dans le sens de la fierté plutôt que de la nostalgie[20]. » L'affirmation est étonnante, sans doute exagérée, mais il faut souligner que c'est durant ce même séjour à Paris que Miron élabore la fiction poétique du « Damned Canuck », ce personnage qui incarne l'infériorité, la pauvreté, l'humiliation et la révolte du Canadien français réduit au statut de « *pea soup* », et qui, par ces traits, ne peut apparaître que foncièrement étranger au Français tel que nous nous le représentons. Cette vision d'une identité canadienne-française aliénée et ravagée aura une forte influence sur le groupe de la revue *Parti pris*, chez qui l'idée de notre « différenciation » par rapport à la France s'affirme fortement, y compris sur le plan linguistique.

---

19. « Situation de notre poésie », *ULC*, p. 26.
20. Gaston Miron, *L'avenir dégagé. Entretiens 1959-1993*, édition préparée par Marie-Andrée Beaudet et Pierre Nepveu, l'Hexagone, 2010, p. 32 (« Gaston Miron, le plus militant des Canadiens français en France. Entretien avec Jean Vaillancourt », tenu à Paris et publié à Montréal dans *La Presse*, 27 décembre 1960).

Quand Miron, dans sa conférence de l'Estérel en 1974, raconte que le fait majeur qui a marqué son parcours a été « la mutation de la littérature canadienne-française à la littérature québécoise », il invoque deux « ruptures historiques », et la première, à ses yeux, est justement celle de notre prise de distance par rapport à la France, au tournant de la Seconde Guerre mondiale, avant notre « rupture », à tout le moins mentale, avec le Canada anglais, survenue dans les années 1950-1960. Il faut rappeler que le jeune Miron, à vingt ans, avait été témoin de la polémique menée par des auteurs français contre des éditeurs québécois, Bernard Valiquette et les Éditions de l'Arbre, qu'ils accusaient d'avoir publié des écrivains de droite au moment où l'Occupation avait mis largement sur pause l'édition française. En 1974, Miron se rappelle la réplique qu'avait adressée aux Français l'écrivain Robert Charbonneau :

> Nous l'avons peut-être déjà été, mais nous ne sommes plus une province de la littérature française. Nous sommes une littérature américaine d'expression française au même titre que les littératures anglophones et hispaniques de l'Amérique[21].

Voici un autre éclairage sur « le long chemin » suivi par la littérature canadienne-française dans sa lente saisie d'une réalité qui lui soit propre et dans l'affirmation de son autonomie par rapport à la France : la littérature québécoise en train de naître ne sera ni canadienne, ni française, elle sera « américaine » au sens continental du terme, renvoyant sans doute aux notions de « tellurisme » et de « sensibilité » que Miron évoquait dans son essai sur la « Situation de notre poésie ».

Cette perspective de l'américanité, qui demeure jusqu'à nos jours très présente dans le discours littéraire et culturel québécois et dans la conscience des artistes et des écrivains, sera souvent invoquée par Miron, et on peut constater qu'une fois la mutation accomplie vers la littérature *québécoise* dans les années 1970, elle demeurait pour lui

21. Cité par Gaston Miron, « Conférence de l'Estérel », *ULC*, p. 132.

rétrospectivement comme une sorte de préalable à la seconde rupture, de nature politique, dont la nécessité allait apparaître au tournant de 1960. C'était là épouser simplement une évolution qu'avaient suivie toutes les littératures du Nouveau Monde, des États-Unis au Brésil en passant par le Mexique, afin de définir leur identité propre, distincte de celle des mères patries. C'était aussi donner un tout autre sens au « régionalisme » revendiqué par de nombreux écrivains du premier tiers du XXe siècle au Québec, souvent lié à une idéologie passéiste et nostalgique, valorisant notre vocation d'agriculteurs et de bûcherons et souvent proche des régionalismes européens dans leur commune résistance à la modernité et à l'urbanisation. Miron a souvent ironisé, et il le fait de nouveau dans sa conférence de 1974, sur le fait qu'on l'aurait lui-même accusé, quand il commençait à écrire, d'être « régionaliste » ou « provincialiste », sous prétexte qu'il parlait des réalités du pays, de ses « vieilles montagnes râpées du nord », des « claytonies » ou des « épilobes » – même s'il raconte que d'autres, ignorant tout de notre flore et de nos réalités indigènes, auraient plutôt perçu là un « exotisme » !

Quoi qu'il en soit de ces anecdotes plutôt cocasses et peut-être à moitié inventées, elles illustrent surtout le fait que Miron n'a jamais cessé de situer son projet d'une littérature nationale sur l'horizon de toute l'histoire littéraire du Canada français, et des débats qui l'ont animée. Quand il évoque les régionalistes, il sait que des auteurs comme Germaine Guèvremont, Léopold DesRosiers ou même son lointain cousin, Claude-Henri Grignon, sont parvenus à écrire des œuvres de qualité à partir de sujets ou de thèmes « canadiens ». Sans doute a-t-il aussi tiré une leçon du travail poétique accompli par Alfred DesRochers, « l'un des premiers écrivains canadiens-français à étendre le régionalisme au vaste territoire de l'Amérique continentale[22] », aux yeux des historiens littéraires d'aujourd'hui.

Miron a connu DesRochers chez la journaliste Françoise Gaudet-Smet qui animait un petit centre culturel près de Nicolet au début des

22. Michel Biron, François Dumont et Élisabeth Nardout-Lafarge, *Histoire de la littérature québécoise*, Montréal, Boréal, 2007, p. 221.

années 1950, un centre où le thème de la « canadianisation » de notre culture et de notre économie occupait une grande place. La poésie de DesRochers, rassemblée dans *À l'ombre de l'Orford* en 1930, fait le curieux pari d'exprimer dans une des formes les plus classiques qui soient, le sonnet, les divers aspects de la vie sur la ferme et dans les camps de bûcherons, dans un réalisme robuste, énergique. Même Saint-Denys Garneau, très peu enclin au nationalisme littéraire, a salué en ce livre le premier exemple à ses yeux d'une « poésie vraiment canadienne ». En même temps, le poète de l'Orford se réclame ouvertement de son appartenance à l'Amérique, près de vingt ans avant Charbonneau et la querelle de *La France et nous*. La conséquence capitale qu'en tire Miron et qu'il martèlera dans d'innombrables interventions, c'est que le régionalisme et le provincialisme sont d'abord et avant tout une question d'attitude et de contexte institutionnel, aussi bien dans l'écriture que dans la réception des œuvres. Ni l'épinette noire, ni la terre labourée, ni les Laurentides, le Saguenay ou le mont Orford ne sont régionalistes en eux-mêmes, pas plus que le pont Mirabeau d'Apollinaire ou « le petit olivier de Sicile » dont Miron a souvent aimé rappeler la présence chez un grand poète italien[23]. Ce que veut apporter la littérature désormais définie comme québécoise, ce sera précisément la pleine légitimité de ce qui apparaît comme « local », la légitimité d'une littérature qui fonde l'universalité des œuvres et qui suppose à la fois une conception globale de la réalité et un changement radical des conditions d'exercice, culturelles et politiques, de cette littérature.

Une telle perspective reconduit inévitablement à la question de la langue. Historiquement, face à une France hégémonique qui impose sa norme (on n'est pas encore à l'ère de la francophonie), l'élite n'a cessé d'en déplorer les incorrections et la pauvreté, et cette critique se trouvera alimentée, au tournant de 1960, par le Frère Untel dans ses

23. Dans sa « conférence de l'Estérel », Miron cite de mémoire le vers du poète sicilien Salvatore Quasimodo, couronné par le prix Nobel : « Le petit olivier de Sicile frémit de sécheresse dans le vent d'azur antique » (*ULC*, p. 144). De telles références locales, pas plus que le pont Mirabeau d'Apollinaire, ni sa propre « grande Ste. Catherine street », comme l'explique Miron, ne peuvent évidemment être vues comme « régionalistes ».

mémorables *Insolences*, mettant à la mode le terme de « joual » pour désigner une langue bâtarde et indigente. Mais le Frère Untel n'est pas le seul. Anne Hébert, dans un cahier du *Devoir* consacré aux écrivains québécois et à leur situation en Amérique du Nord, pose le même diagnostic dévastateur sur nos possibilités d'expression : « Quand il est question de nommer la vie tout court, nous ne pouvons que balbutier[24] », ce qui, on en conviendra, n'annonce rien de bon pour une littérature en train de se faire.

Les témoignages ne manquent pas, chez les écrivains de la génération de Miron et ceux qui, un peu plus jeunes, fondent la revue *Parti pris* en 1963, sur leur rapport difficile à la langue et sur le fait qu'ils ont dû pour ainsi dire réapprendre celle-ci afin de pouvoir écrire. Dans le numéro de *Parti pris* « Pour une littérature québécoise », Paul Chamberland, Gérald Godin, Jacques Brault, Laurent Girouard abordent tous ce problème d'une langue à retrouver ou à réinventer. Miron, au contraire, n'en traite pas directement, mais les poèmes de « La vie agonique » qu'il a publiés deux ans plus tôt ont marqué pour de bon les esprits en inscrivant la problématique de la langue et de l'expression au cœur même de la poésie. Il ne s'agit plus d'une simple analyse théorique ni d'un constat général sur l'état de la langue, mais d'une appropriation subjective de cette question, qui prend ici encore la valeur d'un témoignage dramatique : « Je marche dans mon manque de mots et de pensée[25] », écrit-il dans « Les années de déréliction », ou encore, dans les « Monologues de l'aliénation délirante » : « moi, je gis muré dans la boîte crânienne / dépoétisé dans ma langue et mon appartenance[26] », avant de déplorer, sur un ton biblique et prophétique, dans « L'octobre », le fait que « nous avons laissé la lumière du Verbe s'avilir[27] ». On ne peut mesurer l'impact qu'ont eu les interventions linguistiques de Miron au Québec, jusque dans les années 1980, sans tenir compte de cette dramatisation qui s'expose dans les grands

24. Anne Hébert, *Le Devoir*, 22 octobre 1960.
25. *HR*, p. 95.
26. *Ibid.*, p. 93.
27. *Ibid.*, p. 103.

poèmes écrits pour la plupart dès les années 1950, donnant la parole à un homme pauvre dans sa langue, dépossédé de ses moyens d'expression et éprouvant une discordance profonde entre les mots qu'il a appris et le monde extérieur, le « dehors » anglicisé, qui prive cette langue de son emprise sur le réel.

L'unilinguisme, dont Miron se fait un ardent défenseur, se veut la reconquête d'une unité organique entre la langue et le monde. Une image-choc motive cette réunification : celle d'un homme coupé en deux, qui ne coïncide ni avec lui-même ni avec la réalité qui l'entoure. Toute son expérience identitaire et langagière est marquée par des séparations, par une dualité débilitante : canadien/français, français/anglais, dedans/dehors. « Je parle de ce qui sépare[28] », écrit Miron, toujours en 1965, dans « Notes sur le non-poème et le poème » publié dans *Parti pris*. Mais cette dissociation, qu'il compare parfois à une schizophrénie, n'est pas rédhibitoire. C'est qu'à la vision sociolinguistique s'ajoute un autre postulat fondamental : oui, une langue est conditionnée par la situation sociopolitique où elle est parlée, mais la langue possède aussi un pouvoir expressif, créateur, elle peut changer l'état des choses. On peut y voir un autre héritage de la révolution romantique qui, contre le rationalisme et sa conception instrumentale du langage, avait revendiqué ses pouvoirs de révélation et même de « voyance », selon le terme qu'allait utiliser Rimbaud. « Poème, je te salue / dans l'unité refaite du dedans et du dehors », poursuit Miron dans ses « Notes sur le non-poème ». Malgré les empêchements, toute la nouvelle littérature québécoise va croire en ce pouvoir transformateur du langage, de la parole partagée pour l'invention d'une nouvelle réalité jusque-là inaccessible, celle d'une collectivité réconciliée avec son « âme », avec sa vérité profonde.

Une littérature « nationale » suppose-t-elle donc une langue nationale ? Miron ne va jamais adhérer à l'idée selon laquelle le désir d'une *différenciation* d'avec la France, d'une autonomie de l'identité québécoise, supposerait forcément que nous en venions à parler une

28. *Ibid.*, p. 125.

langue distincte, irréductiblement « québécoise », qu'on la qualifie ou non de « joual ». C'est que la langue française n'est pas une, elle se décline en variations multiples selon les régions du globe. L'idée de francophonie commence alors à s'imposer. Sur cette toile de fond, les grandes interventions de Miron sur la langue, dans les années 1970 et 1980, adoptent toutes une position nuancée selon laquelle notre parler québécois est une *variante* positive du français et doit le demeurer, dans un contexte où la menace, ici, ne vient pas du français de France mais de l'anglais. Rien ne démontre mieux l'influence qu'il aura eue dans le domaine des réflexions sur la langue parlée et sur la langue littéraire que le commentaire d'un Jean Marcel, auteur du livre sans doute le plus percutant des années 1970 sur cette question, *Le joual de Troie*. L'auteur, sans adopter une position puriste, dénonce l'idéologie selon laquelle à une réalité géographique, sociale et culturelle différente doit forcément correspondre une langue distincte. Dans l'introduction à son essai polémique, Jean Marcel raconte qu'il a lu tous les grands linguistes contemporains mais qu'au bout du compte, il « n'a finalement retenu qu'un seul maître : Gaston Miron[29] ». C'est dire à quel point la perspective à la fois littéraire, linguistique et politique de l'auteur de *L'homme rapaillé* se révèle nourricière.

Une des clés de l'influence de Miron aura été de ne jamais aborder les problèmes en spécialiste, de ne jamais isoler une activité ou une perspective de la vision d'ensemble. Il aimait dire qu'il était un « poète généraliste », une expression qui en dit long sur son refus d'une pensée et d'une pratique en circuit fermé. Le projet d'une littérature québécoise dont *Parti pris* se faisait le porte-flambeau résultait sans doute d'un changement radical de vision, d'une nouvelle manière de concevoir le Québec, sa langue, sa culture, sa situation politique. Mais cette analyse serait demeurée inopérante sur le plan littéraire si les dimensions les plus concrètes et pratiques de la littérature avaient été négligées. Or, derrière son éloquence, derrière son aptitude remarquable à convoquer les concepts, les références

29. Jean Marcel, *Le joual de Troie*, Montréal, Éditions du Jour, 1973, p. 13.

historiques, les formules chocs, Miron se révélait être un homme pragmatique, réaliste, dans lequel on peut reconnaître l'héritage de son père, qui avait su établir sa propre entreprise assez prospère dans les Laurentides avant sa mort prématurée en 1940. Or, une littérature n'est pas qu'un ensemble de textes écrits : c'est une institution, un appareil qui comprend une structure d'édition et de diffusion permettant d'atteindre des lecteurs, ce sont des revues qui font circuler les textes et les idées, c'est une critique forte qui reçoit, interprète et évalue les œuvres, sans parler de toute une série d'autres instances concrètes (bibliothèques et librairies, programmes d'enseignement, prix littéraires, etc.).

Dans cette optique institutionnelle, il n'est pas exagéré de parler d'une véritable révolution qui, de 1945 à 1970, modifie en profondeur le paysage éditorial et toutes les instances connexes sans lesquelles aucune littérature ne saurait être vivante[30]. Le désir d'autonomie manifesté par le débat de *La France et nous*, en 1946-1947, a entraîné des actions énergiques et durables, que Miron n'est pas le seul à mettre en œuvre. En fait, quand il fonde cette entreprise d'édition encore très artisanale qu'est l'Hexagone avec ses amis, en 1953, on a tendance à oublier aujourd'hui combien l'édition littéraire indépendante est une réalité alors récente au Québec, remontant tout juste aux années 1930[31]. Les communautés religieuses et les groupes nationalistes conservateurs ont longtemps occupé une large place dans l'édition littéraire, et les grandes maisons d'édition comme Beauchemin et Fides font surtout leur marque par leurs collections de classiques, avec la « Bibliothèque canadienne » de Beauchemin, créée en 1920 mais abandonnée au seuil de la guerre, et la prestigieuse collection du « Nénuphar » créée par Fides en 1944, qui assure la permanence d'œuvres comme *Trente arpents* de Ringuet, *Le survenant* de Germaine Guèvremont ou encore *À l'ombre de l'Orford* de DesRochers.

30. Pour un portrait exhaustif et très documenté de cette révolution, voir les volumes 2 et 3 de Jacques Michon (dir.), *Histoire de l'édition littéraire au Québec au xxe siècle*, Fides, 2004 et 2010, couvrant la période 1940-2000.

31. Voir à ce sujet Jacques Michon (dir.), *op. cit.*, vol. 1, chapitre 10 : « L'éditeur littéraire professionnel », Fides, 1999, p. 279-313.

L'impression générale, chez les jeunes auteurs de l'après-guerre, c'est qu'il n'y a guère de place pour eux et pour la nouvelle littérature chez les éditeurs établis. Vingt ans plus tard, la situation aura complètement changé. Toute une génération de poètes désormais consacrés s'est fait connaître grâce aux Éditions de l'Hexagone et voici que surgit une cohorte de romanciers remarquables : Marie-Claire Blais, Hubert Aquin, Réjean Ducharme.

Que s'est-il donc passé en si peu de temps ? En fait, n'y a-t-il pas un paradoxe frappant entre l'image tout à fait déplorable que donne *Parti pris* de l'identité canadienne-française, définie par Miron comme « colonisée », dépossédée de ses moyens d'expression et de réalisation – et, d'autre part, le dynamisme extraordinaire qui se manifeste dans la vie littéraire de 1965 ? Ce contraste est-il une nouvelle version de cette littérature « compensatoire » que Fernand Dumont allait déceler dans le projet littéraire de François-Xavier Garneau et de ses héritiers ? Miron, on l'a vu, ne peut que réprouver une telle conception et c'est bien pourquoi, au moment où la littérature du Québec se trouve en plein envol, il persiste comme ses amis de *Parti pris* à en parler au futur !

En fait, en vertu d'un processus engagé dans les années 1950, il faut selon lui assumer cette phase transitoire, travailler à établir et à renforcer l'institution concrète de la littérature. Dès 1953, les Éditions de l'Hexagone ont constitué pour lui la mise en œuvre de ce projet qui, bien loin de se résumer à la publication de livres, veut contribuer à la création d'une culture québécoise moderne et, par là, à la construction d'un pays neuf. L'Hexagone ne tient pas à un seul homme, c'est une équipe, et plusieurs autres maisons d'édition voient le jour à cette époque, non seulement en poésie comme Erta ou Orphée, mais dans le domaine littéraire plus large, avec la naissance des Éditions du Jour et de Leméac, entre autres. Mais Miron, dès les origines, a le talent et l'énergie de mettre en récit une « aventure » en édition en laquelle tous les acteurs du domaine peuvent reconnaître leur aspiration commune à une littérature vivante, établie dans la continuité et assurant sa « présence au monde », une formule que le cofondateur de l'Hexagone ne cessera jamais de rappeler et que lui et ses collaborateurs se sont d'ailleurs empressés de mettre en œuvre dès 1953, par exemple en contactant des journalistes français qui pourraient faire connaître les nouvelles œuvres.

C'est ici que le thème de la « différenciation » d'avec la France doit être nuancé : en réalité, bien que certains propos de Miron aient pu le laisser croire, il ne s'agit aucunement d'une « rupture », mais bien plutôt d'un changement de nature de la relation, que l'on souhaite établir dans une égalité de droit et de légitimité. Trop longtemps, on a placé la culture et la littérature françaises sur un piédestal qui décourageait à l'avance tout véritable défi créateur. Désormais, c'est le régime de l'échange qui domine et rien n'empêche les auteurs québécois, à commencer par Miron lui-même, de s'inspirer de poètes français contemporains, que ce soit Paul Éluard, Patrice de la Tour du Pin ou André Frénaud. En retour, la poésie québécoise commence à recevoir une réception significative en France, Marie-Claire Blais y remporte le prix Médicis, et plusieurs autres romanciers, tels Anne Hébert, Jacques Godbout et bien sûr Ducharme, voient leurs livres publiés à Paris. Miron, toutefois, refusera jusqu'en 1981 d'être publié en France et ce refus significatif se formule au nom d'une entière fidélité à l'édition québécoise et à l'affirmation d'autonomie littéraire qu'elle représente.

Une des clés du succès des Éditions de l'Hexagone qu'animent Miron et ses amis aura été le pouvoir d'attraction et d'intégration qu'a exercé la maison. La fondation de la revue *Liberté*, que dirigera longtemps Jean-Guy Pilon, est une émanation directe de l'Hexagone et elle devient un foyer majeur de réflexion et de création littéraires, dans une perspective moins radicale et révolutionnaire que *Parti pris*. Des poètes comme Roland Giguère et Paul-Marie Lapointe, qui ont fait leurs débuts du côté du surréalisme ou du mouvement automatiste, joignent l'Hexagone et lui donnent un prestige inégalé. Miron, qui a toujours entretenu ses contacts à Paris depuis le séjour qu'il y a fait, au tournant de 1960, pour étudier les métiers de l'édition, participe à la promotion du livre québécois à la Foire de Francfort durant cette décennie. Une littérature, à ses yeux, se définit aussi par des livres bien faits, dont la typographie et la mise en page sont soignées, et qui sont imprimés sur du papier de qualité. En Europe, confronté à toute l'édition mondiale, il prend acte de nos faiblesses, il propose des améliorations à apporter, il souhaite un dynamisme plus grand de nos éditeurs en vue d'exporter nos livres. Peu d'acteurs littéraires de son époque peuvent invoquer avec la même crédibilité à la fois une conscience professionnelle aiguisée, un entregent hors du commun et, en même temps, une pratique créatrice en poésie, tout cela au service de ce qu'il aime appeler une « espérance », car n'est-ce pas avant tout cette perspective de l'avenir qui a fait défaut aux générations précédentes, ou qui a toujours paru manquer de ressources suffisantes pour atteindre leur cible ?

Il faut s'arrêter davantage à sa poésie. Certes, la polyvalence de Miron et son aptitude à s'entourer d'une équipe de qualité ont joué en faveur de la nouvelle littérature d'ici, mais sans la publication de ses poèmes, sans l'événement de *L'homme rapaillé* qui, en 1970, vient pour ainsi dire confirmer que le projet d'une littérature enfin québécoise n'était pas une chimère, comment nier que la voix de Miron n'aurait jamais eu la même autorité ? On ne peut pas réduire simplement au contexte de l'époque, peu favorable au roman, les propos qu'il avait tenus peu après la fondation des Éditions de l'Hexagone : « Je crois que la poésie est le cœur d'une littérature, c'est à elle que l'on reconnaît si une littérature est en santé ou non, en progrès ou en décadence. C'est elle, la poésie, qui fait avancer le reste[32]. » Cette conviction reposait notamment sur la conscience du rôle collectif qu'avait toujours joué la poésie, de son statut souvent fondateur pour les collectivités nationales, et il aimait à cet égard citer le poète anglo-américain T. S. Eliot selon qui « aucun art n'est plus résolument national que la poésie ». Le projet de Miron se réclamait volontiers de poètes connus : dire le Québec en poésie, comme Lorca avait exprimé l'Espagne, Pablo Neruda le Chili, Aimé Césaire la Martinique et la condition noire, Salvatore Quasimodo son Italie sicilienne.

32. Lettre à Jacqueline Jariod, 5 octobre 1954, dans *Gaston Miron. Lettres, 1949-1965*, édition établie par Mariloue Sainte-Marie, l'Hexagone, 2016, p. 156.

Mais si poésie et nationalité sont à ses yeux si intimement liées, c'est aussi parce que l'Histoire, une référence absolument fondamentale dans tous ses récits et toutes ses analyses, ne peut être la simple conservation d'un passé plus ou moins glorieux, ni même un pur exercice de la mémoire attachée à expliquer la genèse du présent où nous sommes. Elle est aussi une mise en mouvement, un processus dont le dynamisme se nourrit à l'imaginaire et aux mythes. L'Histoire, chez Miron, concerne autant l'avenir que le passé, et c'est précisément le rôle de la poésie d'effectuer cette projection, de produire cet élan qui donne à la mémoire une espérance, et aux faits historiques leur pleine portée mythique et utopique. Pour nommer ce recours à l'imaginaire et aux mythes, Miron utilisait un vieux mot, « légende », qu'il racontait avoir trouvé, dès 1948, dans le recueil ouvert par hasard d'un poète français : « tous les pays qui n'ont plus de légendes / seront condamnés à mourir de froid[33] ». Encore dans les dernières années de sa vie, l'auteur de *L'homme rapaillé* ne cessait de raconter cette découverte comme une véritable révélation : « Je me souviens de m'être dit : oui, une légende, mais pour ce qui me concerne et dans le creux où nous sommes, un retournement de perspective, un appel, une *légende au futur*[34]. »

De ce point de vue, *L'homme rapaillé* peut apparaître comme l'accomplissement exemplaire du projet d'une littérature *québécoise* formulé dans les pages de *Parti pris* par Miron et ses amis et mis en œuvre par l'Hexagone et tout le mouvement littéraire des années 1950 et 1960. La poésie de Miron est une poésie de langue française qui assume en même temps les particularismes géographiques, historiques, linguistiques de la condition québécoise. Le « tellurisme », la « sensibilité » propre que revendiquait Miron en 1957, on ne peut pas ne pas les sentir en lisant ou en écoutant ces poèmes. En même temps, cette réalité spécifique, celle de la « Terre de Québec » se trouve

33. Ces deux vers ouvrent *La quête de joie* de Patrice de la Tour du Pin, paru en 1939, Paris, Gallimard, 1967, p. 25.
34. Note marginale de Miron dans l'édition de luxe de *L'homme rapaillé* publiée en 1994 pour célébrer le quarantième anniversaire des Éditions de l'Hexagone, p. 32.

mise en mouvement, dynamisée par de grands mythes universels qui sont autant de figures reconnaissables de la « légende au futur » que souhaitait élaborer le poète.

Pour faire court, on peut relever au moins trois de ces grands mythes. Le premier remonte aux Grecs, c'est celui de l'*Odyssée*, où la longue navigation d'Ulysse (équivalent du « long chemin » de Miron) dessine un retour chez soi, une rentrée à la maison – mythe puissant qui a été repris par un des poètes contemporains qui a le plus influencé Miron et ses contemporains : Aimé Césaire et son mémorable *Cahier d'un retour au pays natal*. Le deuxième mythe, peut-être encore plus puissant et fécond, dans la mesure où il fait appel à toute la tradition canadienne-française, c'est le récit chrétien de la rédemption et du salut, reconverti dans une perspective politique. Tout *L'homme rapaillé* est parsemé de termes religieux, de références à ce mythe qui passe par la passion du Christ et aboutit à l'espoir d'une « résurrection », un terme qui surgit à la fin de « L'Octobre » sur un ton prophétique : « Nous te ferons, terre de Québec / lit des résurrections[35] ».

Le troisième mythe est plus moderne, mais il n'est sans doute pas tout à fait indépendant des deux précédents. C'est le mythe ou l'utopie marxiste qui promet la fin de l'aliénation des hommes, la reprise en charge de leur destin dans une société enfin juste et égalitaire. Le « Canuck » de Miron est un prolétaire dépossédé de son univers concret, y compris de son travail, c'est un « sous-homme » dévalué, dépouillé de sa dignité. Contre cette aliénation, *L'homme rapaillé* est un appel « aux hommes debout dans l'horizon de la justice[36] » et le livre s'inscrit ainsi dans ce vaste espoir de la pensée de gauche qui a traversé le XXe siècle, notamment à travers la « théologie de la libération » et qui, malgré les vicissitudes de l'Histoire, anime encore de nombreux engagements contemporains.

Nous voici au terme du « long chemin » de Miron, mais est-ce vraiment la fin ? Dans sa perspective, la construction d'une littérature

35. *HR*, p. 103.
36. *Ibid.*, p. 102.

québécoise autonome et vivante ne pouvait, on l'a vu, être dissociée de la quête politique d'autonomie qui l'accompagnait. En un mot, la finalité littéraire n'avait de sens que dans une finalité politique, l'indépendance, qui aurait aux yeux de Miron comme chez de nombreux écrivains de sa génération établi pour de bon la pleine légitimité de notre littérature et sa présence au monde. Or, en 1980, ce « oui » que Miron envisageait comme une « naissance » n'a pas lieu, l'objectif rêvé se dérobe, le récit est brisé. C'est pour lui un énorme problème, très douloureux, d'autant plus qu'il rêvait, depuis 1970, d'un dénouement qui le libérerait enfin de la problématique nationale et qui lui permettrait de tout simplement écrire, en écrivain « normal », comme les écrivains français, américains ou d'autres pays indépendants.

Sur le plan personnel, on peut dire que Miron n'aura eu d'autre choix, dans la quinzaine d'années qui lui restaient à vivre, de s'accommoder de cette situation qui lui semblait paradoxale et même absurde, tout en poursuivant son militantisme politique, surtout sur le plan linguistique à l'occasion de la crise de l'affichage à la fin des années 1980 puis, tardivement, au référendum de 1995, un an avant sa mort. Néanmoins, malgré cet écart entre le politique et le littéraire, il est clair que Miron était loin de considérer son projet en littérature comme un échec. Ses discours et interventions sur la trajectoire des Éditions de l'Hexagone jusque dans les dernières années de sa vie en témoignent. Certes, dans les années 1990, il déplore le manque de visibilité de la littérature québécoise en France et le fait qu'on ignore à peu près tout du Québec et de sa littérature dans un pays comme la Norvège, pourtant moins peuplé. Il n'en est pas moins conscient et fier du long chemin parcouru.

Qu'en penserait-il aujourd'hui ? Il reconnaîtrait sans doute que si la littérature québécoise n'est plus guère préoccupée par la question nationale, elle n'en est pas moins bien vivante, et que son rayonnement, y compris en France, est sans doute plus grand qu'il ne l'a jamais été.

Suggestions de lecture

Gaston Miron et Olivier Marchand, *Deux sangs*, Montréal, l'Hexagone, 2013, 72 p.

Gaston Miron, *L'avenir dégagé. Entretiens 1959-1993*, l'Hexagone, 2010, 432 p.; édition préparée par Marie-Andrée Beaudet et Pierre Nepveu.

Gaston Miron, *Un long chemin. Proses, 1953-1996*, Montréal, l'Hexagone, 2004, 488 p.; édition préparée par Marie-Andrée Beaudet et Pierre Nepveu.

Gaston Miron, *L'homme rapaillé*, Montréal, Typo, 1998, 272 p.

Pierre Nepveu, *Gaston Miron. La vie d'un homme*, Montréal, Boréal, 2011, 904 p.

Remerciements

Je tiens à remercier Pierre Graveline et le conseil d'administration de la Fondation Lionel-Groulx qui, en 2015, m'ont confié l'animation de *Figures marquantes de notre histoire*. Je remercie nos cinquante-neuf conférenciers d'avoir accepté notre invitation, ainsi que tous les artisans de la série : la direction et les professionnels de BAnQ qui ont accueilli les entretiens, une saison après l'autre, même durant la période de la pandémie ; les équipes de production de MAtv, coordonnées par Patricia Perron, gestionnaire principale au contenu, présente depuis les débuts et toujours enthousiaste. Enfin, un merci tout spécial à Myriam D'Arcy, chargée de projet devenue directrice générale de la Fondation, pour son travail de coordination et son investissement personnel dans cette série.

Éric Bédard

Table des matières

Volumes à paraître

II. Lutter
III. Éclairer

Cet ouvrage composé en Minion a été achevé d'imprimer au Québec
le trente et un octobre deux mille vingt-trois sur les presses de Marquis Imprimeur
pour le compte de VLB éditeur.